Ulrich Look, Jahrgang 1958, beschloß mit siebzehn Jahren, seine schulische Karriere zu beenden und nach Irland zu trampen, wo er als Zureiter auf einem kleinen Gestüt arbeitete.

Um seine späteren Reisen – immer per Daumen – durch Europa, Asien und Nordafrika finanzieren zu können, versuchte er sich in einer ganzen Reihe von Jobs, u. a. als Lkw-Fahrer, Sattler, Straßenverkäufer. In den letzten zehn Jahren ist er über 120 000 km getrampt – das entspricht drei Erdumrundungen.

Ulrich Look lebt heute, wenn er nicht gerade unterwegs ist, als Grafik-Designer und Cartoonist in Düsseldorf zusammen mit seinen Lieblingstieren – einer wechselnden Anzahl von Skorpionen.

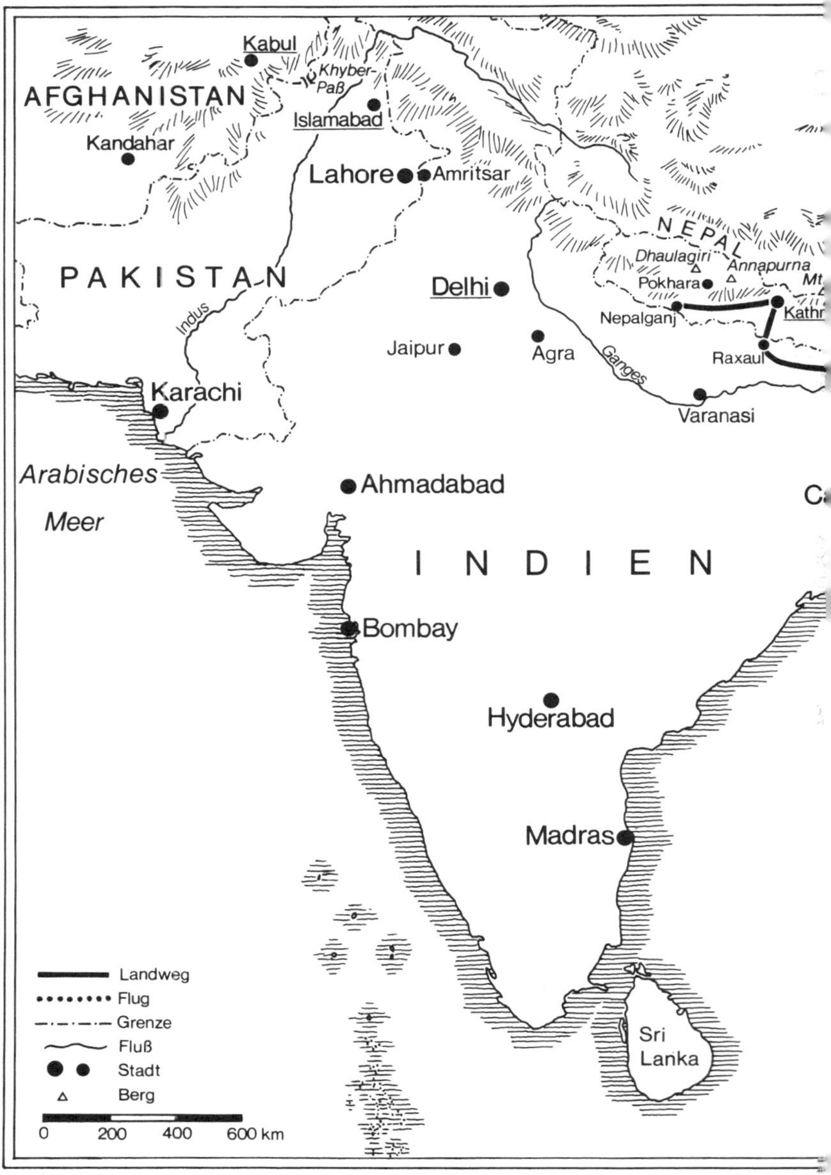
Kabul
AFGHANISTAN
Khyber-Paß
Islamabad
Kandahar
Lahore
Amritsar
NEPAL
Dhaulagiri
Annapurna
Pokhara
Nepalganj
PAKISTAN
Delhi
Indus
Jaipur
Agra
Ganges
Raxaul
Karachi
Varanasi
Arabisches
Meer
Ahmadabad
INDIEN
Bombay
Hyderabad
Madras
Sri Lanka
Landweg
Flug
Grenze
Fluß
Stadt
Berg
0
200
400
600 km

CHINA
Chongqing
SIKKIM
BHUTAN
Brahmaputra
Darjeeling
Kunming
BANGLA DESH
Dacca
Khulna
Chittagong
Irrawaddy
Mandalay
BURMA
Pagan
VIETNAM
LAOS
Mekong
Chiang Mai
Chao Phraya
Golf von Bengalen
Rangoon
THAILAND
Bangkok
KAMPUCHEA
Saigon
Phnom Penh
Andamanensee
Golf von Thailand
Surat Thani
Sa Dao
Alor Setar
Penang
MALAYSIA
Kuala Lumpur
Sumatra
Singapore

Ulrich Look

Wo der Mond auf dem Rücken liegt

Auf eigene Faust von Nepal bis Malaysia

Frederking & Thaler

CIP-Titelaufnahme der Deutschen Bibliothek
Look, Ulrich:
Wo der Mond auf dem Rücken liegt : auf eigene Faust von Nepal bis Malaysia / Ulrich Look. – München : Frederking u. Thaler, 1989
(Reisen, Menschen, Abenteuer)
ISBN 3-89405-038-1

REISEN · MENSCHEN · ABENTEUER
herausgegeben von Susanne Härtel

Titelfoto/Fotos: Ulrich Look
Produktion: Tillmann Roeder
Karten: Isolde Notz-Köhler
Gesamtherstellung: Presse-Druck Augsburg
ISBN: 3-89405-038-1

Inhalt

Anschließend an unseren Aufenthalt in Pakistan (beschrieben in „Auf Tramptour bis Pakistan“) verbrachten wir sieben Monate in Indien, einem Land, mit dem wir nicht so gut zurechtkamen, wo uns einiges mißfiel. Richtig wohl fühlten wir uns erst wieder in Nepal. Und hier beginnt der weitere Bericht unserer Reise durch Asien.

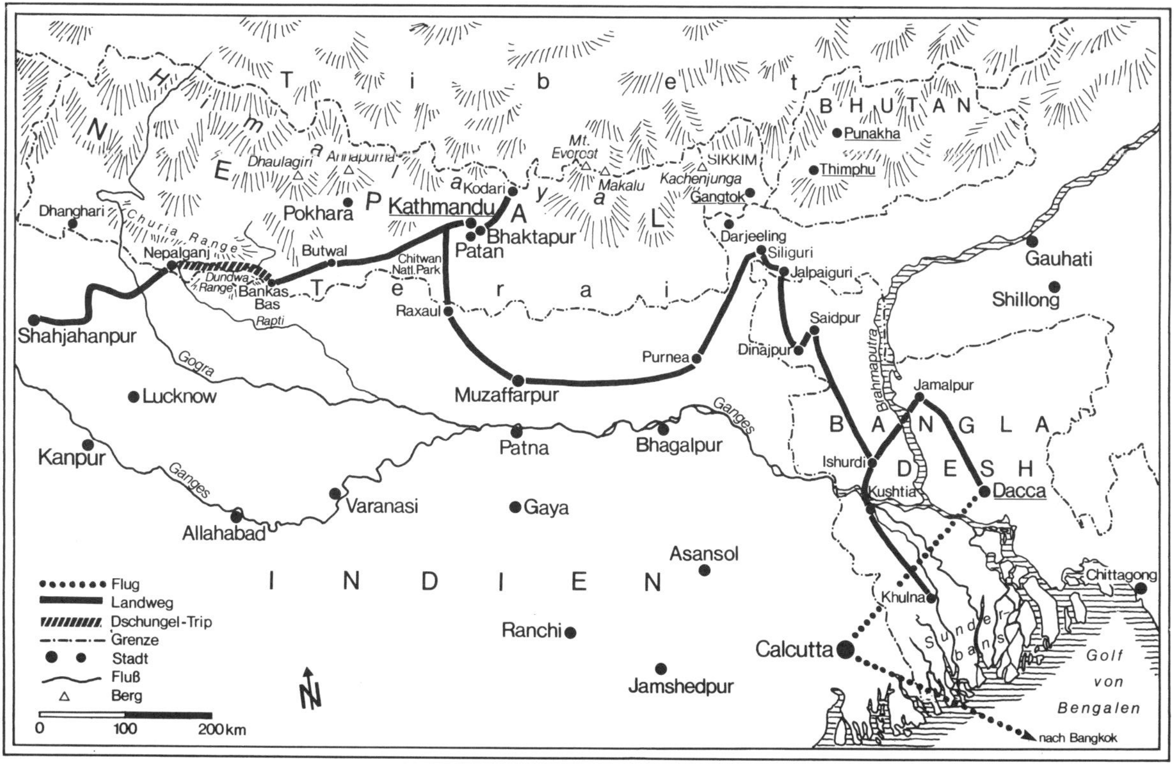
Tibet
Himalaya
NEPAL
BHUTAN
Punakha
Thimphu
SIKKIM
Gangtok
Mt. Everest
Makalu
Kachenjunga
Dhaulagiri
Annapurna
Kodari
Kathmandu
Bhaktapur
Patan
Pokhara
Dhanghari
Churia Range
Nepalganj
Dundwa Range
Bankas Bas
Butwal
Chitwan Natl. Park
Terai
Raxaul
Rapti
Shahjahanpur
Gogra
Lucknow
Muzaffarpur
Purnea
Darjeeling
Siliguri
Jalpaiguri
Saidpur
Dinajpur
Gauhati
Shillong
Brahmaputra
Jamalpur
BANGLADESH
Ishurdi
Kushtia
Dacca
Ganges
Kanpur
Patna
Bhagalpur
Varanasi
Gaya
Allahabad
Asansol
INDIEN
Chittagong
Khulna
Sunderbans
Ranchi
Calcutta
Jamshedpur
Golf von Bengalen
nach Bangkok
Flug
Landweg
Dschungel-Trip
Grenze
Stadt
Fluß
Berg
0
100
200 km
N

Nepal

4. September 1982

Um uns herum ist schwüle tropische Nacht. Der nervtötend einförmige Singsang der Zikaden und Frösche wird nur zuweilen übertönt vom lauten Schnarchen aus der Hütte, die sich, etwas von der kleinen Straße zurückgesetzt, gegen die sumpfige Wiese duckt. Ich hämmere wohl schon zum zehnten Mal mit der Faust an die morsche Brettertür, diesmal lauter: „Hallo! Wir wollen noch rüber!" Das langgezogene Schnarch-Crescendo bricht abrupt ab, und eine verschlafene Männerstimme krächzt etwas in irgendeinem indischen Dialekt. Jemand reißt ein Streichholz an, Lichtschein dringt durch die breiten Ritzen der halbverfallenen Tür, an der Holzwürmer und Termiten ganze Arbeit geleistet haben. Das Licht wird heller, der Zylinder einer Sturmlaterne klappt quietschend herunter. Schlurfende Schritte nähern sich, dann wird die Pforte aufgestoßen. Ein zerknittertes Männlein mit vom Schlaf zerzausten Haaren steht vor uns, in einer Hand die blakende Petroleumlampe, während die andere das eilig um die Hüften geschlungene, ehemals weiße *dhoti* zusammenhält.

„'n Abend! Ist die Grenze schon geschlossen?" frage ich ihn auf englisch.

„Aber nein, aber nein!" Er schüttelt eifrig den Kopf. „Nur eine Sekunde, ich bin sofort zurück!"

Als er kurz darauf wieder erscheint, hat er sich eine alte, zerschlissene Uniformjacke übergestülpt, die ihm fast bis zu den Knien reicht und unter der immer noch das ausgefranste *dhoti* hervorlugt. „So, hier entlang, bitte!" murmelt er, während er barfuß vor uns her zur Vorderseite der Lehmhütte schlurft. Mit gewichtiger Miene sperrt er ein höchst voluminöses Vorhängeschloß auf, das sich angesichts des Zustandes der völlig vergammelten Brettertür wie Hohn ausnimmt. „Bitte sehr!"

Bei unserem Eintreten huschen einige Geckos über die grellblau getünchte, rissige Wand, verschwinden in den zahlreichen Fugen und

Spalten. Er fordert uns dienstlich-höflich auf, uns zu setzen, deutet dabei auf einige vor dem riesigen Schreibtisch stehende Holzstühle, die, als wir uns darauf niederlassen, wenig vertrauenerweckend ächzen. Währenddessen greift er nach unseren Pässen. Er dreht sie ein paarmal in der Hand, fragt dann etwas hilflos in jenem eigentümlich singenden Indisch-Englisch, das die Briten etwas abschätzig als *chi-chi* bezeichnen: „Please – whatt nationality have you comme fromm?"

Die Antwort „Germany" macht ihn auch nicht froh. Er wuselt zu der noch immer halb offenstehenden Tür und schreit mit schriller Fistelstimme etwas in die stille Nacht hinaus. Wenig später taucht ein zweiter Grenzer auf, nicht minder verschlafen und ebenfalls im weißen *dhoti*, dem traditionellen indischen Wickeltuch. Vermutlich ist er der Spezialist für deutsche Pässe; jedenfalls fördert er nach kurzem Suchen in einem Kistchen einen vergilbten Fetzen Pappe zutage mit einer handschriftlichen Dienstanweisung zur Paßbearbeitung, legt ihn dem Alten wortlos hin und verschwindet wieder. Der kopiert akribisch sämtliche Daten aus unseren Pässen in eine altersgichtige Kladde, setzt uns sorgfältig die Ausreisestempel in die Papiere. Dann begleitet er uns nach draußen, um die rostige Eisenkette aufzuschließen, die hier als Schlagbaumersatz den Weg überspannt; aber das hat wohl mehr Symbolcharakter, das Ding ist kaum kniehoch. Er winkt uns noch einmal nach, als wir in der Dunkelheit verschwinden. Nach über sieben Monaten Indien liegt das Land nun hinter uns.

Die Grenze ist hier ziemlich weit auseinandergezogen. Es dauert eine Weile, bis wir die nepalesische Seite erreichen. Von außen ist die Bude auch dunkel, doch durch die Ritzen schimmert Licht. Munteres Stimmengewirr tönt heraus, es scheint hoch herzugehen. Man feiert offenbar. Drinnen hocken etwa zehn Leute in loser Gruppierung um ein Sortiment Schnapsflaschen, alle sind sternhagelvoll und bester Laune. Eher beiläufig bekommen wir unsere Stempel. Es ist kurz vor zehn, als wir nach dieser höchst formlosen Einreisezeremonie durch das kleine, mit bunten Fähnchen geschmückte Tor laufen, welches das Himalaya-Königreich gegen Indien abgrenzt: Wir sind in Nepal.

★

Lange, fast schon zu lange hat es gedauert, in dieses Land zu kommen. Die Zeit in Indien war, alles in allem, wenig erbaulich; um so mehr freuen wir uns schon seit Wochen auf diese noch immer geheimnisumwitterte Region zwischen Dschungel und ewigem Eis. Wir laufen durch die flache, sumpfige Terai-Landschaft auf den einige Kilometer entfernten Ort Nepalganj zu. Jetzt im Dunkeln ist die Umgebung höchstens zu erahnen. Wir sind beide müde, marschieren schweigend. Die Nacht ist erfüllt vom Kreischen, Keckern, Zirpen und Summen der verschiedensten Tiere. Ständig raschelt es neben uns. Die Urheber der Geräusche sind nur selten auszumachen. Ab und zu aber, wenn einer von uns seine Taschenlampe aufblitzen läßt und der Lichtstrahl für einen Moment die Dunkelheit zerschneidet, sehen wir die nächtlichen Ruhestörer nach allen Seiten auseinanderspritzen, raus aus dem Lichtkreis und zurück ins sichere Dunkel, wo sie nach einigen Sekunden Pause ihre lautstarke Tätigkeit wieder aufnehmen.

Neben den zahllosen Fröschen, Kröten, Nagern, Käfern und Zikaden gibt es noch eine Tierart, deren nächtliche Aktivität das Laufen hier nicht gerade zur Freude macht: Moskitos. Wahre Wolken der blutrünstigen Biester umschwirren uns, ständig bereit, die kleinste Unaufmerksamkeit unsererseits zum Auftanken zu benutzen. Bsssst – klatsch, bsssst – klatsch, bs-bsssst . . .

Mir geht es schon den ganzen Tag nicht gut, ich fühle mich schlapp, völlig ausgepumpt, jeder Schritt bereitet mir Mühe. Ich denke voll Unbehagen zurück an Madras, wo mich vor gut zwei Monaten eine Malaria schlimm erwischt hat, und an Delhi, wo dann vier Wochen später noch mal ein heftiger Rückfall kam. Da hatte es auch so ähnlich angefangen – sollte das jetzt etwa wieder . . .?

Ratte hat längst gemerkt, daß etwas nicht in Ordnung ist. „Sollen wir nicht mal 'ne Pause machen?" erkundigt sie sich mitfühlend. Ich nicke. Wir ziehen die Rucksäcke ab, setzen uns drauf. Ratte heißt offiziell Elke – jedenfalls steht's so bei ihr im Paß. Sie ist meine Freundin; seit rund zehn Monaten ziehen wir jetzt schon zusammen kreuz und quer durch Asien.

Unsere Pause hier ist nicht von langer Dauer. Nach knapp zwei Minuten geben wir auf, laufen weiter. Das Gehen ist nämlich fast weniger anstrengend als unsere verstärkte Abwehr gegen die geflügelten Blutsauger, die unser Halten offenbar als Kapitulation mißdeutet haben und jetzt geschwaderweise zur Großoffensive übergehen. Kurz vor dem Ort stoßen wir auf eine geschlossene Tankstelle, deren Betonfundament um etliche Zentimeter höher liegt als die sumpfige Wiese. Der Platz ist gut; vor neugierigen Blicken geschützt durch eine ansehnliche Sammlung rostigen Gerümpels, wickeln wir uns, so mückensicher es eben geht, in die Schlafsäcke.

5. September 1982

So ausgestorben das Städtchen gestern abend dalag, so betriebsam geht es hier tagsüber zu. Die Geräusche der Nacht haben anderen, nicht weniger intensiven, Platz gemacht: Eine Woge schrillen Geklingels weckt uns, die minutenlang nicht abreißen will und, als sie schließlich doch verebbt, nach wenigen Sekunden erneut aufbrandet zu einer Flut metallischer Mißklänge. Die Ursache für diesen Lärm ist leicht gefunden: Fahrräder sind's und die unzähligen, buntverzierten Rickshaws, die hier den Motorverkehr fast völlig ersetzen. Ihre knapp handtellergroßen Signalspender verbreiten ein Getöse, das selbst Stocktaube noch in einiger Entfernung zusammenzucken läßt.

Wir packen zusammen, laufen in die Stadt hinein. Es geht mir noch schlechter als gestern, ich fühle mich hundsmiserabel, und der vollgepackte Rucksack erleichtert mir das Gehen auch nicht gerade. Wir mieten uns kurzerhand in einer billigen Klitsche ein, beschließen, einfach einen Tag hierzubleiben, in der Hoffnung, daß es mir dann wieder etwas besser geht.

Nepalganj bietet wenig Aufregendes, und bei Einbruch der Dunkelheit gehen wir schlafen. Waren es gestern nacht die Mücken, die uns nach Herzenslust angezapft haben, so sind es heute die hoteleigenen Wanzen, welche die von den Fliegengittern ausgesperrten Moskitoschwärme voll und ganz ersetzen ...

Am nächsten Morgen hat sich mein Zustand keinen Deut geändert, wir hängen noch einen weiteren Tag zum Auskurieren dran.

„Wenn wir in Kathmandu sind, gehst du mal zu 'nem Arzt!" fällt Ratte eine einsame Entscheidung. Ja, wenn's bis dahin nicht besser geworden ist, werde ich das wohl müssen. Bloß – bis Kathmandu sind's noch ein paar Kilometer ...

Ich schlafe fast den ganzen Tag durch, und am darauffolgenden Morgen geht's wieder einigermaßen.

7. September 1982

Wir machen uns auf die Suche nach einem Fahrzeug, das uns ein Stück Richtung Kathmandu befördern soll. Trampen ist hier nicht, soviel ist jetzt schon klar; die einzigen motorisierten Fahrzeuge in diesem Nest sind ein paar Busse, vermutlich Relikte aus der Zeit der Völkerwanderung, von denen ab und zu einer ächzend und schnaufend das Kaff Richtung Gottweißwohin verläßt. Wir sind in einem Dilemma: Ähnlich wie damals in der Osttürkei haben wir keine vernünftige Landkarte. In der trügerischen Hoffnung, daß wir unterwegs schon irgendwo eine auftreiben würden, wollten wir uns nicht unnötig mit Kartenmaterial abschleppen. Doch alles, was wir dann in Indien gefunden haben, ist eine sehr grobe, äußerst ungenaue Übersichtskarte, in der kleinere Orte überhaupt nicht eingezeichnet sind. Eine echte Orientierung mit diesem Ding ist kaum möglich. Uns bleibt nichts anderes übrig, als uns durchzufragen, welche der angefahrenen Ortschaften auf der Route nach Kathmandu liegt, denn eine direkte Verbindung gibt es nicht. Das ist gar nicht so einfach; niemand hier spricht Englisch, und die Leute zeichnen sich nicht gerade durch überschwengliche Mitteilungsfreude aus. Im Gegenteil; die meisten Angesprochenen drehen sich nur hilfesuchend um, und anstatt sich der Hand- und Fußsprache zu bedienen, überschütten sie uns mit einem Schwall Nepali, zucken dann hilflos-bedauernd die Schultern, drehen sich um und enteilen.

Trotzdem finden wir nach einigem Vor und Zurück einen Schrotthaufen, der in zirka zwei Stunden nach Butwal fahren soll, einer größeren Stadt, etwa 250 km entfernt am Nordrand des Terai, des nepalesischen Tieflandes, gelegen. Dort wird's dann wohl auch wieder Verkehr Richtung Kathmandu geben oder zumindest einen Bus, mit dem wir weiterfahren können. Wir lösen zwei Fahrkarten nach Butwal, hocken uns ein Stück entfernt unter einem Dachvorsprung auf unseren Plunder und genießen den heftigen Monsunregen, der schon den ganzen Morgen mit entnervender Monotonie auf die Wellblechdächer der lieblos zusammengewürfelten Häuser trommelt. Eigentlich sind wir ein bißchen enttäuscht. Die langweilige, etwas verkommen wirkende Gußbeton-Realität dieses Ortes spiegelt nicht genau das wider, was wir uns unter nepalesischer Architektur vorgestellt haben . . .

Gut zwei Stunden später gelingt es der einschlägig geschulten Besatzung dann endlich, das urtümliche Gefährt nach dem siebzehnten Startversuch in Gang zu bringen. Kaum daß der Motor läuft, strömen plötzlich von überall her Leute zusammen, mit Kisten, Taschen und Säcken bewaffnet – wollen die etwa alle mitfahren? Sie wollen. Wie das allerdings funktionieren soll, ist mir zunächst noch nicht ganz klar. Wir zurren unsere Rucksäcke neben einigen Dutzend anderer Bündel auf dem Dach fest, steigen ein. Sind die Sitzgelegenheiten für die Nepalesen, die mir im Schnitt bis an die Brustwarzen gehen, schon nicht gerade reichlich bemessen, so schaffe ich es erst nach einem trickreichen Schlangentanz, mein Fahrgestell in die dafür vorgesehene Lücke zu klemmen. Schon beim Starten dieser Zierde eines jeden Autofriedhofs verspüre ich den brennenden Wunsch in mir, diese Fahrt möge nicht allzu lange dauern . . . Am Ortsausgang hält das Vehikel noch mal an einer Tankstelle, um mittels einer Handpumpe einige Liter Diesel nachzufüllen. Dann schaukelt es betulich dem Ziel entgegen – Butwal, wie wir hoffnungsvoll glauben . . .

Die kleine, aber schlaglochreiche Straße geht zu meinem Mißfallen bereits nach wenigen Kilometern in eine steinige, noch wesentlich schlaglochreichere Piste über. Zwar wurde auf eine Federung dieses Transportmittels weitgehend verzichtet, doch fangen die aus Holz und Eisen konstruierten Sitze jeden Stoß butterweich ab. Die dicht über meinen Kopf angebrachte eiserne Gepäckablage sorgt dafür, daß ich auch bei größeren Bodenwellen nicht zu weit hochgeschleudert werde, und unangenehmes Verrutschen bei tiefen Löchern verhindert die fürsorglich dicht montierte, ebenfalls eiserne Lehne des Vordersitzes.

Die Behausungen längs des Weges werden spärlicher, nur noch vereinzelt fahren wir an Bauern vorbei, die mit einfachstem Gerät ihre Felder bestellen. Ab und zu steigt jemand aus, oder ein neuer Fahrgast winkt und gesellt sich zu uns in den überfüllten Bus. Eine Gruppe Frauen und Kinder sitzt lachend und schwatzend unter einem weit ausladenden Banyanbaum, geborgen vor dem Regen unter riesigen, den ganzen Körper schützenden Blätterhüten. Wahrscheinlich ist es darunter trockener als bei uns im Bus; hier regnet es nämlich an allen Ecken durch.

Zuckerrohrfelder ziehen an uns vorbei, werden abgelöst von unbebautem Sumpfland, über das die Blüten hochaufgeschossener Pampasgräser einen silbrigen Schleier legen. Mitten darin tummelt sich ein Pulk Saruskraniche, etwa anderthalb Meter große, imposante Schreitvögel mit zartgrauem Gefieder und scharf abgesetzten, rostroten Köpfen.

Irgendwann hört der Regen urplötzlich auf, und mit der für den Monsun typischen Geschwindigkeit des Wetterwechsels strahlt kurz darauf zwischen dunkelgrauen Wolken die Sonne vom Himmel. Noch liegt überall schwer das Wasser, tropft von Bäumen und Gräsern, sickert in kleinen Rinnsalen dem tiefsten Punkt entgegen. Doch schon Minuten später breiten die ersten Schmetterlinge zaghaft ihre schillernd bunten, noch etwas durchnäßten Flügel aus, umherschwirrende Libellen malen leuchtende Tupfen in die Landschaft und

Zwischen Sumpf und Dschungel: Dörfer im Terai

locken ihrerseits wieder nicht minder farbenfrohe Vögel aus ihrem Unterschlupf. Kurze Zeit später präsentiert sich die ganze Ebene in neuer, ungeahnter Farbenpracht.

Allmählich wandelt sich das Bild; das Gelände wird welliger, ist nicht mehr so sumpfig. Die vereinzelten Baumriesen machen lockeren Baum- und Buschgruppen Platz, verschmelzen schließlich mit dem stetig dicker werdenden Unterholz zu einer geschlossenen Einheit. Immer dichter wird der Wald rechts und links neben uns, immer dunkler und undurchdringlicher. Tropische Schlingpflanzen wuchern die Bäume empor, die rauhen Stämme fest im Würgegriff, unnachgiebig in ihrem Versuch, das Dickicht des Blätterdachs zu durchbrechen, ihren Anteil an Luft, Licht und Regen abzubekommen. Epiphyten schmarotzen in den Astgabeln der bemoosten Riesen, treiben skurrile Blüten. Luftwurzeln bilden einen wirren Vorhang, hinter dem sich alles, was mehr als einige Meter entfernt ist, der Sicht entzieht.

Wir sind im Dschungel, der immer noch einen großen Teil des Terais für sich beansprucht. Fuhr der Bus vorher schon kaum mehr als 30 km/h, so liegen wir nun beinah bei Mitlaufgeschwindigkeit. Seit einer guten Stunde sind wir jetzt unterwegs; ich frage mich, wann wir wohl in Butwal ankommen werden ... Meine Knie sind inzwischen grün und blau geschlagen, doch ein gnädiges Schicksal hat das Schmerzempfinden weit herabgesetzt – die Beine sind mir längst eingeschlafen. Oben rum bin ich zwischenzeitlich um zwei Zentimeter gewachsen – ein stattliches Sortiment Beulen am Schädel macht's möglich. Während ich mich noch mit der Überlegung herumplage, wie viele davon wohl so auf einem Kopf Platz haben mögen, gibt es plötzlich einen Ruck, der Fahrer biegt ohne Umschweife von der Piste ab und mit einer schwungvollen Kehre links in den Dschungel ein. Meine Bedenken, der Bus könnte zwischen den beiden vor uns stehenden Bäumen vielleicht nicht durchpassen, erweisen sich als völlig unbegründet. Rechts und links sind noch mindestens fünf Zentimeter Luft.

Ratte, die von ihrem Platz aus einen etwas besseren Überblick über das Geschehen vor uns hat, klärt mich auf: „Da lagen ein paar Baumstämme auf der Piste, und davor stand ein Stock mit 'nem Lappen dran – wahr wohl 'n Umleitungsschild."

Die Räder des alten Wracks wühlen sich im Schrittempo durch den aufgeweichten roten Lehm. Blätter wischen rauschend die verschlierten Scheiben entlang, Zweige kratzen übers rostige Blech. Ein dicker Ast schabt bedrohlich knirschend längs der ohnehin nicht eben soliden Verkleidung. Aufgeschreckte Vögel flüchten unter protestierendem Gekreische in die sicheren Wipfel. Weiß der Himmel, nach welchen Zeichen der Fahrer sich hier seinen Weg sucht. Seelenruhig kurvt er mal rechts, mal links zwischen den Bäumen herum, immer auf der Suche nach einer Lücke, die groß genug ist, die Kiste mit Ach und Krach durchzulassen. Wie er dabei die Richtung hält, ist mir völlig schleierhaft. Irgendwann kreuzen wir mal eine andere Fahrspur. Ob es womöglich unsere eigene ist oder doch ein Indiz dafür, daß noch andere Busfahrer in dieser Gegend Pfadfinder gespielt haben, kann ich schon längst nicht mehr sagen. Kurz darauf hängt die Karre zwischen zwei dicken Baumwurzeln fest. Alle Versuche, das Gerät mittels Motorkraft wieder flottzubekommen, scheitern kläglich. Zu guter Letzt tritt die überforderte Maschine mit einem gequälten Rülpser in Streik. Als letzter Ausweg werden alle männlichen Passagiere gebeten, sich durch einige kleine Freiübungen draußen nützlich zu machen.

Kaum ein halbes Stündchen später geht's schon wieder weiter. Auffällig ist jetzt die geschlechtsspezifische Uniformität der männlichen Mitreisenden: Während die Frauen, je nach Herkunftsort und Stammeszugehörigkeit, verschiedenfarbig bunt gekleidet sind, tragen die Männer einhellig vom Scheitel bis zur Sohle eine rostrote Lehm-Applikation.

„Oooch, du Ärmster! Wie siehst du denn aus?!" Ratte kann sich das Lachen nicht verbeißen. Ich murmele finster was von mangelndem Sinn für angewandte Gleichberechtigung, kann sie aber überhaupt nicht beeindrucken. „Zum Schießen! Du müßtest dich sehen können!"

Ich warte ergeben, bis ihre Heiterkeit abflaut, und fummle nach meinen Zigaretten. Clevererweise habe ich sie bei der Bergungsaktion in der Außentasche meiner Jacke gelassen, wo sie jetzt, eingehüllt in einen Matschklumpen, eine feuchte Masse bilden. Ratte schiebt mir ihre Beedees rüber, diese in Indien und Nepal weit verbreiteten Ur-Zigaretten, die aus einem geviertelten, mit Tabakhäckseln gefüllten und zu einer kleinen Trompete gerollten Tabakblatt bestehen. Nach dem Anzünden kann man sie etwa fünf Züge lang rauchen, zwischendurch gehen sie zweimal aus und verströmen dabei einen Duft wie glimmende Socken minderer Qualität; aber dafür sind sie billig und im Gegensatz zu Zigaretten fast überall zu bekommen.

Lange währt das Vergnügen nicht; kaum habe ich das Ding angeraucht, stecken wir abermals fest. Wieder raus und schieben. Auch diesmal hieven wir das Museumsstück mit vereinten Kräften aus dem Morast, und als der Modder nur Minuten später erneut sein Opfer fordert, ist's schon beinah Routine ...

Abwechselnd fahrend und schiebend bewegen wir uns durch den Regenwald. Längst ist es dunkel geworden, und sonderlich weit sind wir noch nicht gekommen.

„Wieviel war's bis Butwal – zweihundertfünfzig Kilometer?" reißt Ratte mich aus meinen Gedanken.

„Ja, so um den Dreh."

„Was meinst du – nächste Woche?"

„Mh, wenn die Gurke bis dahin nicht auseinanderbricht, könnten wir's schaffen", gebe ich zuversichtlich zurück. Doch sie denkt gar nicht daran auseinanderzubrechen. Zwar bleibt sie noch etliche Male stecken, doch irgendwie gelingt es uns immer wieder, sie freizubekommen. Selbst das eine Mal, wo der Fahrer mit lässigem Schwung einen Hang nehmen wollte und das Gefährt bis zu den Scheinwerfern im Matsch versackt ist – zwei flugs gefällte junge Bäume, ein Stündchen gemeinsames „Hau-Ruck", und alle bösen Ahnungen, die Nacht hier verbringen zu müssen, erweisen sich als grundlos ...

Kurz vor Mitternacht lichtet sich der Urwald endlich, Sterne tauchen auf, wir sind raus. Vor uns liegt, ringsum vom Dschungel eingeschlossen, in einem flachen Tal ein Dorf. Der Scheinwerferkegel erfaßt einige einfache, niedrige Hütten, dahinter lassen sich andere erahnen. Licht schimmert vereinzelt aus Fenstern und Ritzen. Der Fahrer stellt den Motor ab, räkelt sich genußvoll. In die übrigen Insassen kommt Bewegung, man greift nach Tüten und Beuteln, verläßt eilig den Bus. Der Fahrer macht uns Zeichen, die unmißverständlich bedeuten, daß hier „Endstation" sei. Wir holen leicht irritiert unsere Klamotten vom Dach, versuchen zu ergründen, was hier los ist. Butwal kann das auf keinen Fall sein – abgesehen davon, daß es wesentlich größer sein muß als dieses Winzdorf, sind wir kaum mehr als 50 Kilometer gefahren. Wollen sie hier übernachten, die Fahrt unterbrechen?

Unter den Fahrgästen, die sich draußen langsam in alle Winde zerstreuen, findet sich einer, der drei Brocken Englisch kann. Verwundert ob unserer Unkenntnis der Sachlage, erläutert er uns, hier sei Schluß, ab jetzt sei die Straße nicht mehr befahrbar – ich staune, daß er die Morastagglomeration ernsthaft als „Straße" bezeichnet –, und morgen müßten wir halt die 25 Kilometer bis Bankas Bas laufen; dort sei wieder „Straße", und da ging's dann mit einem anderen Bus weiter nach Butwal. Ein anderer mischt sich, unserer ungläubigen Mienen gewahr geworden, hilfreich ein: Bis Bankas Bas seien es nicht etwa 25 Kilometer, sondern nur 40 Meilen, beschwichtigt er. Einig sind sich beide über die Zeit: Morgen abend seien wir da. Dabei deuten sie mit der lässigen Selbstverständlichkeit von Leuten, die die Region kennen wie ihre Westentasche, auf die abweisend-dunkel vor uns liegende Dschungelfront. Es dauert eine Weile, bis wir uns mit der neuen Situation angefreundet haben. Wir stehen allein auf weiter Flur, die anderen sind inzwischen alle weg.

„Okay", kommentiert Ratte schließlich lachend das Geschehen, „gehen wir eben morgen spazieren!" Sie schultert ihren Rucksack.

Wir laufen hinunter ins Dorf, finden eine Kneipe, in der sich einige der Fahrgäste um einen groben Holztisch versammelt haben. Hier kriegen wir noch eine Gemüsesuppe. Mir knurrt sowieso schon der Magen; in Erwartung einer relativ kurzen Fahrt durch bewohntes Gelände haben wir nichts Eßbares eingepackt, und seit dem Frühstück in Nepalganj sind immerhin einige Stunden verstrichen.

Außer uns wollen noch vier weitere Leute morgen früh nach Bankas Bas weiterlaufen. Der Wirt stellt uns drei *karts* – einfache, hölzerne Bettgestelle mit geflochtener Bespannung – zur Verfügung, auf denen wir schlafen können. Wir schaffen sie vor die Tür seiner engen Hütte, machen es uns jeweils zu zweit darauf gemütlich. Zwar schneiden die dünnen Reisstrohstricke nach einer Weile teuflisch ins Fleisch, und mit seiner Länge von vielleicht anderthalb Metern ist das Ding auch nicht gerade riesig, aber was soll's – besser als nichts. Wenn nur die verfluchten Mücken nicht wären ...

Bei Sonnenaufgang werden alle wieder munter. Mir geht es ausgesprochen dreckig, kaum daß ich in der Lage bin, mich die drei Schritte in die Kneipe zu schleppen und einen Tee zu trinken. Irgend etwas habe ich in den Knochen, und zwar heftig.

Ratte beobachtet mich kritisch: „Meinst du, du schaffst das?"

Ich schüttle nur müde den Kopf: „Nee, gar kein Denken jetzt an Gepäckmarsch. Laß uns lieber warten, ob nicht doch was Fahrbares hier vorbeikommt!" Ich krieche zurück auf das *kart*, falle von einer Sekunde zur anderen in tiefen Schlaf.

Es ist fast halb elf, als Ratte, die seit Stunden neben mir sitzt, mich wachrüttelt: „Sieh mal, da kommt 'n Lkw!"

Ich folge mit dem Blick ihrer ausgestreckten Hand. Tatsächlich – ein uralter Lastwagen taucht zwischen den letzten Bäumen auf, nähert sich laut röhrend dem Dorf aus eben jener Richtung, aus der auch wir gestern abend gekommen sind. Knallgelb angepinselt rudert er mühsam durch den Lehm auf die Hütten zu. Es ist ein antiker Dodge, der den zweiten Weltkrieg schon aktiv miterlebt haben dürfte; unter seiner runden Haube, die bei jeder Bewegung heftig schlottert, ist noch ein Loch für die Kurbel. Kaum fünfzig Meter von uns entfernt kommt der Veteran zum Stillstand. Drei Männer springen ab, beginnen Getreidesäcke abzuladen. Leute strömen mit Taschen und Körben herbei, verhandeln mit dem Fahrer. Mit etwas Glück fährt das Ding also noch weiter . . .

Ich laufe rüber, frage den Fahrer in Zeichensprache, wo er hin will – Richtung Bankas Bas? Er grinst gut gelaunt, nickt nachdrücklich. Dann schiebt er sich die bunte Kappe aus der Stirn, überlegt kurz und antwortet in gebrochenem, aber gut verständlichem Englisch: „Ja, aber nicht weit."

„Wie weit?" frage ich grinsend zurück, erleichtert, daß ich mich mit ihm verständigen kann.

„Mhhh, so ungefähr zehn Kilometer."

Zehn Kilometer latschen durch den Dschungel gespart, das ist in meinem Zustand besser als nichts. „Kannst du uns mitnehmen?"

„Klar!" Er deutet mit dem Daumen auf die immer noch ziemlich volle Ladefläche, die inzwischen schon von einem runden Dutzend Leuten bevölkert wird. „Klettert da hinten drauf!"

Ich erkundige mich vorsichtshalber, was er dafür will; schließlich ist das unser erster Lift in Nepal. Doch er schüttelt nur den Kopf, macht eine wegwerfende Handbewegung: „Ach was, ich fahr' sowieso dahin!"

Ratte hat aus der Entfernung schon beobachtet, wie der Hase läuft, und unser Zeug zusammengepackt. Wir krabbeln zu den anderen auf die Ladung. Bereitwillig macht man uns Platz. Außer den Dörflern und uns befinden sich nebst zahlreichem Handgepäck und den Getreidesäcken einige Ziegen, ein Korb mit jungen Enten und – ganz hinten – vier große, aufrechtstehende Blechfässer auf dem Wagen. Sie sind mit zwei ausgefransten Stricken nachlässig zusammengebunden; dem Geruch nach enthalten sie Diesel oder Petroleum, und zwar schätzungsweise jedes so an die 250 Liter. Die Verschlüsse sind wohl mal abhanden gekommen, jedenfalls hat man die Spundlöcher einfach mit alten Lappen zugestopft. Ich denke an die bevorstehende Querfeldeinfahrt und an die sechs Paar Füße – darunter meine eigenen –, die dicht vor den Tonnen baumeln. Ob die wohl brav an ihrem Platz stehenbleiben werden?

Die Leute hier auf dem Lkw sind allesamt klein und drahtig von Statur, mit wettergegerbten, braunen Gesichtern, in denen man kaum etwas lesen kann. Während die Kinder unbekümmert lachen und uns aus großen, dunklen Augen mit unverhohlener Neugier mustern, sind die Erwachsenen zurückhaltend, beinah mißtrauisch. Sie beobachten uns eher verstohlen, sind zwar nicht abweisend, doch auch nicht gerade übermäßig kontaktfreudig. Eins ist uns jetzt schon klar: Der Umgang mit den Menschen hier wird nicht einfach sein. Das ist ganz etwas anderes als die überschwengliche, gastfreundliche Extrovertiertheit der Pakistani oder die aufgesetzte, oft servile Überfreundlichkeit der Inder; viel subtiler, viel schwerer zu durchschauen. Ich betrachte den alten Mann, der mir gegenüber mit untergeschlagenen Beinen auf einem Sack Reis hockt, die bunte, gewebte Kappe, die hier fast alle tragen, tief in der Stirn, einen riesigen schwarzen Regenschirm in der knochigen Hand. Er hält meinem Blick stand, ohne eine Miene zu verziehen, keine noch so winzige Regung zeigt sich in seinem von tiefen Falten durchzogenen Gesicht. Was mag er wohl gerade denken?

Ich bin es gewohnt, in Gesichtern zu lesen, Gestik und Mimik ebenso als Aussage zu werten wie das gesprochene Wort; doch hier stelle ich ziemlich irritiert fest, daß es mir nicht möglich ist. Ich könnte nicht einmal sagen, ob mir da Ablehnung oder sogar Wohlwollen entgegenblickt. Verstärkt wird dieser Mangel an Kommunikationsmöglichkeit noch durch die Sprachschwierigkeiten. Hier auf den Dörfern im Terai spricht kaum jemand Englisch, und die meisten Nepali sind offenbar nicht bereit, sich auf die ihrem Wesen wohl völlig fremde Zeichensprache mit Händen und Füßen einzulassen. Findet sich keine gemeinsame Sprache, zucken sie meist nur die Achseln und gehen ihrer Wege. Nein, einfach wird das mit den Leuten hier nicht werden, und sicher werden wir eine ganze Zeit brauchen, bis das Eis bricht. Wir haben so ein bißchen das Gefühl, „auf Bewährung" hier zu sein. Ob's wohl klappt?

Ein heftiges Schaukeln unterbricht meine Überlegungen. Der Beifahrer steht breitbeinig vor der Motorhaube und bedient schwungvoll die Kurbel. Nach einigen schallenden Fehlzündungen springt der Motor mit einem lauten Bölken, das an den trockenen Husten eines starken Rauchers erinnert, widerwillig an. Wir rumpeln langsam durch die Senke und den gegenüberliegenden Hügel hinauf, auf den Wald zu. Er ist hier nicht mehr so dicht wie teilweise gestern und von zahlreichen, grasbewachsenen Lichtungen und Schneisen durchschnitten. Die Gegend ist jetzt ausgesprochen hügelig. Wir befinden uns in jenem höher gelegenen Teil des Terai, den die Nepalesen *„Dun"* nennen und in dem, trotz starker, oft rücksichtsloser Besiedelung der letzten Jahre, noch immer der tropische Regenwald dominiert.

Meine Vermutung, daß das hier ideales Jagdland für den in Südnepal noch heimischen Leoparden sei, wird jäh bestätigt, als wir auf einer Lichtung an einem frischen Riß vorbeikommen. Es ist ein Hirschkalb, wahrscheinlich ein junger Axishirsch; sehr lange kann er hier noch nicht liegen, das Blut sieht noch recht frisch aus. Von dem erfolgreichen Jäger selbst ist freilich weit und weit nichts zu entdekken; um diese scheue Katze zu Gesicht zu bekommen, muß man sich schon etwas leiser durch die Landschaft bewegen, als wir es tun.

Erstaunlicherweise bleibt der Laster im Gegensatz zum Bus gestern nicht einmal ernsthaft stecken, obwohl er reichlich überladen ist und es hier jetzt teilweise doch ziemlich steil bergauf und bergab geht. Dafür passiert allerdings das, was ich schon die ganze Zeit befürchtet

Weite Teile Südnepals sind noch immer von unwegsamem Urwald bedeckt

habe: Als der Wagen sich wieder einmal in ziemlicher Schräglage am Fuße eines Hügels entlangschraubt, reißen die Stricke, mit denen die Fässer bislang in Position gehalten wurden. Sofort nutzen diese ihre neugewonnene Freiheit und beginnen munter auf der Ladefläche herumzutanzen. Wir ziehen schleunigst die Haxen aus dem Gefahrenbereich. Zu allem Überfluß ist auch noch der Korb mit den Enten aufgegangen, drei der Küken sind flüchtig. Statt auf die zärtlichen Lockungen der aufgeregten Besitzerin zu hören, preschen sie, geleitet von einem unfehlbaren Instinkt, zwischen die unkontrolliert hin und her rutschenden Tonnen. Ratte riskiert leichtsinnigerweise bei einer spontanen Rettungsaktion ihren Arm; im letzten Moment zerrt sie die sich lautstark wehrenden Küken mit sicherem Griff ins Freie, gerade bevor die zwei vorderen Tonnen mit einem dumpfen Laut aufeinanderprallen. Um das Maß voll zu machen, haben sich mittlerweile auch die Lappen aus den Öffnungen gelöst, und bei jeder Welle werden wir und die Rucksäcke mit einem Schwall Diesel parfümiert.

Nein, ich bin nicht böse, als nach knapp vierstündiger Fahrt endlich das Dorf auftaucht, das wohl unser vorläufiges Ziel darstellen dürfte. Immerhin sind aus den angekündigten zehn Kilometern meiner Schätzung nach ungefähr zwanzig geworden.

„Amaliya!“ verkündet unser Fahrer stolz, als wir vom Wagen klettern, den er mitten zwischen den vielleicht dreißig aus Holz, Lehm und Kuhmist erbauten Hütten abgestellt hat. Wir zerren unsere dieseltriefenden Rucksäcke von der Ladefläche, schleppen sie zu einem aus dem Boden aufragenden Wasserkran auf dem Dorfplatz, um sie einer notdürftigen Reinigung zu unterziehen.

Der Fahrer gesellt sich zu uns. „Heute nachmittag soll noch ein Lkw hier durchkommen. Fährt zu einem Camp, ein paar Kilometer weiter.“

„Richtung Bankas Bas?“

Er nickt. „Ja, so in ein, zwei Stunden. Der könnte euch mitnehmen!“

Ich sehe auf die Uhr: gleich halb drei. Ein, zwei Stunden . . . Mein Vertrauen in die hiesigen Zeit- und Entfernungsangaben ist inzwischen leicht erschüttert . . .

„Ist 'n Baucamp“, fährt er fort. „Sie bauen da eine Straße. In ein paar Jahren . . .“ Seine Geste ist der manifestierte Traum vom Fahren auf der Autobahn. Schade um den Dschungel, denke ich im stillen. Aber vielleicht hilft's uns jetzt wenigstens. Er führt uns zu der einzigen Teekneipe des Dörfchens. Wir hocken uns im Schatten des Grasdaches auf eine rohgezimmerte Holzbank, geschützt vor der Sonne, die, wenn es mal zwei Stunden nicht geregnet hat, doch ziemlich heftig brennt. Kurz darauf ertönt das vorher schon beschriebene Geräusch; der Lkw fährt zurück. Unser relativ redseliger Fahrer scheint wirklich die Ausnahme gewesen zu sein. Die übrigen Gäste der Kneipe jedenfalls starren uns einfach wortlos an. Ich habe nicht das Gefühl, daß es Ablehnung ist – sie sind nur einfach nicht fähig oder bereit, in irgendeiner Form auf uns zuzugehen.

Wir sitzen da, trinken Tee, schlagen die Zeit tot und warten auf den Lkw oder Godot oder sonst irgendwas. Fliegen umsurren uns, Stunden raspeln sich ab, quälend langsam, verflüchtigen sich wie die Teeflecken auf der groben Tischplatte. Ich sehe zu, wie sie allmählich Bestandteil der uns umgebenden Feuchtigkeit der Luft werden. Was ist nur los mit mir? Ich bin in einem Zustand, wo mir alles, aber auch alles, scheißegal ist. Dieses Kaff, die kläffenden Dorfköter, Zeit, ich selbst – alles nur winzige Bestandteile eines großen, übergeordneten Seins, das mir ebenfalls vollkommen Wurscht ist. Eigentlich will ich nur schlafen, aber wie zum Teufel soll man das auf dieser unbequemen Holzpritsche?

Ratte stubst mich an, reißt mich für einen Moment aus meiner Lethargie: „Glaubst du, der Lkw kommt noch?"

„Ach, was weiß ich denn."

„Und was machen wir, wenn das 'ne Ente war? Meinst du, du kannst laufen? Hey!" Sie rüttelt mich unsanft: „Hörst du mir überhaupt ..."

Es ist nicht die Frage, mehr ihr Gesichtsausdruck, der mich alarmiert: „Was ist los, zum Henker?"

„Deine Augen ..." Sie starrt mich unverwandt von der Seite an.

„Ja, und? Was ist damit?"

„Sie sind gelb ..., ganz gelb ...!"

Also, das ist es. Nicht die Malaria, nee – öfter mal was Neues! Kein Wunder, daß ich mich wie ausgekotzt fühle ...

Rattes unheilschwangere Entdeckung hängt einige Sekunden unausgesprochen im Raum.

„Mach nix los", versuche ich schließlich wenig überzeugend zu beschwichtigen. Sie sieht mich immer noch an, zieht nur wortlos eine Augenbraue hoch. Überflüssig. Die volle Tragweite der Bedeutung meiner werwolfgelben Augen ist mir selbst nur zu klar. Ist ja auch wirklich der günstigste Zeitpunkt, sich 'ne Gelbsucht zu fangen, hier, mitten im Dschungel, zig Kilometer weit weg vom nächsten Ort und erst recht von jedem Arzt. Wir wissen nicht mal genau, wo wir hier sind...

Irgendwann meldet der konsumierte Tee dann, daß es Zeit wäre, Platz für den nächsten zu schaffen. Ich latsche hinter die Hütte, pinkeln. Jetzt ist es amtlich: Die Pfütze, die sich da zu meinen Füßen bildet, sieht nicht im mindesten aus wie durchgelaufener Tee, eher wie ungefiltertes Altbier. Ich überbringe Ratte die frohe Botschaft, wir feiern meinen Gilb mit einem weiteren Täßchen.

Es wird schon beinah dunkel, als sich der verheißene Lkw mit asthmatischem Ächzen ankündigt. Er ist leer bis auf einige lehmbekleisterte Werkzeuge, der Fahrer ist bereit, uns bis zum Camp mitzunehmen. Wir genießen noch einmal etwa zwanzig Kilometer Dschungeltour, ehe wir Stunden später in dem aus dem Boden gestampften Camp gut durchgeschüttelt von der Karre klettern.

Wir gesellen uns zu einigen Männern, die vor einem anderen Lkw um ein kleines Feuer sitzen und, müde von ihrer schweren Arbeit, heißen Tee schlürfen. Man macht uns Platz, wir setzen uns. Auf unseren Gruß hin nickt die Runde wortlos, ein paar heben die zusammengelegten Handflächen vors Gesicht zum traditionellen *namaste*. Schweigen. Man taxiert uns kurz, jemand reicht uns ein Glas mit Tee, dann gehen alle wieder zu ihren Gesprächen über. Keine Frage: „Wer seid ihr? Wo kommt ihr her? Wo wollt ihr hin?" Nichts. Wir sitzen einfach dazwischen, als sei's die selbstverständlichste Sache der Welt. Das Schicksal hat es halt so gewollt, daß wir ausgerechnet an diesem Tag, zu dieser Stunde hier durchkommen. Und warum sollte man das Schicksal hinterfragen...?

Ablehnung kann es jedenfalls nicht sein, was sie so reagieren läßt, sonst hätten sie uns kaum den Tee angeboten. Aber was ist es dann? Ein natürliches Mißtrauen, eine Verschlossenheit gegenüber allem Fremden? Zwei zaghafte Versuche, mit den Männern in ein Gespräch zu kommen, werden durch das uns nun schon zur Genüge bekannte

Schulterzucken unterbunden. Die Situation bekommt allmählich etwas Peinliches. Unsere ursprüngliche Absicht, zu fragen, ob man hier irgendwo etwas zu essen und ein Nachtlager bekommen könne, haben wir längst fallengelassen. Niemand hält uns zurück, als wir aufstehen und uns verabschieden, um einen Schlafplatz zu suchen. Doch als wir dann in einiger Entfernung vor einem Stapel frisch gesägter Bretter unsere Schlafsäcke ausrollen, erhebt sich einer aus dem Kreis und kommt zögernd zu uns herüber. Einige Meter vor uns bleibt er stehen, zeigt auf die Schlafsäcke und schüttelt den Kopf. Ihm erscheint das als Erklärung wohl vollkommen ausreichend, denn jetzt hockt er sich vor uns hin, stützt den Kopf auf die Handfläche und sieht uns an. Wir wissen beide nicht, was er will; soll das jetzt ein Rausschmiß sein, eine Aufforderung, uns zu verdünnisieren? Ich biete ihm eine Zigarette an. Er schüttelt den Kopf. Vorsichtshalber, um Mißverständnissen vorzubeugen, machen wir noch mal die Geste des Schlafens, eine fragende Handbewegung. Er schüttelt den Kopf. Ratte und ich wechseln einen Blick; nein, Freunde der großen Gebärde sind sie hier wirklich nicht ...

Endlich kommt etwas Leben in ihn. Er hebt die rechte Hand flüchtig gegen den Himmel, der sich schon wieder bedrohlich zugezogen hat, deutet Regen an. Also, das meint er!

Sichtlich erleichtert, daß wir endlich begriffen haben, steht er auf und winkt uns, ihm zu folgen. Er läuft vor uns her zu einer der Hütten, stößt die Tür auf. Drinnen zeigt er auf zwei niedrige, mit einigen Brettern belegte Böcke, über die eine dicke Baumwollmatte gebreitet ist; dann macht er das „Schlaf"-Zeichen.

„Wir sollen hier schlafen? Ja, und du?" versuche ich rauszubekommen.

Er zeigt auf eine der anderen Behausungen. So ganz recht ist uns das nicht; wir wollen ihn nicht aus seiner eigenen Wohnung vertreiben. Doch jetzt zeigt er sich auf einmal sehr bestimmt. Da es heute nacht mit ziemlicher Sicherheit noch einen guten Guß geben dürfte, überlegen wir nicht mehr lange und nehmen sein Angebot an. Er bedeutet uns, zu warten, verschwindet noch mal im Dunkeln. Wir holen unsere Rucksäcke rein, setzen uns auf das Bettgestell und rauchen. Nach einer Weile kommt unser Gastgeber zurück, mit einer rußenden Petroleumlampe und einem verbeulten Blechteller mit kaltem *dhal bhat* darauf. Das ist gewissermaßen das hiesige Nationalgericht, immer und überall gegessen, und besteht in der Hauptsache aus Reis und einem dünnflüssigen Linsenbrei. Je nach Finanzlage und Saison wird es noch erweitert um einige Stücke roher Zwiebel, etwas Gemüse und ein Schälchen mit ausgelassenem *ghee* (Butterschmalz) sowie – selten – ein paar Stückchen Fleisch.

Er stellt den Teller vor uns hin, nickt uns freundlich-auffordernd zu und geht dann hinaus. An der Tür dreht er sich noch mal um, kratzt sich unsicher am Kopf, verdreht nachdenklich die Augen und formt mühsam die Worte: „Good night!“

Und jetzt, als sie raus sind, lächelt er sogar! Ein bißchen verlegen zwar, als sei ihm sein plötzlicher Anfall von Geschwätzigkeit leicht peinlich, doch er lächelt. Und als wir überrascht aufschauen, ihm auch eine gute Nacht wünschen und ihn anstrahlen, wird sein Lächeln schnell breiter. Nun wirkt er wie ein großer Junge. „Good night!“ wiederholt er, nickt uns zu und geht hinaus. Nein, unfreundlich oder ablehnend sind sie hier ganz sicher nicht, im Gegenteil. Aber sie haben halt eine verdammt lange Anlaufzeit, an die man sich erst mal gewöhnen muß.

Wir schauen uns in der einfachen, knapp drei mal vier Meter großen Hütte um. Bis auf das Lager und einen vergilbten Kalender an einer Wand, dem wir entnehmen, daß wir uns jetzt im Jahr 2039 nepalesischer Zeitrechnung befinden, ist sie völlig leer. Die Wände bestehen wie überall hier auf den Dörfern aus einem Holzgeflecht, das zwischen Pfosten montiert und mit Lehm und Kuhmist verputzt ist; das Dach ist mit zusammengebundenen Grasbüscheln gedeckt.

Keine halbe Stunde später hören wir schon die ersten schweren Tropfen aufklatschen.

„Hoffentlich hält das Zeug dicht!“ Ratte blickt sorgenvoll auf die spärliche Abdeckung.

Es hält. Obwohl in der Nacht einige ordentliche Wolkenbrüche niedergehen, dringt nicht ein einziger Tropfen durch; ein Phänomen, das wir bei dieser Art der Grasdächer noch öfter bestaunen werden.

9. September 1982

Gegen neun Uhr nimmt uns einer der Camp-Lkws mit zu einem einige Kilometer entfernten, auf unserer Strecke liegenden Dorf namens Lamahi. Als ich dem Besitzer der Hütte etwas für die Nacht bezahlen will, wehrt er brüsk ab, deutet erneut auf den Himmel, als wolle er sagen: „Ich konnte euch doch nicht im Regen liegenlassen!"

Wir bedanken uns nochmals für seine großzügige Offerte, steigen auf den schon abfahrbereit dastehenden Wagen. Ich bin so schlapp, daß ich kaum den Rucksack auf die Ladefläche hieven kann. Zu den bereits ausreichend bekannten Erschwernissen dieser Dschungelrallyes gesellt sich diesmal noch eine neue Komponente: Einige Bäche und Flüsse unterschiedlicher Breite und Tiefe kreuzen den Weg. Im sicheren Bewußtsein, alle Furten genauestens zu kennen, nimmt unser Fahrer sie sämtlich mit Vollgas. Frisch gewaschen erreichen wir nach einer guten Stunde Fahrt Lamahi. Der Wald ist wieder merklich dünner geworden, geht allmählich in verfilzten Busch über, der seinerseits hinter dem Dorf einem ausgedehnten, von zahlreichen Wasserläufen durchzogenen, sumpfigen Tal Platz macht.

Wir versorgen uns in Lamahi beim Dorfkrämer gründlich mit Proviant und Zigaretten. Weiß der Geier, wie lange wir noch unterwegs sein werden bis zum „fünfundzwanzig Kilometer" entfernten Bankas Bas . . .

Hinterm Dorf stoßen wir auf einen holprigen, steinigen Pfad, der sich quer durchs Tal windet. Dies, so werden wir informiert, sei die Straße nach Balubang, einem weiteren Straßenbau-Camp Richtung Bankas Bas. Wenn wir Glück hätten, käme im Laufe des Tages der Inspektionsjeep auf seiner Runde hier vorbeigefahren. Das Wetter ist jetzt wieder warm und sonnig, nur einige vereinzelte, unschuldig weiße Wölkchen verzieren den tiefblauen Himmel.

Wir setzen uns in der Nähe eines mächtigen alten Salbaumes an die Piste und harren des Jeeps, der da kommen soll, lesen, flicken an unseren Klamotten herum. Ich nutze die Gelegenheit zu einem kurzen Nickerchen, um nachher wenigstens wieder halbwegs fit zu sein. Stundenlang sehen wir kein lebendes Wesen, von zwei streunenden Hunden mal abgesehen, die uns kurz aus sicherer Entfernung bestaunen. Ratte hat ihre Stiefel mit einem Paar leichter, bequemer Latschen vertauscht, bearbeitet den einen gerade emsig mit Nadel und Faden, als sie feststellt, daß etwas darin krabbelt.

„Sieh doch mal – was sind 'n das für komische Käfer?" fragt sie mich arglos.

„Läuse", konstatiere ich trocken nach einem kurzen Blick auf die Bescherung. Wenn ich geahnt hätte, welchen Überschwang an Gefühlen diese schlichte Feststellung bei ihr auslösen würde – ich hätte es ihr schonender beigebracht . . .

„Also, hör mal", versuche ich sie zu beruhigen, „Mücken findest du normal, gegen Flöhe haben wir in den letzten Monaten heroische Schlachten geschlagen, und Wanzen gehören seit der Türkei zum stehenden Inventar jedes zweiten Billighotels. Ich meine, ich finde es auch nicht gerade toll, daß wir uns jetzt auch noch Läuse geholt haben, aber das ist doch kein Grund, gleich auszurasten; irgendwie kriegen wir die auch wieder los!"

Aber Ratte ist nicht mehr zu bremsen: Läuse, verkündet sie wutschnaubend, seien nun mal der Gipfel ekliger Scheußlichkeiten schlechthin. Mit missionarischem Eifer liquidiert sie alle „komischen Käfer", deren sie habhaft werden kann, und flucht dabei ununterbrochen vor sich hin. Ich nehme mir im stillen vor, beim nächsten Scheißektoparasiten, den sie mir zeigt, steif und fest zu behaupten, es sei ein Marienkäfer . . .

Als das Gemetzel endlich beendet ist, schütten wir noch eine reichlich bemessene Portion von „Dr. Khan's Tick Powder" in die Walstatt. Den haben wir noch aus Indien dabei, wo er sich, wie schon der Name vermuten läßt, bei der Bekämpfung einer lokalen Zeckeninvasion mal als sehr nützlich erwiesen hat. Vorsichtshalber kontrolliere ich meine Treter auch noch mal, finde aber nichts. Dr. Khans Produkt – dem Manne sei Lob und Dank – erweist sich als äußerst vielseitig. Bei den von nun an regelmäßig durchgeführten Morgenappellen rührt sich nichts mehr . . .

Das Glück ist auf unserer Seite; nachmittags irgendwann zwischen zwei und drei kündigt sich durch fernes Spucken und Stottern der besagte Jeep an. Wir geben heftig Zeichen – hoffentlich hält er!

Er tut's. Die drei Männer darin sind zwar etwas überrascht ob unserer Anwesenheit hier, doch sogleich bereit, uns nach Balubang

Trampen in Nepal hat seine eigenen Reize: unser glorreicher Einzug in Balubang

mitzunehmen. Die anderthalbstündige Fahrt gestaltet sich recht eigenwillig. „Fahrt" ist eigentlich nicht ganz richtig; es handelt sich mehr um eine Kombination von Fahren und Laufen zu etwa gleichen Teilen. Die besten Jahre des Möhrchens liegen schon ziemlich lange hinter ihm, und so bringen wir denn einen beachtlichen Teil der Zeit mit Schieben zu. Vorzugsweise verreckt die Karre immer gerade dann, wenn wir mal wieder bis zum Trittbrett in einer Furt stehen. Kurz vor Balubang kündigt sie dann ganz den Dienst auf, wir erreichen das Dorf schiebend. Gott sei Dank ist das letzte Stück des Wegs ziemlich breit und eben …

Während der Straßenbauinspektor und seine beiden Helfer ihr Dienstfahrzeug vor dem Ersatzteillager des Camps abstellen und einer eingehenden Schraubenschlüsseltherapie unterziehen, laufen wir zur hiesigen Teekneipe. Ich bin vom Schieben fix und fertig, werfe mich auf das erstbeste *kart*, das unter dem offenen Grasdach vor der Hütte steht, und japse eine halbe Stunde vor mich hin. Ratte holt uns drinnen Tee. Als ich gierig den ersten Schluck nehme, bin ich versucht, ihn sofort wieder auszuspucken.

„Was hast du?" erkundigt Ratte sich.

„Probier mal", gebe ich ohne nähere Erklärung zurück, weil ich meinen Geschmacksnerven offenbar infolge der Gelbsucht in letzter Zeit nicht mehr so recht trauen kann. Alles schmeckt anders als sonst, und sobald ich zum Beispiel Milch oder Joghurt nur aus einiger Entfernung rieche, wird mir schlecht.

Doch in diesem Fall hat das eigentümliche Geschmackserlebnis nichts mit der Krankheit zu tun; auch Ratte verzieht das Gesicht. „Ugh! Was ist das denn?"

Pfeffer. Statt mit Zucker hat man den Tee mit einer großzügig bemessenen Prise schwarzen Pfeffers verfeinert . . .

Wir versuchen dem Wirt klarzumachen, daß wir gerne noch einen Tee hätten, aber diesmal ungewürzt. „Ohne?" Er wirkt erstaunt, ist aber bereit, uns ein Extrakesselchen aufzubrühen.

Wir fragen ihn, ob wir auf den *karts* unter dem Vordach übernachten können; in längstens einer Stunde wird es dunkel, und heute werden wir kaum noch hier wegkommen. Er hat nichts dagegen, erkundigt sich gleich, ob er für uns Abendessen mit richten soll. Sie kochen nämlich gerade. Das wäre also geritzt, wir bleiben heute nacht hier.

Später, zum Essen, das schlicht aus Pellkartoffeln und kaltem Reis besteht, kommen dann auch noch einige der Straßenarbeiter. Wir versuchen herauszubekommen, wie es mit der Chance um einen Lift bestellt ist; die Antwort ist niederschmetternd einhellig. Balubang sei der letzte noch mit einem Fahrzeug zu erreichende Ort. Die Straße höre hier auf; von hier bis Bankas Bas sei nur noch Dschungel, da käme nichts mehr durch, erklärt uns einer, der ein paar Worte Englisch kann.

Mein Gott, denke ich, wenn sie das, was hinter uns liegt, ernsthaft immer noch als „Straße" bezeichnen, wie sieht's dann wohl vor uns aus? Wir müssen uns wohl oder übel mit dem Gedanken vertraut machen, den Rest zu laufen. Ich starte einen vorsichtigen Versuch, jemandem zu entlocken, wie weit es denn noch sei bis zum sagenumwobenen Bankas Bas.

„Zwanzig Kilometer", erklärt einer kauend, „. . . so ungefähr."

Ein anderer weiß es besser, schüttelt den Kopf und streckt uns sechs Finger entgegen.

„Sechs Kilometer?" frage ich zweifelnd. Er nickt.

„Nur sechs?" bohrt Ratte noch mal nach.

„Yes. Six. Six-ty."

Zwecklos. Sie rechnen hier nun mal in Tagen und Stunden, und bei dem Tempo, das sie vorlegen, sind sie in längstens einem Viertel der Zeit am Ziel, die wir brauchten – unter normalen Umständen, wohlgemerkt . . .

„Das wird ja 'n netter Trip ins Blaue . . ." Ratte wirft mir einen besorgten Blick zu. „Glaubst du, daß du es schaffst?"

Ich lache etwas gequält: „Muß ja wohl. Was anderes wird uns gar nicht übrigbleiben. Wenn es schlimmer wird, brauche ich 'nen Arzt – und da kommen wir nur hin, wenn wir aus diesem verdammten Gestrüpp raus und in Bankas Bas sind. Wird halt 'n bißchen länger dauern als normal, aber irgendwie wird's schon gehen." Innerlich bin ich mir längst nicht so sicher . . .

Als wir uns schlafen legen, ist der Himmel sternenübersät; es sieht nicht so aus, als ob heute nacht was runterkäme. Wie man sich doch täuschen kann! Gegen zwei Uhr bricht urplötzlich ein schweres Unwetter los. Ich werde wach, als mir eine Sturmbö einen Schwall Wasser ins Gesicht schleudert. Der Wind peitscht heulend einen dichten Vorhang aus Regentropfen beinah waagerecht vor sich her. Schwarze Wolken verkünden, daß noch sehr viel mehr davon zur Verfügung steht. Bedrohlich rauschend fährt der Sturm ins Gras des Daches, zaust es von allen Richtungen, zerrt und rüttelt an den dünnen hölzernen Pfosten der Veranda. Staubfontänen wirbeln durch die Luft, Papierfetzen, Blätter und Zweige werden umhergetrieben, eine leere Blechdose torkelt polternd über den Dorfplatz. Mein Schlafsack, aus dem ich eilig gekrochen bin, möchte wohl gerne mittanzen in diesem manischen Luftreigen. Er schafft auch glücklich den Absprung, bevor ich reagieren kann, landet aber nach ein paar Metern schon wieder – sehr zu meinem Mißfallen – in einer Pfütze.

In Sekunden sind wir durchnäßt bis auf die Knochen. Wir flüchten hinüber zur Kneipe, wo unser Klopfen fast im Stakkato der niederprasselnden Regentropfen untergeht. Der Wirt läßt uns ein, schafft es kaum, die Tür hinter uns wieder zuzuziehen, gegen die der Wind sich mit solcher Macht stemmt, als wolle er sie aus den ledernen Angeln reißen.

In der Hütte herrscht weiches Halbdunkel. Ein kleines Feuerchen kokelt in einer offenen Kochstelle aus Lehm. Das wärmt zwar ein wenig, aber da es keinen Abzug hat, qualmt es auch entsetzlich. Tagsüber, bei offenen Türen, ist das nicht so tragisch; aber jetzt brennen mir schon nach Minuten in dem fensterlosen Raum die Augen. Die Nepalesen stört das nicht im mindesten, sie sind dran gewöhnt und behaupten, es sei gut gegen Ungeziefer im Dach. Der Wirt gesellt sich wieder zu seiner Familie, die sich im hinteren Teil des Zimmers auf einigen Matten zusammengerollt hat und vereinzelt friedliche Schnarchtöne von sich gibt, und überläßt uns den freien

„Unsere" Kneipe hat das Gewitter heil überstanden

Rest des gestampften Lehmbodens. Für uns wird es eine kalte Nacht, die wir, dicht beim Feuer, in unseren nassen Klamotten mehr wach als schlafend verdämmern.

Am Morgen ist alles schon wieder trocken, der Himmel allerdings noch grau und verhangen. Vereinzelte Pfützen und allerlei herumliegende Äste zeugen von der regen Tätigkeit der Elemente während der vergangenen Nacht.

Die feuchte Kälte, das „Schlafen" in den nassen Kleidern waren in meinem Zustand wohl nicht die denkbar beste Therapie. Ich fühle mich noch zerschlagener als gestern, bin kaum imstande, einen klaren Gedanken zu fassen. Da ist der vor uns liegende Dschungeltrip mit gut fünfundzwanzig Kilogramm Gepäck genau das richtige. Aber was soll's, irgendwie müssen wir halt durch. Nach einem kurzen Frühstück und einigen Gläsern Tee – ohne Pfeffer – brechen wir auf.

Den ersten Teil des Weges nach Kalakati, dem nächsten Dorf auf unserer Route, führt uns ein ziemlich ausgetretener Pfad, der sich jedoch schon bald in einem Netz aus unzähligen Nebenpfaden und Abzweigungen verliert, immer dünner wird und schließlich gar nicht mehr zu erkennen ist. Da wir keine Karten und, auf solch eine Situation nicht vorbereitet, auch keinen Kompaß mithaben, bleibt uns nichts anderes übrig, als die Marschrichtung nach Sonnenstand, Hauptwindrichtung und einigen Geländeformationen zu bestimmen, in der Hoffnung, daß die von den Straßenarbeitern angegebene Lage des Ortes stimmt. Wir vertrauen auf meinen recht gut entwickelten Orientierungssinn und marschieren munter durchs Gemüse. In einiger Entfernung ragt ein niedriger, ziemlich dicht bewaldeter Höhenzug auf, den wir überqueren müssen. Wir halten darauf zu. Das Laufen ist mühsam und kräftezehrend auf dem nassen, lehmigen Waldboden, der überall von bemoosten, glitschigen Steinen durchzogen ist. Dazu geht es noch in sanften Wellen beständig auf oder ab. Heerscharen von Insekten, die meisten feindlich gesonnen und auf unser Blut erpicht, vervollständigen den Genuß. Der vollgepackte Rucksack zwingt mich fast in die Knie, jeder Schritt bedeutet eine ungeheuere Überwindung. Mit zusammengebissenen Zähnen stolpere ich langsam vorwärts. Nach vielleicht zwei Kilometern, für die wir fast eine Stunde gebraucht haben, muß ich die erste Pause einlegen. Der Hügelkette scheinen wir keinen Meter näher gekommen zu sein . . .

Später – das Gestrüpp ist dichter geworden, vereinzelte Bäume kündigen den nahen Dschungel an – stoßen wir auf einen kaum erkennbaren Pfad, der sich, immer nur einige Meter überschaubar, durchs Unterholz schlängelt. Da er so etwa in unsere Richtung führt, folgen wir ihm eine Weile. Nach einiger Zeit fällt er unversehens in einer scharfen Biegung steil nach unten ab. Ratte, die ein paar Schritte vor mir geht, bleibt plötzlich wie angewurzelt stehen und stöhnt gequält auf: „O nein – jetzt sieh dir das mal an!"

Ich folge ihr bis zu der Stelle, an der das Gebüsch den Blick freigibt auf die Ursache ihrer überschäumenden Begeisterung: Vor uns dehnt sich eine langgestreckte, ebene Kiesbank, an deren Ende sich die lehmigbraunen Fluten eines jener zahlreichen Flüsse entlangwälzen, die dieses Gebiet durchziehen und die jetzt in der Regenzeit allesamt stark angeschwollen sind.

„Verdamm mich! – Da müssen wir wohl rüber . . ."

Ratte bleibt sachlich. „Ja, müssen wir wohl. Siehst du vielleicht irgendwo so was wie 'ne Brücke?"

Ich antworte nicht; die Frage war wohl ohnehin mehr rhetorischer Natur.

„Was schätzt du, wie breit das ist?" forscht Ratte weiter.

„Mh, so um die hundert Meter. Sieht aber wenigstens nicht so tief aus – die Ufer sind jedenfalls ziemlich flach. Wie's allerdings in der Mitte ist . . ."

„Und was machen wir, wenn es zu tief ist zum Durchwaten? Schwimmen?"

Ich dämpfe ihre Begeisterung für sportliche Aktivitäten mit einem Hinweis auf unsere prallgefüllten Buckeltüten: „Mit den Dingern? Ne, dann werden wir uns wohl ein Floß basteln müssen. Holz steht dafür ja genug hier rum."

Ratte atmet tief durch, zieht ergeben die Brauen hoch: „Tja, dann hinein ins Vergnügen?"

Wir ziehen Stiefel und Socken aus, Ratte knotet ihren Rock vorm Bauch zusammen, ich steige aus meinen Hosen, und wir schnallen das Zeug auf den Rucksäcken fest. Als der größere von uns beiden gehe ich voran; langsam taste ich mich ins tiefere Wasser vor. Mit den Füßen lote ich vorsichtig den aus aalglatten, rundgeschliffenen Kieseln bestehenden Grund nach Untiefen ab. Mit dem schweren Gepäck kann ich kaum die Balance halten; ein Fehltritt, und ich läge mit meinem ganzen Geraffel in der Brühe. Ich verscheuche jeden Gedanken an die prachtvolle Sammlung von Parasiten, die man sich in solch trübem Gewässer leicht zulegen könnte. Im Moment geht mir das lausig kalte Naß bis zu den Knien, Tendenz steigend. Jetzt bis an die Oberschenkel; wir haben etwa ein Drittel hinter uns, es geht immer noch abwärts...

Die Strömung ist erheblich stärker, als es vom Ufer aus den Anschein hatte. Obwohl wir uns mit aller Macht dagegen anstemmen, werden wir unweigerlich immer weiter abgedrängt. Der ständige Kampf frißt rapide meine Kräfte auf. Wir sind jetzt etwa in der Mitte, das Wasser spielt mir glucksend um die Hüften. Der untere Teil meines Rucksacks samt Isomatte badet auch schon. Ich drehe mich um; Ratte hängt bis über den Bauch drin. Wir tauschen einen kurzen Blick...

Plötzlich geht es aufwärts, wir stehen auf einer flachen Sandbank, verschnaufen einen Moment. Dahinter wird es unvermittelt wieder tiefer. Auf einmal trete ich ins Leere. Ich werfe mich zurück, wild rudernd mit beiden Armen; Glück gehabt...

Vor uns liegt ein Loch, dessen Grund ich mit den Füßen nicht erreichen kann. Ich umgehe es vorsichtig, stelle fest, daß der Boden jetzt langsam, aber stetig ansteigt. Noch zwanzig Meter, das Wasser wird immer seichter; wir sind drüben.

„Puh, das wäre geschafft!" Ratte läßt sich ächzend auf ihren Rucksack plumpsen. Ich sage gar nichts mehr, bin viel zu ausgepumpt. Die Strömung hat uns trotz allen Widerstandes etwa zweihundert Meter flußabwärts getrieben; wenn der Pfad, dem wir zuletzt gefolgt sind, am diesseitigen Ufer weiterführt, muß er ein gutes Stück oberhalb liegen. Die Nepalesen dürften kaum solche Schwierigkeiten mit dem Durchwaten haben wie wir...

Nach einer ausgiebigen Pause machen wir uns auf die Suche. Erst beim dritten Anlauf finden wir den von dichtem Gebüsch halbverdeckten, kaum zwei Fuß breiten Weg, der an der vermuteten Stelle in die bewaldeten Hügel hineinläuft. Einige frische Fußspuren zeigen an, daß wir nicht die ersten sind, die ihn heute benutzen. Wir tauchen erneut in das Halbdunkel des Waldes ein, quälen uns rutschend und schlitternd in die höher gelegenen Regionen vor. Zwischendurch regnet es immer wieder; allzuviel bekommen wir davon nicht mit, das meiste wird vom grünschwarzen Blätterdach des Urwaldes abgefangen. Dann haben wir den Scheitel des Buckels erreicht, es geht wieder abwärts. Zu lange für meinen Geschmack.

Ratte hat wohl die gleiche Befürchtung: „Wir kommen wieder ganz schön weit runter."

Ich nicke. „Ja, fast so weit wie eben." Flüsse verlaufen meistens in Senken . . .

Nur zu bald stellt sich heraus, daß unsere Sorge begründet ist. Durch das Blättergewirr vor uns schimmert Wasser. Zwar ist dieser Fluß bei weitem nicht so breit wie der erste, doch die zeit- und kraftraubende Aktion ist die gleiche: Klamotten runter, alles auf die Rucksäcke schnallen, langsam eruieren, wie tief das Wasser hier ist . . . Als wir drüben sind, zittere ich am ganzen Körper. Wieder Pause. Weiter.

Nach einiger Zeit biegt der Trampelpfad, dem wir die letzte Stunde gefolgt sind, fast rechtwinklig von unserer Richtung ab. Wir laufen ihn noch ein Stück entlang, um zu sehen, ob er irgendwann wieder die alte Route einschlägt; Fehlanzeige. Wenn die Angaben der Straßenarbeiter in Balubang stimmen, kommen wir so garantiert nicht nach Kalakati, sondern landen in irgendeinem anderen Dorf. Andererseits: Wer sagt uns, daß sie stimmen? Ratte witzelt was von: „. . . am besten einfach mal jemand fragen", aber das hilft uns auch nicht weiter. Nach einem kurzen Pow-Wow entscheiden wir uns für die direkte Richtung. Wir riskieren's einfach, verlassen den Weg, der uns zwar vielleicht in die falsche Richtung, aber immerhin mit einiger Sicherheit zu einer menschlichen Ansiedlung geführt hätte, und laufen aufs Geratewohl ins Blaue oder besser – ins nicht enden wollende, allumfassende Dunkelgrün.

Nach vielleicht einer halben Stunde stoße ich Ratte an: „Hör mal!" Wir bleiben stehen. Stille. Dann wieder dieses glucksende Geräusch, das mich aufmerken ließ.

Ratte verdreht die Augen: „O nein!"

Vor uns liegt, eingebettet in saftiges Grün, der dritte Fluß. Die Prozedur beginnt aufs neue. „Wenigstens werden sie von Mal zu Mal kleiner", bemerkt Ratte mit sachdienlichem Optimismus. Kleiner, ja – aber dafür auch reißender ... Wir stapfen nach bewährter Methode durch.

„Sag mal ...", erkundigt sich Ratte vorsichtig, während sie sich angestrengt bemüht, ihre nassen Füße wieder in die Stiefel zu zwängen, „... bist du eigentlich sicher, daß die Richtung noch stimmt?"

Nein. Sicher bin ich mir schon lange nicht mehr. Wie sollte ich auch? Auf einen Hügel folgt eine Senke, darauf wieder ein Hügel, und alles ist überdacht von diesem undurchdringlichen Blättergrün, das jede Aussicht versperrt. Nirgends ein Anhaltspunkt in der Landschaft, der die Orientierung erleichtert. Aber mein Gefühl sagt mir, daß wir noch richtig laufen, und darauf habe ich mich bisher eigentlich immer verlassen können.

Einige Zeit darauf flacht das Gelände wieder ab, auch der Wald wird noch mal durchlässiger. Während wir eine ausgedehnte Lichtung überqueren, hören wir hinter uns, noch ein gutes Stück entfernt, leises Stimmengewirr. Wir bleiben stehen, erwarten die in zügigem Tempo Näherkommenden am Rande eines steilen Abbruchs, hinter dem wieder Wasser durch die Bäume glitzert. Es ist eine Gruppe von vier Männern, die uns freundlich begrüßt. Über die Schultern haben sie einfache, baumwollene Beutel gehängt, einer trägt sichtlich stolz eine blaue Plastiktasche mit Werbeaufdruck. Unterm Arm haben alle den unvermeidlichen Regenschirm, der hier wohl mehr Statussymbol als Gebrauchsartikel ist.

Wir versuchen uns zu verständigen.

„Kalakati?" frage ich hoffnungsvoll und deute dabei in die Gegend, in der ich den Ort vermute.

Allgemeines Nicken. Immerhin, wir scheinen also noch auf dem richtigen Weg zu sein. Nach einigen Anfangsschwierigkeiten erfahren wir von den Männern, daß sie ebenfalls über Kalakati wollen, und vor allem, daß sie den Weg dorthin kennen. Wir schließen uns ihnen an.

Vorsichtig tasten wir uns den aus losem Schutt und Geröll bestehenden Abhang hinunter. Bei jedem Tritt lösen sich Steine und Erdbrocken unter unseren Füßen, poltern in kleinen Lawinen auf die aus hellen Kieseln bestehende Uferzone zu. Die vier Nepalesen, mit ihrem leichten Gepäck und einer Trittsicherheit, die der von Bergziegen in nichts nachsteht, scheinen ihn buchstäblich hinabzufliegen, und das trotz der einfachen, brüchigen Gummilatschen, die sie alle tragen. Doch zum Staunen bleibt uns jetzt nicht viel Zeit. Wir stapfen durch den knirschenden Kies auf den Fluß zu, der sich vor uns dehnt. Es ist der mit Abstand breiteste, mit dem wir es bisher zu tun hatten, eigentlich schon mehr ein Strom. Von einem Ufer zum anderen sind es sicher mehr als dreihundert Meter. Rheinbreite bei Koblenz, fährt es mir mit einem gelinden Schauer durch den Kopf. Nach gut zwei Drittel der Strecke teilt eine knapp über die Oberfläche ragende Sandbank das Wasser. Dort befindet sich ein längliches, dunkles Etwas, das ich zunächst für einen Baumstamm halte. Eine Gruppe von Leuten steht dabei. Links von ihnen, etwas abseits, ducken sich am jenseitigen Ufer einige verstreute Behausungen gegen den fast bis ans Wasser heranreichenden Wald; wieder eins von diesen Zehn-Hütten-Dörfern, die oft nicht einmal einen Namen haben . . .

Unsere vier Begleiter stehen herum, bis wir uns der Schuhe und Strümpfe entledigt haben. Sie selber, ohnehin nur mit kurzen Hosen und Plastiklatschen bekleidet, brauchen keine langatmigen Vorbereitungen zu treffen.

Wir verzichten darauf, die Sachen auf die Rucksäcke zu schnallen, halten sie einfach in der Hand, damit's schneller geht, und folgen ihnen. Gott sei Dank ist das Gewässer diesmal sehr flach, kaum daß wir mal bis über die Knie einsinken. Dennoch können wir nicht annähernd mit den Nepalesen Schritt halten; sie erreichen die Sankbank, noch bevor wir die Hälfte der Strecke zurückgelegt haben.

Im Näherkommen entpuppt sich der dunkle Gegenstand als Einbaum. Als wir endlich auf die Sandbank stolpern – die Nepalesen stehen schwatzend und rauchend herum und warten geduldig, aber etwas verwundert auf die europäischen Schnecken –, macht man uns klar, daß der hintere Arm des Flusses sehr tief und reißend sei. Deshalb also der Fährdienst. Ich werfe einen Blick auf die in der Tat stellenweise sehr unruhig dahinschäumenden Wassermassen, dann auf den rissigen, morschen Rumpf des etwa acht Meter langen, grob aus einem Baumstamm herausgehauenen Bootes; nicht sehr vertrauenerweckend . . .

Mit uns sind es schließlich vierzehn Leute, die sich auf dem flachen

Der Einbaum bringt uns über die reißenden Strudel

Boden des Nachens zusammenpferchen. Vorne und hinten steht je ein Mann mit einem überlangen Paddel, das auch zum Staken dient. Mit Geschick und Routine steuern sie das unruhig schaukelnde Gefährt zwischen tückischen Strudeln und brodelnden Stromschnellen hindurch sicher ans andere Ufer. Wir nehmen unser Gepäck auf, zahlen unseren Obolus und verabschieden uns von den Fährmännern, die unser Kompliment bezüglich ihrer Fähigkeiten mit selbstsicherer Gelassenheit zur Kenntnis nehmen.

Wir folgen unseren Weggefährten, die als einzige nicht in dem Dorf bleiben und jetzt mit schlafwandlerischer Sicherheit auf den Pfad zuhalten, der sich kaum sichtbar über eine steile Landzunge emporschlängelt; deren Flanke ist nach einem ausgiebigen Regen wohl erst vor kurzem abgerutscht und hat eine klaffende, braune Wunde im grünen Fell der Hügel hinterlassen. Obwohl es bergauf geht, legen die vier ein derartig mörderisches Tempo vor, daß es uns unter normalen Umständen schon schwergefallen wäre, Schritt zu halten; unter den derzeit gegebenen ist es zumindest für mich völlig unmöglich. Weit abgeschlagen vom Feld arbeite ich mich durch den Morast empor. Ich zittere am ganzen Körper. Bunte Ringe tanzen mir vor den Augen, mir ist abwechselnd heiß und kalt. Die verdammte Gelbsucht dürfte allmählich auf den Höhepunkt zusteuern. Ratte füttert mich unentwegt mit Durchhalteparolen. Weit kann es eigentlich nicht mehr sein bis Kalakati . . .

Unsere Begleiter, die erkannt haben, daß ich nicht so kann, wie ich möchte, warten gelassen von Zeit zu Zeit, bis wir sie mühsam wieder eingeholt haben. Einmal zeigt einer auf meine Augen, nickt wissend. Ich nehme die Umgebung um mich herum kaum noch wahr, torkle nur noch blindlings hinter den vieren her durchs Gebüsch. Ich brauchte dringend eine längere Pause, will die Geduld der anderen aber nicht über Gebühr strapazieren. Sie müssen sowieso schon dauernd auf uns warten. Weiter, weiter, nicht schlappmachen, Alter, du schaffst das letzte Stück auch noch! In Kalakati gibt's dann Ruhe . . .

Wieder ein Fluß, vielleicht fünfzig Meter breit. Mir ist alles Wurscht, nur nicht stehenbleiben jetzt, nicht aus dem Tritt kommen! Würde ich nur einmal anhalten, den Rucksack fallen lassen, um die Stiefel auszuziehen, wäre ich nicht mehr fähig, einen einzigen Schritt zu laufen. Der Automatismus hat eingesetzt, der Körper gibt die letzten Reserven frei. Wie ein Betrunkener schlingere ich in voller Montur durch das aufspritzende Wasser, nicht mehr fähig, darauf zu achten, wohin ich die Füße setze. Keine zwei Steinwürfe entfernt der nächste Wasserlauf, diesmal kaum mehr als ein Bach; dicht dahinter noch einer und noch einer und noch einer . . . Beim zehnten höre ich auf zu zählen. Ich registriere schon gar nicht mehr, wann ich durch Wasser gehe und wann über trockenen Boden, will nur hören, daß wir gleich da sind, folge den anderen, die als verschwommene Punkte in einigem Abstand vor mir her zu schweben scheinen.

Knirschen, langanhaltendes monotones Knirschen. Es formt sich in meinen Ohren zu disharmonischen Akkorden, läßt wirre Bilder von endlosen Zahnradreihen in meinem Kopf entstehen. Kies, aber kein Wasser mehr. Erst nach längerer Zeit dringt mir diese Tatsache ins Bewußtsein, läßt mich aufschauen. Ich versuche den Nebel aus meinem Hirn zu vertreiben, meinen Blick auf die Umgebung zu fokussieren. Wir befinden uns in einer ausgedehnten, tischebenen Senke, deren Boden aus feinen, blankpolierten Kieseln besteht. Kein Baum versperrt den Blick, nur einige verkrüppelte Sträucher unterbrechen die helle Fläche, die sich wie ein riesiger, weißer Keil in den Dschungel geschoben hat. Am jenseitigen Rand, einen knappen Kilometer entfernt, schließt sich der Urwald fast ansatzlos wieder zu einer grünen Masse. Halb verdeckt von den Bäumen, erkenne ich dort etwas Helles, Glänzendes.

Ich lasse den Blick weiterwandern. Über mir sehe ich einen Schwarm Vögel, die in einiger Höhe gemächlich kreisen. Aber mein ornithologisches Interesse ist zur Zeit sehr gemindert, und die Erkenntnis, daß es Geier sind, ruft nur ein unangenehmes Kribbeln im Nacken hervor. Warum kreisen die verdammten Viecher ausgerechnet über mir? Warum schwebt nicht ein einziger von ihnen über den anderen? Sollten sie mit ihrem ausgeprägten Instinkt mehr über meinen Zustand wissen als ich selbst . . .? Aber das ist doch absurd, komm, hör auf zu spinnen, Alter. Lauf weiter! Noch ist es nicht soweit . . .

Die vier sind stehengeblieben. Als wir mit ihnen auf gleicher Höhe sind, streckt einer die Hand aus, deutet auf den hellen Fleck zwischen den Bäumen: „Kalakati!“ Sie verabschieden sich von uns, laufen weiter zu ihrem eigenen Ziel, endlich in ungebrochenem Tempo. Einer dreht sich noch mal kurz um, winkt.

Wir wenden uns etwas nach links, steuern auf den hellen Punkt zu. Es ist ein neues Wellblechdach, das noch keine Gelegenheit hatte, Rost anzusetzen. Allmählich lassen sich Einzelheiten erkennen. Andere, strohgedeckte Hütten tauchen auf, formieren sich zu einem Dorf. Die breiten Wedel windzerzauster Bananenbäume heben sich vom dunkleren Grün des Waldes dahinter ab. Die Ansiedlung liegt oberhalb einer vielleicht vier, fünf Meter hohen Böschung. Mit letzter Kraft bewege ich mich darauf zu. In meinem ganzen Körper tost und hämmert es, ich sehe nur noch den Hang, das Dorf, das Ziel; Ruhe, Ruhe, endlich schlafen! Ich ziehe mich mit den Händen die Böschung hinauf, Hühner, Menschen, erstaunte Blicke, alles verläuft zu einem diffusen Rot, ein Brennen im Mund – dann nichts mehr. Ich klappe unter dem Rucksack zusammen.

Als ich wieder zu mir komme, hockt Ratte neben mir und flößt mir mit einer hölzernen Schöpfkelle kühles Wasser ein. „Alles okay?" fragt sie besorgt.

Ich nicke. Langsam nehmen die Gegenstände der Umgebung wieder Kontur an, formen sich zu einem Bild. Ich befreie mich vom Rucksack, der mir immer noch am Rücken hängt, rapple mich auf. Ein leichter Wind kühlt mir die schweißnasse Stirn. Ich sehe zu Ratte hinüber, die immer noch mit der Kelle dahockt und mich sorgenvoll beobachtet: „Ich glaube, das war's wohl für heute . . ."

Einige Meter entfernt stehen die Dorfbewohner in einem Halbkreis um uns herum. Niemand bewegt sich, niemand sagt ein Wort. Dreißig Augenpaare fixieren uns reglos, abwartend. Als ich langsam auf sie zugehe, drehen sich einige um und machen sich davon, gerade so, als sei ihre Neugier jetzt befriedigt: Der tut's ja wieder. Ich grüße, frage in die Runde, ob es hier eine Kneipe gibt? Nichts. Ich starte gestenreich einen zweiten Versuch.

Nach einigen Sekunden bricht einer endlich die Mauer des Schweigens: „*Ho* – ja." Damit ist der Redeschwall erschöpft.

Ich krame meine siebzehn Wörter Nepali zusammen, bohre weiter: „*Kaha* – wo?"

Er deutet in die ungefähre Richtung: „*Tyeha* – dort." Gott, was sind sie wieder überschwenglich hier!

Wir schnappen uns die Rucksäcke, nicken noch mal freundlich und laufen auf den Dorfplatz zu. Die Menge weicht etwas zurück, gibt eine Gasse frei. „Sieht nicht so aus, als ob wir hier sonderlich willkommen wären, was?"

Ratte schüttelt den Kopf: „Nee. War schon dasselbe vorhin, als ich das Wasser holen wollte. Sie haben mich ziemlich auflaufen lassen."

Wir kommen an einer Hütte vorbei, unter deren ausladendem Vordach zwei grobe Tische stehen. Einige Bänke aus rohbehauenen Brettern laden zum Verweilen ein; auf einer sitzen mehrere Männer, trinken Tee und erzählen. Scheint, als hätten wir den Dorfkrug gefunden.

Bei unserem Anblick verstummen schlagartig sämtliche Gespräche. *„Namaste!"* Keine Reaktion. Auf die Frage, ob wir hier einen Tee bekommen könnten, nickt einer der Männer kaum merklich. Wir lassen uns auf der anderen Bank nieder. Eine resolut wirkende junge Frau kommt aus dem Inneren der Kneipe, stellt einen frischen Tee auf den Tisch gegenüber, überfliegt uns mit einem kurzen Blick und – verschwindet wieder, bevor ich noch den Mund auftun kann. Einer der Männer, die uns aufmerksam beobachten, sieht wohl unsere Verblüffung. Er ruft halblaut ein Wort, woraufhin die Frau wieder in der Tür erscheint. Er murmelt irgend etwas, deutet mit dem Kopf flüchtig auf uns. Sie sieht wortlos herüber; wir bestellen unseren Tee. Die Männer haben zögernd ihr Gespräch wieder aufgenommen, doch hat das Thema inzwischen gewechselt. Tonfall und verstohlene Blicke signalisieren deutlich, daß es um uns geht. Immerhin, wir bekommen unseren Tee und auch den zweiten, dritten und vierten. Einige der Männer gehen zwischendurch, andere kommen neu hinzu; die Atmosphäre bleibt die gleiche. Allmählich finden wir uns damit ab. Ich döse eine Weile, den Kopf an einen der hölzernen Pfosten gelehnt; danach geht es mir wieder etwas besser.

„Was meinst du", fragt Ratte mich irgendwann, „wieviel Kilometer das wohl waren?"

„Das?" Ich lache kurz und trocken auf: „Sechs oder sieben vielleicht. Höchstens acht. Jedenfalls keine Glanzleistung."

Ratte starrt in ihr Teeglas. Sieben Kilometer in vier Stunden, und dann am Rand der physischen Erschöpfung . . . Ja, wir haben wohl noch ein ganz nettes Stück vor uns . . .

Wir sitzen schon an die zwei Stunden, als ein älterer Mann den Raum betritt. Nach der Kleidung und seinem Auftreten zu schließen, ist er unter die Honoratioren des Dorfes zu rechnen. Er setzt sich zu den anderen, die augenblicklich beginnen, ihn detailliert über uns zu informieren. Nach einer guten Viertelstunde, als wir ihn schon gar nicht mehr beachten, spricht er uns unvermittelt in gebrochenem Englisch an: „Seid ihr Engländer?"

Ich schüttle den Kopf: „Nein, Deutsche."

Er nickt: „Aha!" Das war's. Er dreht sich wieder um, erzählt's den anderen. Sie unterhalten sich wieder. Immerhin: Es war eine Reaktion, und verständigen können wir uns auch mit dem Mann. Ich nutze die Gelegenheit, versuche ein Gespräch mit ihm zu beginnen, über das Dorf, über Bankas Bas, unsere Schwierigkeiten, als Greenhorns den Weg zu finden, und vor allem: wo man hier etwas essen und übernachten könne.

Ganz allmählich taut er auf. Als die Wirtin vorbeikommt, redet er kurz mit ihr; sie nickt. Er wendet sich wieder uns zu: „Gleich nebenan steht eine alte Hütte leer. Wir könnten euch ein paar *karts* reinstellen. Mit dem Essen . . ." Er überlegt eine Weile, fährt dann fort: „Hier drin gibt's nur Tee. Aber ich habe einen Laden, da bekommt ihr, was ihr braucht. Die Wirtin sagt, ihr könnt den Herd mitbenutzen."

Klingt gut. Wir laufen mit ihm zu seiner Hütte. Das Angebot an Lebensmitteln ist nicht sonderlich üppig: Reis und Zwiebeln gibt's. Außerdem wuchert auf dem Strohdach des Kramlädchens noch eine großblättrige Kürbispflanze, deren sehr große, leberwurstartige Früchte aussehen wie Herkuleskeulen. Sie sind aber noch nicht reif. Er sucht uns eine kleine, immerhin schon halbreife heraus, schenkt sie uns „zum Probieren".

Das alles ist nicht genau das, was ich mir vorgestellt hatte. Wir haben seit Tagen nichts anderes mehr gegessen als kalten Reis und wäßriges Gemüse, und ich habe unbändigen Kohldampf auf etwas Kräftiges, möglichst fleischlicher Natur. Statt dessen schnibbeln wir das gurkenähnliche Gerät, das im übrigen innen und außen grün, schwammig und bemerkenswert geschmacklos ist, mitsamt einigen Zwiebeln unter den Reis und würgen das Ganze in stiller Dankbarkeit, überhaupt etwas bekommen zu haben, hinunter.

Als wir mit unserem opulenten Mahl fertig sind, ist es draußen schon dunkel. Wir setzen uns noch ein wenig auf die Terrasse, trinken Tee und lauschen dem Regen, der inzwischen wieder eingesetzt hat. Auch der Krämer schaut noch mal vorbei, erkundigt sich bei einem Tee, wie's geschmeckt hat, und wünscht uns dann distanziert-höflich eine gute Nacht. Bald darauf gibt uns die Wirtin Zeichen, ihr zu folgen. Jemand hat zwei *karts* in den Schuppen nebenan gestellt. Wir verabschieden uns, machen es uns in der nach vorne offenen Hütte gemütlich. Übrigens sind wir nicht die einzigen: Wir teilen unser provisorisches Quartier mit etlichen Ziegen, die sich ebenfalls vor dem Regen hierher geflüchtet haben und mit mißbilligendem Blöken zur Kenntnis nehmen, daß wir die besten Plätze für uns beanspruchen.

Der Regen hängt wie ein feinmaschiger Vorhang aus dichtgewebter Gaze vor dem hellen Viereck der offenen Hüttenseite. Es ist nicht so ein spektakuläres Unwetter wie gestern nacht, nur ein starker, gleichmäßiger, nicht abreißen wollender Bindfadenregen. Kaum, daß ich auf dem *kart* liege, falle ich auch schon in tiefen Schlaf. Die ganze Nacht über plätschert der Regen seine einförmige Melodie.

Als wir morgens aufwachen, hat er noch an Heftigkeit zugenommen. Es gießt jetzt wieder in wahren Bächen. Wir rennen die paar Schritte bis zur Kneipe, hocken uns auf die Bank und trinken heißen Tee. Zum Frühstück treibt Ratte beim Krämer eine Rolle Kekse auf, die schon betagt gewesen sein muß, als die Baumriesen um uns herum noch winzige Schößlinge waren. Nach drei Bissen vergeht mir der Appetit.

Bei diesem Wetter loszulaufen, erscheint mir nicht ratsam. Die himmlischen Grüße fallen so dicht, daß man kaum fünfzig Meter weit sehen kann – und dann ein Trip ins Ungewisse? Nein. Wir sind uns einig: Lieber warten wir, bis der Guß aufhört oder wenigstens etwas nachläßt; ewig kann's ja nicht dauern. Und hier sitzen wir wenigstens trocken.

Eigentlich müßte die Regenzeit schon vorbei sein, doch sie ist ziemlich spät dran dieses Jahr, und es sieht so aus, als wolle sie noch mal alle Register ziehen . . .

Wir sitzen und warten, warten darauf, daß es ein wenig aufklart und wir loslaufen können, starren schweigend in den Regen, schlagen

Allmählich verwandelt der Regen den Dorfplatz von Kalakati in einen Teich

Zeit tot. Ich beobachte einen Pulk Enten, die unter lautstarkem Geschnatter hocherfreut die Gelegenheit nutzten, die knöchelhoch geflutete Dorfstraße zur Abwechslung mal schwimmend hinabzukommen. Ente müßte man sein – na ja, wenigstens in solchen Momenten . . .

Unsere blauäugigen Hoffnungen erfüllen sich nicht; Mittag ist längst schon vorbei, der Regen nicht weniger geworden. Der Krämer findet sich wieder mal auf einen Nachtisch-Tee ein, schüttelt seinen Schirm aus und läßt eine unfeine Bemerkung über das Wetter fallen. Langsam macht sich bei mir Hunger breit, doch bei dem Gedanken an Reis mit Zwiebeln kommt keine rechte Freude auf. Ich schaue sinnend hinaus auf den gewässerten Dorfplatz.

Beim Anblick der zahlreichen, ziellos umhertrippelnden Hühner mit deutlichem Herrenüberschuß kommt mir eine Idee.

„Kann man nicht eins von den Hühnern kaufen?" frage ich den Krämer.

„Klar, wenn ihr wollt."

„Was kostet denn so'n Vogel?" erkundige ich mich vorsichtig.

Er wiegt den Kopf hin und her. „Hm, so zwanzig bis dreißig Rupees etwa, je nach Größe."

Wir folgen ihm zu einer anderen Hütte, vor der sich eine größere Schar der appetitlichen Federtiere tummelt. Mit dem Besitzer werden wir schnell handelseinig, und nach kurzer Jagd traben wir mit einem mittelgroßen Hahn zurück zur Kneipe. Reis mit Hühnchen – das sind doch erheblich bessere Aussichten! Ich binde den Gockel an einem der Pfosten an. Während Ratte ein Bündel Feuerholz kaufen geht, mache ich mich auf die Suche nach brauchbarem Schlachtwerkzeug. Die Wirtin kommt mir mit einem alten, schartigen *khukri* zu Hilfe, dem traditionellen, auch heute noch vielbenutzten nepalesischen Haumesser, das durch die Gurkha-Truppen einst zweifelhafte Berühmtheit erlangt hat. Ich prüfe die Schneide mit dem Daumen. Das Ding hat seine Glanzzeit hinter sich. Es ist so stumpf, daß man drauf reiten könnte. Sie sieht meinen zweifelnden Blick, kramt kurz in einer Ecke und fördert einen stark gebrauchten Abziehstein zutage. Ich bringe die schwere, gebogene, gut dreißig Zentimeter lange Klinge auf die nötige Schärfe und verziehe mich dann mit dem heftig zappelnden Abendessen hinter die Hütte. Ein Stück weiter finde ich einen umgestürzten Baum, auf dem ich das Flattertier mit einem kräftigen Hieb so schnell und schmerzlos wie möglich in den Hühnerhimmel befördere.

Ratte, die, obgleich dem Fleisch nicht abhold, der Exekution mit stillem Grausen ferngeblieben ist, hat inzwischen Wasser heiß gemacht. Ich brühe das Hinkel ab, rupfe es und nehme es aus; dann begeben wir uns lustvoll ans Kochen. Die Wirtin beobachtet verstohlen jeden Handgriff, offenbar sehr daran interessiert, zu erfahren, wie man denn im fernen Ausland Hühnchen zubereitet. Sie spricht auch jetzt noch kaum mit uns, beobachtet eigentlich nur. Auch als wir sie auffordern, sich am Essen zu beteiligen, schüttelt sie nur wortlos den Kopf. Es wird ein Festmahl, und abgesehen davon, daß ich so was einfach körperlich dringend gebraucht habe, bessert es auch meine Laune kolossal.

Den Rest des Abends verbringen wir beim Tee auf der Terrasse; was Sinnvolleres zu tun gibt's eh nicht. Die Atmosphäre bleibt wie gehabt. Die Leute sind nicht böswillig oder unfreundlich, aber völlig verschlossen. Außer mit dem Krämer, der so was wie der Dorfintellektuelle zu sein scheint, ist keinerlei Kommunikation möglich. Als wir uns schließlich auf die *karts* hauen, gießt es immer noch.

12. September 1982

Früh am Morgen werde ich wach, als es mir heftig in den Nacken tropft. Das altersschwache Grasdach kapituliert an einigen Stellen vor dem Dauerbeschuß. Ich zerre das *kart* leise fluchend einen Meter weiter, doch schon eine halbe Stunde später läuft's mir erneut kühl in den Kragen. Ratte ist auch bereits von einer nicht bestellten Dusche geweckt worden. Schlaftrunken inspizieren wir die oberen Gefilde. Überall dasselbe Bild; in zahllosen Fäden bahnt der Regen sich seinen Weg durch die Strohbüschel, über den Boden kurvt ein munteres Bächlein. Das Dach ist einfach zu lange nicht mehr neu gedeckt worden. Wir packen unser Geraffel, laufen rüber zur Kneipe. Dort auf der Terrasse steht zwar auch das Wasser, doch obenrum ist es trocken.

Eine halbe Stunde später taucht die Wirtin in der Tür auf, sieht uns fragend an. Ich zeige auf den Schuppen, mache die Regen-Geste. Sie verzieht teilnahmsvoll das Gesicht: „*Chai* – Tee?“ Wir nicken dankbar. Zum ersten Mal huscht so etwas wie der Schatten eines Lächelns um ihre Augen. Der Regen ist dünner geworden. Wenn es so bleibt, können wir nach dem Tee loslaufen.

Ratte kontrolliert meine Augen. Ich drehe mich folgsam zum Licht. „Und?“

„Du machst Fortschritte. Wie vollreife Zitronen; gut siehst du aus.“

„Danke“, entgegne ich trocken und widme mich wieder meinem Tee.

Der Krämer biegt um die Ecke, lugt unter seinem überdimensionalen Parapluie hervor. „Guten Morgen! Na, habt ihr schon die große Flut gesehen? Schlecht, was! Da kommt ihr wohl heute nicht mehr weg.“

„Große Flut?“ frage ich harmlos. „Was für eine Flut?“

„Kommt, ich zeig's euch!“

Zusammen marschieren wir zum Dorfausgang, den Weg, den Ratte und ich vor zwei Tagen gekommen sind. Kurz vor der Böschung versperrt uns eine Reihe Sträucher und Bäume den Blick. Als wir um die Ecke biegen, an derselben Stelle, wo wir den Hang emporgekrochen sind, springe ich entsetzt einen Schritt zurück. Mich trifft beinahe der Schlag. Fast hätte ich der Länge nach im Wasser gelegen! Die Ebene, durch die wir vorgestern noch trockenen Fußes gekommen sind, ist verschwunden – oder besser gesagt: Sie ist noch da, aber begraben unter einem Meer von Wasser. Soweit das Auge reicht – nichts als Wasser. Ein schier unübersehbarer Strom dehnt sich vor uns aus, spült glucksend an die Kante der Böschung, von deren oberem Rand er noch einen knappen halben Meter entfernt ist. Mit gebirgsbachartiger Geschwindigkeit wälzen sich die trüben Fluten Richtung Ganges, alles mitreißend, was sich ihnen in den Weg stellt. Äste, Büsche, ja ganze Baumstämme treiben haltlos in der bräunlichen Brühe, werden umhergewirbelt, drehen sich um die eigene Achse, werden hinabgerissen vom Strudel, tauchen ein Stück weiter wieder auf; einmal kommt ein Hüttendach vorbei ... Wir stehen minutenlang fassungslos vor diesem gespenstischen Produkt zweier Regennächte.

Aus allen Ecken läuft, tröpfelt, sprudelt neues Wasser, in breiten Sturzbächen schießt es von den höher gelegenen Punkten herab, vermischt sich mit dem schon vorhandenen, stärkt und vergrößert noch diese ungeheueren Wassermassen. Mindestens vier Meter sind es schon bis zum Grund, und das Wasser steigt so rasch, daß man dabei zusehen kann. Das Blatt von der Pflanze da – eben hing es noch völlig im Trockenen, jetzt zupfen die ersten Wellen daran . . .

„Die Flut", reißt mich der Krämer aus meinen Gedanken. Für ihn ist das Ganze offensichtlich nichts Besonderes. „Wenn es weiterregnet, ist das Wasser heute abend am Dorfrand", fährt er nach einem abschätzenden Blick auf den derzeitigen Stand der Dinge nüchtern fort. Sehr beruhigend.

„Und . . . auf der anderen Seite vom Dorf? Wie sieht's da aus?" frage ich mäßig hoffnungsvoll.

„Dasselbe. Kalakati liegt recht hoch, weißt du. Alles andere drum herum ist ein paar Meter tiefer – und alles ist voll Wasser."

Fein. Das war's dann wohl fürs erste. Wir sind eingeschlossen, hängen auf unbestimmte Zeit hier fest. Kann man nur hoffen, daß die Beine von den *karts* ein paar Zentimeter höher sind als der voraussichtlich höchste Pegelstand, sonst gibt's nasse Ärsche . . .

Dem Krämer wird's zu langweilig, er läßt uns seinen Schirm und watet wieder zurück, solange seine Hütte noch trocken steht.

„Mein Gott!" Ratte findet langsam die Sprache wieder. „Bloß gut, daß wir gestern nicht losgelatscht sind! Wenn wir da reingekommen wären . . ."

Eine halbe Stunde lang betrachten wir noch das schaurig-schöne Schauspiel, gehen dann wieder zurück ins Dorf. Wir setzen uns auf die Kneipenterrasse, trinken Tee und hören uns von vorüberkommenden Dörflern die Wasserstandsmeldungen an: noch sooo viel bis zum Rand, noch soo viel, noch so viel, noch so wenig . . . Nachmittags hört der Regen auf. Das Wasser schwappt gerade über den Böschungsrand.

Zeit totschlagen . . .

Zwei Stunden starrt er uns jetzt schon an. Ab und zu redet er mit seinen Begleitern, doch nach ein paar Sekunden geht der Kopf wieder zu uns herum. Ich weiß nicht, was mich verunsichert – ist es vielleicht, daß er uns intensiver beobachtet, als es die anderen getan haben? Was will der Mann? Ich habe ihn bisher noch nicht hier in der Teekneipe gesehen. Seinem Gesicht ist – wie üblich – nicht zu

Wo vor zwei Tagen eine weite Ebene war, ist jetzt nur noch Wasser

entnehmen, was er denkt. Als der Krämer mal wieder vorbeikommt, um seinen Schirm abzuholen, spricht er mit ihm, anscheinend über uns. Der Krämer schlendert zu uns herüber, deutet auf den Mann. „Das ist Sitaram Mahachhatra“, stellt er unser Gegenüber vor. Dieser nickt mit undurchdringlichem Gesichtsausdruck. „Ihm gehört die andere Kneipe, weiter oben im Dorf. Er hat viel Platz in seinem Haus und lädt euch ein, bei sich zu wohnen, bis ihr weiterkönnt. Das ist besser als im Schuppen da, wo's durchregnet, und außerdem gibt's bei ihm Essen.“

Eine Einladung! Das ist so ziemlich das letzte, was ich hier erwartet hätte. Aber es ist ja auch bezeichnend, daß er sich die Sache reiflich überlegt hat; zwei Stunden hat er uns erst mal „inkognito“ beobachtet . . .

Wir nehmen die Einladung gerne an, schultern unser Zeug und folgen ihm durch den Matsch zu seiner Behausung. Das Dorf ist erheblich größer, als wir bislang dachten. Nachdem wir so an die dreihundert Meter zurückgelegt haben, tauchen, vom unteren Teil des Dorfes aus nicht sichtbar, hinter einem Wall aus Bäumen und Grünzeug versteckt, noch mal etwa zwanzig Hütten auf; das „Oberdorf" gewissermaßen. Das ist wörtlich zu nehmen, denn der Weg führt leicht bergan, die Hütten liegen einige Meter höher als im unteren Teil. Günstig für uns, falls das Wasser noch weiter steigt ...

Der Krämer hat leicht untertrieben, als er von Kneipe sprach. Die Hütte unseres Gastgebers zeugt von einem gewissen Wohlstand. Sie ist erheblich größer als die umliegenden, verfügt im Inneren über mehrere Tische und Bänke, eine richtige kleine Küche sowie im Hintergrund über eine flache Empore aus Böcken und Brettern, auf der einige Bettrollen liegen. Das Ganze macht mehr den Eindruck einer einfachen Herberge als einer Tee- und Essenskneipe. Es gibt auch einen Koch, einen kleinen, kauzigen Mann, der sogar ein paar Brocken Englisch spricht und stets zu Späßen aufgelegt scheint. Er begrüßt uns mit einem fröhlichen Handschlag und den Worten: „Na, da seid ihr ja endlich", als habe man schon lange auf uns gewartet. Da soll sich noch einer auskennen ...

Mit der Einladung hat sich die Atmosphäre schlagartig gewandelt. Während bisher kaum mal jemand zwei Worte mit uns gewechselt hat, schäumen die Leute jetzt geradezu über vor Freundlichkeit. Das Eis ist endlich gebrochen, wir sind akzeptiert, und von der zweieinhalb Tage währenden argwöhnischen Zurückhaltung ist urplötzlich nichts mehr zu spüren, im Gegenteil. Wir werden auf eine der Bänke gesetzt, bekommen erst mal einen Begrüßungstee, und Sitaram, unser Gastgeber, entbietet uns noch mal ein feierliches *„namaste"* und ein mühsam geradebrechtes *„welcome"*.

Nach und nach schaut das halbe Dorf mal vorbei, und auf einmal interessieren sich die Leute auch dafür, wo wir herkommen und wohin wir wollen. Dabei fällt mir auf, daß das Land, aus dem wir stammen, viel weniger interessant ist als die Orte in Nepal, durch die wir bisher gekommen sind. Damit können sie etwas anfangen, während der „Rest" unseres Weges für sie nur eine völlig irrationale Größe darstellt; es ist einfach zu weit weg.

Abends – Ratte hat irgendwo ein Kilo Kartoffeln aufgetrieben – machen wir uns unter den erstaunten Augen des Kochs, der sich nicht vorstellen kann, daß es Menschen gibt, die freiwillig einen ganzen

Tag lang auf kalten Reis verzichten, eine Riesenpfanne schöner, fetter Bratkartoffeln. Genau das richtige für meine lädierte Leber, aber aus unerfindlichen Gründen habe ich ständig Heißhunger auf fette Sachen. Um dem Ganzen noch einen draufzusetzen, kommt Sitaram mit einer Flasche giftig gelben Ananasfusels an. Das Zeug riecht ebenso abschreckend synthetisch, wie es aussieht, wird aber von den Umsitzenden in den höchsten Tönen gepriesen. Während Ratte als Frau ohne weiteres ablehnen darf, komme ich nicht umhin, meine Leberdiät mit einem Glas *„Best Pineapple Wine, made in Nepal"* zu vervollständigen.

Da außer dem Koch und dem Krämer vom Unterdorf niemand Englisch spricht – und auch deren Wortschatz beläuft sich nur auf einige Dutzend Vokabeln –, entdecken wir ein neues Kommunikationsmedium: Zeichnen. Wir sitzen noch ziemlich lange im Schein einiger Kerzenstummel beisammen und versuchen, Begriffe, für die die Worte fehlen, mittels Bleistift auf der Rückseite eines alten Kalenders bildlich darzustellen. Sitaram ist zwar nicht gerade ein großer Zeichenkünstler, aber die Sache macht ihm ungeheuren Spaß; wir kritzeln, ermuntert durch die anspornenden Zurufe der anderen, abwechselnd emsig vor uns hin.

Längst hat es wieder begonnen zu regnen, und man versichert uns einhellig, das Wetter werde sich zumindest morgen auch noch nicht wesentlich ändern. Was soll's, denke ich, als wir uns auf den Bettgestellen zusammenrollen, das Hüttendach hält dicht, und mir geht es im Moment auch wieder etwas besser. Die Ruhetage haben mir gutgetan. Außerdem fühlen wir uns inzwischen pudelwohl hier. Nachdem das Mißtrauen endlich abgebaut ist, sind die Leute wahnsinnig nett; wir hätten es sicherlich schlechter treffen können . . .

13. September 1982

Wir sitzen gerade beim Frühstück, als der Krämer mit dem neuesten Wasserstandsbericht hereinkommt: noch etwa drei Meter bis zu den ersten Hütten. Sonderlich zu berühren scheint das aber niemand hier. Er trinkt in stoischer Ruhe seinen Tee und hält ein Schwätzchen mit dem Koch – anscheinend über die Qualität seiner Gummilatschen . . .

Mittags schlachtet Sitaram ein Huhn. Wir wollen seine Gastfreundschaft nicht überstrapazieren, versuchen ihn davon abzuhalten, doch er lacht nur und sagt augenzwinkernd etwas zum Koch. Der übersetzt grinsend: „Vorgestern hattet ihr ‚Huhn deutsch'; jetzt müßt ihr auch ‚Huhn nepalesisch' probieren!"

So kommen wir also noch mal zu einem saftigen Stück Hinkel, wobei mir auffällt, daß Hühner hier anscheinend wieder gerupft und nicht wie in Pakistan und Indien einfach abgezogen werden. Der Koch bietet sein gesamtes Können auf, und am frühen Nachmittag sitzen wir alle bei einem epischen Schmaus. Auch jetzt laufen wieder größere Mengen des *„Best Pineapple Wine"* die Kehlen hinunter. Ratte und ich können die ungeliebte Flüssigkeit weitgehend abwenden, was zur Folge hat, daß Sitaram und der Koch sich nach dem Essen stark angeschickert zu einer längeren Siesta verdrücken.

Ratte versucht inzwischen Zigaretten zu organisieren, da unser Vorrat bis auf zwei oder drei geschrumpft ist. Nach einer halben Stunde kommt sie wieder, wirft einige Päckchen Beedees vor mir auf den Tisch. „Da", meint sie beiläufig, „Zigaretten gibt's keine." Ich werfe einen Blick aufs Etikett: „Marke Ganesh." Ausgerechnet. Ganesh-Beedees gehören nicht zu meinen Lieblingssorten; sie sind pelziger als andere und haben einen penetranten Beigeschmack wie von einem Kabelbrand, den Ratte als Gauloise-Raucherin wohl besonders schätzt. Sie pflegt ihn schwärmerisch als „cremig" zu bezeichnen. Während sie sich genußvoll eines der Stinkstäbchen ins Gesicht steckt, tröste ich mich mit dem Gedanken, daß man halt nicht alles haben kann . . .

Der Koch wird als erster wieder munter, macht Tee und hockt sich dann zu uns. Nach einer Weile erscheint auch Sitaram wieder in alter Frische auf der Bildfläche. Wir tratschen ein bißchen über Belanglosigkeiten. Plötzlich faßt er mich vertraulich am Arm, deutet begehrlichen Blicks auf meine rechte Hüfte, an der in der ledernen Kapptasche mein großes Klappmesser steckt.

„Chako?" fragt er hochinteressiert. *Chako* heißt Messer. Ich nicke, hole es heraus, reiche es ihm hinüber, nicht ohne Besitzerstolz, denn es ist unvergleichlich besser als alles, was man in dieser Art in Nepal bekommen kann. Er sieht's sofort, prüft es fachmännisch und nickt dann beinah andächtig: „Sehr gut!"

Dabei kommt mir ein Gedanke. Ich habe nämlich schon bei etlichen der Dörfler gesehen, daß sie einen *khukri* tragen. Wir sind hier nicht so furchtbar weit von dem kleinen Städtchen Puethan entfernt, das für ihre Herstellung berühmt ist. Die besten *khukris* kommen traditionell aus diesem Ort. Es sind oft sorgfältig geschmiedete, liebevoll gearbeitete Schmuckstückchen. Ich würde mir gerne einen kaufen, und Sitaram scheint der richtige Mann zu sein, um zu erfahren, wo man so was bekommt.

„Ein *khukri*?" Er grinst verschmitzt, steht auf und geht wortlos zu dem abgeteilten, privaten Bereich der Hütte, den er mit seiner Familie bewohnt. Wir hören ihn einige Zeit rumoren, und als er wiederkommt, hat er zwei sorgfältig in Tücher eingeschlagene Päckchen unterm Arm. Vorsichtig wickelt er das erste auf. Ein prachtvoll gearbeiteter, zierlicher *khukri* in einer Scheide aus poliertem Salholz kommt zum Vorschein. Mein Sammlerherz schlägt drei Takte schneller, als ich die schwere Klinge vorsichtig aus der Scheide ziehe. Die Waffe ist brandneu, auf der etwa zwanzig Zentimeter langen, hohlgeschmiedeten Klinge sind keine Gebrauchsspuren. Links findet sich eine akkurate Messingtausche in Devanagari-Schrift. Das hieße „Puethan", erläutert man mir stolz. Der andere *khukri* ist auffallend klein; die Klingenlänge dürfte kaum fünfzehn Zentimeter betragen. Es ist ein wunderschönes, altes Stück. Handschweiß und jahrzehntelanger Gebrauch haben das hölzerne Heft dunkel gefärbt und spiegelblank poliert. Die mit schwarzem Ziegenleder bezogene Holzscheide ist stellenweise fast durchgewetzt. Auch hier ist auf der linken Klingenseite die „Puethan"-Tausche eingeschlagen, daneben hat der Schmied seine Meistermarke in den Stahl gestempelt: zwei Yetifüße. „Dieser hier", Sitaram zeigt auf den kleineren *khukri*, „gehört seit vielen Jahren unserer Familie. Mein Vater hat ihn vor langer Zeit gekauft."

Inzwischen bin ich es, der leuchtende Augen bekommen hat: „Sie sind herrlich, alle beide. Aber wo kriegt man so etwas?"

Sitaram tippt leicht mit dem Knöchel auf die Holzscheide des größeren Messers: „Würde dir der hier gefallen?"

Ich nicke. „Und ob! Aber ..."

„Wenn du willst, kannst du ihn haben. Mein Neffe hat ihn vor kurzem in Puethan gekauft. Aber er ist im Moment sowieso nicht hier, und er hätte bestimmt nichts dagegen. Wenn er wiederkommt, könnte er sich ja einen neuen kaufen."

„Was soll er denn kosten?" frage ich und versuche nicht allzu begierig zu wirken.

Die Waffe geht von Hand zu Hand, fachkundige Augen betrachten prüfend die Klinge, arbeitsrauhe Hände wiegen sie abschätzend. Man einigt sich schnell darauf, daß 150 Rupees ein angemessener Preis seien. 150 Rupees ... Das ist in einem Land, in dem ein Straßenbauarbeiter am Tag 13 Rupees für 10 Stunden knochenharter Maloche bekommt, viel Geld; für diesen *khukri* allerdings sehr wenig, schon ein echter Freundschaftspreis ...

Ratte kennt mich zu gut. Für sie ist der Fall klar, noch bevor ich etwas dazu gesagt habe: „Na also", meint sie lachend, „dann kannst du ja das nächste Huhn mit deinem eigenen Dingsda abmurksen ... !"

„Khukri", antworte ich leicht pikiert ob solch profaner Gedankengänge angesichts dieses Prachtstücks. Ich wickle ihn sorgsam wieder in den Lappen. Der Kauf ist perfekt, und die Freude wäre ungetrübt, käme Sitaram nicht auf den Gedanken, den gelungenen Handel jetzt mit einem Täßchen Ananassprit zu begießen ...

Der Wunsch, etwas zu besitzen, was der andere hat, ist nicht einseitig. Auch bei unseren Sachen gibt es etwas, das in unserem Freund und Gastgeber heftiges Verlangen weckt. Nach dem dritten Schnaps rückt er zaghaft damit heraus: Meine Stiefel sind's. Die sind hier im Terai, wo es außer blanken Fußsohlen höchstens noch Gummilatschen gibt, natürlich etwas Besonderes. Die Sache hat nur einen winzigen Haken: Sitaram ist knapp 1,60 groß und verfügt dementsprechend über Füßchen, die zwar vom Barfußlaufen ziemlich breit getreten sind, aber dennoch nach unseren Maßstäben mit dem Begriff „Kindergröße" trefflich beschrieben wären. Meine Stiefel sind Größe 46 und ausgelatscht. Doch durch den brennenden Wunsch, solch exotische Fußbekleidung sein eigen zu nennen, ist er rationalen Argumenten nicht mehr ohne weiteres zugänglich. Er will es jetzt genau wissen. Unter dem begeisterten Hallo einer vielköpfigen Zuschauerschar versackt er bis weit übers Knie in den Röhren. Die etwa zehn Nummern zu groß geratenen Fußfutterale schlottern ihm haltlos um die Beine. Die Dörfler sparen nicht mit guten

Ratschlägen, doch nach mehreren mühevollen Versuchen, einige Meter darin zurückzulegen, wobei er fast auf die Nase fällt, sieht er resignierend die Aussichtslosigkeit des Unterfangens ein und gibt enttäuscht auf. Im stillen bin ich erleichtert; ihm den Wunsch abzuschlagen, wäre mir schwergefallen, aber die Aussicht, meinen Rucksack die nächsten Monate auf schlabberigen Gummisandalen schleppen zu müssen, wäre mir auch nicht sehr angenehm gewesen. Ich habe mich zu früh gefreut – schließlich hat Ratte auch noch ein Paar Stiefel. Zwar sind die etwas schlichter als meine geliebten Treter, aber besser als nichts und vor allem – kleiner . . .

Wie sich schnell herausstellt, ist ihm die Größe 39 immer noch entschieden zu üppig. Doch als er sich auch dieser desillusionierenden Erkenntnis zähneknirschend beugt, stellt sich ein neues Problem: Er kriegt sie nicht mehr runter. Er ist das Tragen von Schuhen, geschweige denn Stiefeln, nicht gewohnt, und in der Aufregung übersieht er völlig den Umstand, daß man den Fuß strecken muß, um ihn durch den Schaft zu bekommen. Er zieht verbissen, aber ohne Erfolg. Ich will ihm helfen, doch je mehr ich zerre, desto stärker sperrt er sich. Als ich versuche, ihm zu erklären, daß er lockerlassen soll, verdreht er nur in leichter Panik die Augen, nickt ergeben und verkantet weiter. Ich verzichte zunächst auf den „Tritt-mich-hinten-ich-zieh-vorne"-Trick, um nicht möglicherweise in ein Benimm-Fettnäpfchen zu stolpern; womöglich gilt dergleichen hier vor aller Augen als entwürdigend.

Inzwischen haben einige beherzte Dörfler die Rettungsaktion in Eigenregie fortgeführt. Sitaram ist unter ihrem hilfreichen Zugriff umgekippt und liegt jetzt protestierend unter einem der Tische. Der Anblick ist derartig komisch, daß selbst die ernstesten der Dorfhonoratioren nicht mehr an sich halten können – alle biegen sich vor Lachen. Von dem Rettungstrupp wird der Ärmste jetzt auf dem Hosenboden durch die Kneipe geschleift, wild mit beiden Armen rudernd, um das Gleichgewicht zu halten. Ich schreite ein, bevor sie ihm die Hose durchgescheuert haben, erkläre ihm nun doch, daß es da einen Kniff gäbe; allerdings müsse er mir dabei seinen unbeschuhten Fuß auf die Kehrseite setzen. Ihm ist inzwischen jedes Mittel recht, aus der rindledernen Fußfalle befreit zu werden, und sofort stemmt er sich nachdrücklich gegen meinen Hintern. Nach einigen schweißtreibenden Minuten ist es endlich vollbracht; Sitaram liegt ermattet, aber sonst bei guter Gesundheit, zwischen zwei umgestürzten Bänken und bewegt dankbar seine mißhandelten Zehen. Als er wieder hochkommt, gilt sein erster Griff der Buddel mit dem Ananasgebräu. Er gibt allen einen aus, gönnt sich selbst eine besonders großzügige Ration auf den überstandenen Schrecken. Dann klopft er mir auf die Schulter, macht eine Bemerkung und grinst jungenhaft dabei. Der Koch, immer noch damit beschäftigt, sich die Lachtränen wegzuwischen, übersetzt: „Er sagt, die seien gut, die Stiefel, nur oben rum ein bißchen eng . . ."

Dem Hausherrn steht, trotz seines Abenteuers, die Trauer um die Stiefel immer noch im Gesicht geschrieben. Ich mache ihm einen Vorschlag: „Wenn wir wieder zu Hause sind, schicke ich dir welche – solche, die unten passen und oben rum ein bißchen weiter sind!"

Seine Miene hellt sich ein wenig auf: „Meinst du das ernst?"

Ich versprech's ihm hoch und heilig: „Und morgen machen wir einen Fußabdruck von dir, damit sie auch passen." Er strahlt. Ich muß ihm wohl noch ein halbes Dutzend Mal versichern, daß ich auch ganz bestimmt dran denken werde.

Nach dieser Episode ist der letzte Rest von Distanz endgültig dahin. Wir werden vom ganzen Dorf behandelt wie alte Freunde. Abends, nach dem Essen, führt Sitaram uns auf einen Tee in den privaten Teil der Hütte, stellt uns seine Frau und die beiden Kinder vor, kramt ein paar alte, vergilbte Fotos von seiner Familie hervor.

Als wir uns schlafen legen, meint Ratte, die noch mit einem letzten Ganesh-Beedee die uns umgebende Atemluft verseucht, plötzlich: „Wenn nur deine Gelbsucht nicht wäre – he, das wär' toll hier, was?"

„Ja, der Gilb und der Regen . . ."

Das Wasser hat die ersten Hütten erreicht . . .

Am nächsten Vormittag zeichne ich gewissenhaft auf einer Schulheftseite, die irgend jemand angeschleppt hat, den Umriß von Sitarams Fuß auf.

Während der Nacht hat es nicht viel geregnet, das Wasser ist nicht mehr gestiegen. Gegen Mittag hört der Regen dann ganz auf. Wir laufen ein bißchen mit dem Koch zusammen durchs Dorf.

„Morgen bleibt es trocken . . .", versichert uns ein weißbärtiger, alter Mann mit wettergegerbten Zügen, der vor seiner Hütte auf einer Bank sitzt, nach einem prüfenden Blick auf die vor dem Wind dahinjagenden Wolken.

Donnerknispel, denke ich, diese Naturburschen! Einmal an den Himmel gesehen, und schon wissen sie Bescheid. Was sind wir dagegen doch für zivilisationsgeschädigte . . .

„. . . haben sie vorhin im Radio gesagt", beendet der Alte seinen Satz.

Später ist noch „Fototermin". Unser Freund möchte gerne ein Bild von sich, zusammen mit seiner Frau, und während der Koch es für zünftig hält, sich mit Rattes Rucksack ablichten zu lassen, kann ich Sitaram nicht davon abbringen, sich fürs Foto in westliche Schale zu schmeißen. In den langen Hosen und dem grellrosa Vatermörderhemd, die Haare sorgsam gescheitelt, könnte man ihn glatt für einen städtischen Bankangestellten halten, wäre da nicht der *khukri*, der sich freilich am Gürtel des modischen Fummels arg anachronistisch ausnimmt.

„Habt ihr nicht ein Foto von euch?" will er wissen. Fotos sind hier, abseits jeder Zivilisation, anscheinend etwas sehr Wertvolles, sowohl die eigenen als auch die Erinnerungsbilder von Freunden und Verwandten. Wir geben ihm eins von unseren Paßbildern, die wir für Visa und sonstige Formulare reichlich dabeihaben.

Es bleibt den ganzen Tag trocken, und auch in der Nacht regnet es nicht mehr. Das Wasser fällt zusehends. Wenn es so bleibt, können wir bald weiter.

15. September 1982

Als wir rausgucken, ist es nicht nur trocken, sondern sogar recht schön. Ein kräftiger Wind treibt weiße Wolkenfetzen vor sich am Himmel entlang, ab und zu bricht sogar eine fahle Sonne für Sekunden durch und taucht das ganze Dorf in ein völlig neues Licht.

Der Koch sagt uns, daß in etwa einer Stunde eine Gruppe Dörfler Richtung Bankas Bas aufbrechen wird; denen könnten wir uns anschließen. „Heute abend seid ihr dann da!"

Der Abschied tut ein bißchen weh. Sitaram schleicht durch die Kneipe wie die Katze um den heißen Brei, ermahnt mich immer

Während der Koch es sich nicht nehmen läßt, mit Rucksack zu posieren ...

... hat Sitaram den Sonntagsdreß hervorgekramt

wieder, seine Stiefel, ihn und das ganze Dorf nicht zu vergessen. Wir lassen ihm das letzte, zerknitterte Päckchen Marlboro da, das wir schon seit der iranischen Grenze mit uns rumschleppen und sorgfältig für so eine Gelegenheit aufbewahrt haben. Hier ist es etwas Heißbegehrtes, und er freut sich ebenso darüber wie der Koch über unseren Filzschreiber, den er so bewundert hat.

Kurz bevor wir die Rucksäcke endgültig aufziehen – die anderen warten schon –, kommt unser Freund noch mal auf mich zu. Er druckst eine Weile verlegen rum, hält mir dann wortlos ein Päckchen vor die Nase. Ein kleines, schmales Päckchen, eingeschlagen in einen alten Lappen. Als ich es in die Hand nehme, weiß ich sofort, was drin ist: sein *khukri*.

Ich schüttle entschieden den Kopf, gebe es ihm zurück: „Nein, Sitaram, das kann ich unmöglich annehmen!"

Er wehrt nachdrücklich ab, sagt ein paar Worte, etwas hilflos, weil ich ihn nicht verstehe.

Der Koch kommt uns zu Hilfe: „Bitte, behalte ihn. Er möchte, daß du ihn mitnimmst, als Andenken. Er weiß, wie sehr dir dieser *khukri* gefällt!"

„Aber das ist doch ein Familienstück! Außerdem habe ich schon den anderen von seinem Neffen!"

„Das ist etwas anderes; den hast du gekauft. Aber das ist sein eigener; es ist sein Abschiedsgeschenk für dich, damit du an ihn denkst!"

Ich bin sprachlos, hin und her gerissen von meinen Gefühlen: Freude über das kostbare Geschenk einerseits, aber auch ein ungutes Gefühl, ein schlechtes Gewissen, so eine materiell wie ideell wertvolle Sache anzunehmen. Unschlüssig stehe ich herum, suche nach Worten.

Der Koch sagt noch einmal, leise und sehr ernst: „Nimm ihn. Er möchte es. Halte ihn in Ehren!"

Sitaram drückt mir das Bündel entschlossen in die Hand, umarmt Ratte und mich, wünscht uns alles Gute; dann wendet er den Blick ab und geht schnell hinein.

Die anderen drängeln, sie wollen endlich los. Wir ziehen die Rucksäcke auf und folgen ihnen. Der Koch steht noch in der Tür und winkt uns nach. Fast muß ich heulen . . .

Mehr als ein Jahr später bekomme ich einen langen Brief aus Kathmandu. Sitaram Mahachhatra, der wie die meisten Menschen hier nie eine Schule besucht hat und nicht schreiben kann, hat sich der Hilfe eines professionellen Briefeschreibers bedient, um mir mitzuteilen, daß die Stiefel, die ich für ihn in Deutschland gekauft habe, nebst ausführlicher „Bedienungs- und Pflegeanleitung" in Piktogrammform nach langer Irrfahrt unversehrt angekommen sind. Sie passen perfekt (Größe 36), und aus den Zeilen ist der Stolz herauszuhören, den er über seine neuen Fußschoner empfindet. Wahrscheinlich ist er der einzige Mann im ganzen Terai, der so etwas sein eigen nennt . . .

Als wir am jenseitigen Rand der Hochfläche in die Senke hinabsteigen, in der tagelang rings ums Dorf die Wassermassen brodelten, stehen wir erneut staunend vor dem Phänomen der Geschwindigkeit, mit welcher der Monsun hier die Landkarte verändert: Das Wasser ist fort, verschwunden, versickert – wie weggezaubert. Nur hier und da verlaufen noch ein paar Bächlein, glitzern im Sonnenlicht noch feuchte Stellen im weißen Kies, zeugen liegengebliebene, grauschwarze Baumstämme von der Urgewalt, mit der das nasse Element hier tagelang gewütet hat.

Unwillkürlich muß ich an den Zauberlehrling denken, als wir uns trockenen Fußes zwischen den letzten, friedlich dahinplätschernden Rinnsalen durchschlängeln. Es ist geradezu unheimlich, und wenn jetzt von irgendwoher eine brüllende Wasserwand auf uns zugeschossen käme, deren haushohe Wogen gischtend über uns zusammenschlügen – ich wäre nicht im mindesten überrascht.

Doch nichts dergleichen geschieht, und wir verlassen die Senke ebenso unbeschadet, wie wir sie betreten haben. Das inzwischen schon vertraute, ewige Halbdunkel des Urwaldes umfängt uns wieder, und begleitet von seltsamen, unbekannten Vogelstimmen, deren Urheber wir so gut wie nie zu Gesicht bekommen, marschieren wir einen moosüberwachsenen, schlüpfrigen Pfad entlang, der sich in unzähligen Mäandern steil in die Hügel hinaufzieht. Die Dörfler, die mit leichtem Gepäck und guten Mutes fröhlich schwatzend einige Meter vor uns her laufen, legen den üblichen leichten Reisetrab vor, der in der olympischen Disziplin „Gehen" höchst medaillenverdächtig sein dürfte. Wir keuchen weniger medaillenverdächtig hinterher. Meine Gelbsucht macht sich auch wieder unangenehm bemerkbar. Solange ich mich schonen konnte, nur ab und zu mal ein bißchen gegangen bin, schien beinah alles in Ordnung gewesen zu sein, doch bei der geringsten körperlichen Anstrengung bekomme ich nun weiche Knie.

Plötzlich entsteht vor uns ein Tumult. Die Männer springen zurück, reißen sich gegenseitig fast um, rufen aufgeregt durcheinander. Als ich bei ihnen angelangt bin, sehe ich die Ursache ihrer Erregung: Eine grellbunt gefärbte Schlange, kaum bleistiftdick und gut dreißig Zentimeter lang, windet sich über den Weg und verschwindet eilig zwischen den sattgrünen Stauden. Mit beredten Gesten macht man uns klar, daß sie höchst giftig sei und der erste der Gruppe um ein Haar auf sie draufgetreten wäre. Für die Menschen, die hier leben, gehört so etwas zum täglichen Dasein.

So glimpflich wie jetzt geht's allerdings beileibe nicht immer aus, und selbst wenn zufällig mal ein Arzt in erreichbarer Nähe sein sollte – was bei einer Quote von einem Arzt auf über 30 000 Einwohner alles andere als wahrscheinlich ist –, kann man ihn oft genug nicht bezahlen. Darwinsches Prinzip: Nur wer stark genug ist, kommt durch. Der Tod ist hier etwas erschreckend Selbstverständliches . . .

Wir sind kaum eine halbe Stunde unterwegs, und schon wird der Abstand zwischen den Nepalesen und uns mit jeder Minute größer. Dabei laufen sie merklich langsamer, als sie eigentlich möchten. Wir wollen ihnen kein Klotz am Bein sein, sagen ihnen bei der erstbesten Gelegenheit, an der sie wieder mal auf uns warten müssen, daß wir das Tempo einfach nicht mithalten können und sie lieber vorgehen sollen. Sie zeigen uns nochmals die Richtung, einer versucht uns klarzumachen, daß der Weg leicht zu finden sei, dann verabschieden sie sich von uns. Innerhalb von Minuten sind sie schon außer Sicht- und Hörweite. Wir legen die erste Pause ein.

Allmählich verändert sich die Umgebung. Wir sind bisher fast ständig bergauf marschiert und haben den sumpfigen Tiefland-Dschungel hinter uns gelassen. Die Bäume stehen jetzt weiter auseinander, sind im Schnitt nicht mehr so hoch. Der Boden ist felsig geworden, das Unterholz lichter. Steile, manchmal zerklüftete Hänge ragen aus dem Grün, vereinzelt tun sich mehr oder weniger tiefe Schluchten zu unseren Füßen auf. Der in den losen Schutt getrampelte, schmale Weg führt oft bedrohlich nahe an diesen klaffenden Abgründen vorbei. Ab und zu lösen sich Steine unter unseren Tritten, poltern mit dumpfen Schlägen die Klamm hinunter, reißen andere Brocken losen Gerölls mit sich, bis sie unten auf dem Grund hallend aufschlagen und der nachfolgende Sand und Kies rauschend zum Stillstand kommen. Ein Fehltritt hier würde üble Folgen haben . . .

Wir laufen schweigend, konzentrieren uns auf den tückischen Pfad. Als mir nach einer Weile schwindelig wird, legen wir eine weitere Pause ein. Erst jetzt kommt uns so richtig die fast beängstigende Stille zu Bewußtsein, die uns umgibt; seit fast einer Stunde haben wir keine Geräusche mehr gehört, außer den von uns selbst verursachten. Die eigentümlich unmelodischen Vogelstimmen sind ebenso verstummt wie das Summen der Insektengeschwader, die uns weiter unten begleitet haben, und das ständige Rascheln im Unterholz. Mit einem Mal überkommt uns das wenig beruhigende Gefühl, verdammt allein auf weiter Flur zu sein. Ob der Weg noch stimmt?

Die Ungewißheit bekommt neuen Auftrieb, als wir ein gutes Stück weiter auf einen Schuttkegel stoßen, den wohl ein Erdrutsch vor einiger Zeit ausgelöst hat. Vom Weg ist nichts mehr zu sehen. Wir überqueren die Geröllhalde, suchen am jenseitigen Ende nach dem Pfad – ohne Erfolg. Der Boden ist steinig, es gibt verschiedene Stellen, die eventuell die Fortsetzung sein könnten, aber das läßt sich bei keiner mit Sicherheit sagen. Wir laufen auf gut Glück weiter, hoffen mal wieder, daß die vor zwei Stunden angegebene Richtung stimmt . . .

Nach vielleicht zwei Kilometern stoßen wir im spitzen Winkel auf einen schmalen Trampelpfad, der am Rande einer ziemlich tiefen Schlucht entlang in der von uns eingeschlagenen Richtung verläuft. Ein Stoßseufzer der Erleichterung: Wir haben ihn wieder, den vermaledeiten Weg, wir sind noch richtig!

Die Freude ist von kurzer Dauer. Nur zwei-, dreihundert Meter weiter, hinter einer scharfen Biegung, bleiben wir jählings stehen. Ein weiterer Erdrutsch, diesmal von gewaltigen Dimensionen, hat den Pfad auf einer Breite von gut hundert Metern vollständig verschüttet. Der halbe Berg scheint heruntergekommen zu sein. Felsbrocken, große und kleine, Lehm, Schutt und Geröll decken den Weg von der steilen, unerklimmbaren Wand rechts bis zur Schlucht auf der linken Seite lückenlos zu. Es bleibt uns nichts anderes übrig, als uns über die losen, bedenklich zur Schlucht hin abfallenden Erdmassen zur anderen Seite vorzutasten. Ich bin wieder ziemlich am Ende, lange kann ich heute nicht mehr laufen. So eine nette kleine Einlage ist genau das, was mir zur Abwechslung noch gefehlt hat. Im Geiste sehe ich schon, wie sich die Masse in Bewegung setzt, um mitsamt uns im Abgrund zu verschwinden . . .

Wir warten eine Weile, bis das Zittern in meinen Puddingknien etwas nachgelassen hat und die hübschen bunten Ringe, die mir seit einiger Zeit vor den Augen rumtanzen, verschwunden sind. Dann begeben wir uns wortlos an die ziemlich riskante Überquerung des Geröllfeldes.

Erwartungsgemäß ist das ganze Gebilde sehr lose, wir sacken bei jedem Schritt tief ein. Größere Mengen eingelagerten Sandes machen das Gefüge noch sensibler, und bei jedem Schritt driften wir in einer kleinen Erdlawine gefährlich nahe auf den Abgrund zu. Wir gehen in großem Abstand, nutzen jeden Felsbrocken, jede festere Stelle, um wieder an Höhe zu gewinnen. Ich sehe nach unten, wo auf dem Grund der Schlucht ein kleines Flüßchen dahinschäumt: Etwa hundertfünfzig senkrechte Flugmeter trennen uns von ihm . . .

Breite Schnüre aus Sand und losen Steinchen rieseln ständig wie ein Perlvorhang über die Kante, wandern im gleichen Rhythmus wie wir vorwärts, bedrohliche Folge unseres Versuchs, die andere Seite des Horror-Haufens zu erreichen. Gelegentlich verwandelt sich der Vorhang in eine Kaskade; dann stürzt sich ein Schwall dickerer Brocken ins Leere. Ich sehe ihnen mit gemischten Gefühlen nach, wie sie klatschend im Wasser verschwinden.

Der Ruf einer menschlichen Stimme reißt mich aus meinen tröstlichen Betrachtungen. Oberhalb von uns rennen zwei Nepalesen wild fuchtelnd den stehengebliebenen Teil der Wand entlang auf uns zu, rufen aufgeregt immer denselben Satz. Direkt über uns bleiben sie stehen, reden hektisch auf uns ein. Wir verstehen sie nicht. Sie gestikulieren heftig in die Richtung, aus der sie gekommen sind. Ich bin wieder an dem Punkt angelangt, wo mir so ziemlich alles schnuppe ist. Daß das gefährlich ist, was wir hier machen, sehe ich selbst; aber schließlich gibt's ja keine andere Möglichkeit, rüberzukommen, und das ist das einzige, was ich im Moment will. Das beiderseitige Kauderwelschen führt auch zu nichts, und ich bin viel zu kaputt, um jetzt ein sinnloses Palaver zu führen. Ich zucke einfach nach bewährter Landesmanier die Achseln, deute bedauernd auf meine Zunge und laufe weiter. Sie sehen sich eine Sekunde lang hilflos an, kommen dann wie gedopte Gemsen die Wand heruntergeklettert. Der eine von ihnen – er ist noch ein halbes Kind, vielleicht fünfzehn – zerrt mich am Ärmel, deutet, während er laut auf mich einredet, mal auf seine alte Armbanduhr, dann wieder dorthin, wo sie hergekommen sind. Einen Moment lang werde ich fast ärgerlich, bis ich plötzlich erkenne, daß er einfach Angst hat.

„*Khatara* – Gefahr!" verstehe ich nur. „Schnell, schnell!"

Ja wirklich, der Junge hat eine Heidenangst! Ratte ist genauso ratlos wie ich. Wir folgen den beiden, die uns am Arm gefaßt haben und uns in höchster Eile die bei jedem Schritt absackende Schräge entlanglotsen. Ich überlege krampfhaft, was in des Dreiteufelsnamen der Grund für diese seltsame Aktion sein mag. Die Antwort kommt schneller, als mir lieb ist: Über dem Berg, kaum zweihundert Meter entfernt, zuckt eine Stichflamme empor, gefolgt von einer vielarmigen, gelblichgrauen Wolke, die in alle Richtungen auseinanderspritzt. O Gott! Sie sprengen!

Etwa dreißig Meter trennen uns noch vom festen Boden. Wir achten nicht mehr auf das rutschende Erdreich, rennen, so schnell wir können, auf den Pfad zu. Die ersten Brocken fliegen uns schon zischend um die Ohren, als uns der Donnerschlag erreicht. Drüben angekommen, hechten wir in langen Sätzen den Weg entlang bis zu einer flachen Felsnische, die relative Sicherheit verspricht. Kaum daß wir uns hineingeworfen und die Hände schützend über den Kopf gerissen haben, folgt eine zweite, stärkere Detonation, diesmal erheblich näher. Kopfgroße Brocken prasseln über uns hinweg, schlagen wie ein Granathagel ringsumher ein, gefolgt von einem Schauer kleinerer Stücke. Sand rieselt. Eine dritte Ladung geht hoch, läßt uns panisch zusammenzucken. Der Boden bebt. Neue Angst steigt in mir auf: der Erdrutsch! Er ist auch nichts anderes als die Folge solch einer Sprengung! Wenn jetzt hier . . .

Ich werfe einen Blick nach hinten. Die Vibration bleibt nicht ohne Folgen. Sand und Felsen sind in Bewegung geraten, die obere Schicht stürzt gerade über die Klippe. Wenn wir da jetzt noch drauf wären – wir würden unweigerlich mitgerissen . . .

Das Echo der letzten Detonation verhallt langsam in den Hügeln. Eine Weile rieselt noch Sand, kollern Nachzügler die Schlucht hinunter; dann herrscht wieder Stille. Grabesstille, geht's mir durch den Kopf. Jetzt weiß ich, warum die beiden Angst hatten!

Wir richten uns langsam auf, schütteln den Sand aus den Kleidern. Ratte ist ein bißchen blaß um die Nasenspitze. Ich schlucke zweimal, um den berühmten Kloß loszuwerden, der mir in der Kehle sitzt.

„Danke . . .!" sage ich zu den beiden voller Hochachtung. Sie wußten, was los war, und haben Kopf und Kragen riskiert, um uns da rauszuschleifen, statt selbst in Deckung zu gehen und die zwei blöden Fremden sich selbst zu überlassen . . .

Wir stolpern hinter den beiden her zu einer primitiven Hütte, die etliche hundert Meter weiter, außerhalb der Sprengungsreichweite, an einer Stelle steht, von der aus man einen guten Überblick über das ganze umliegende Terrain hat. Sie dient als Gerätelager, Sprengstoffdepot, Überwachungsbunker und Kantine gleichzeitig. Der Leiter der Operation empfängt uns schon von weitem mit einem Schwall von Vorwürfen, die jedoch schnell versiegen, als er in uns Ausländer erkennt. Die Sache hat mir den Rest gegeben, ich lasse nur noch den Rucksack fallen, mich selbst daneben. Jemand kocht Tee; ich frage, ob wir auch einen bekommen können. Nach dem zweiten und einer halbstündigen Ruhepause geht's mir wieder einigermaßen.

Das nächste Dorf soll angeblich ganz in der Nähe sein – aber was heißt das schon bei den hiesigen Entfernungsangaben? Der Sprengmeister wedelt mit der Hand in die ungefähre Richtung auf den Wald zu, der hinter dem nächsten Hügel wieder dichter wird: „Einfach immer geradeaus."

Wir bedanken uns noch mal bei den beiden, ohne deren mutiges Eingreifen wir jetzt wohl schon bei unseren Ahnen versammelt wären, stecken ihnen leicht verlegen eine kleine Summe Geldes zu. Was sollen wir sonst machen? Doch ich glaube, sie deuten das Symbol richtig. Jedenfalls freuen sie sich, und sie können's wohl auch beide gebrauchen.

Die Sprengungen haben den halben Berg ins Rutschen gebracht

Wir gehen weiter, wieder auf den Wald zu. Die Sprengung des Berges steht anscheinend im Zusammenhang mit der ominösen Straße, von der man uns seit jenem Ort hinter Nepalganj berichtet hat; es ist das erstemal, daß wir auf Spuren konkreter Bautätigkeit stoßen. Im Näherkommen entdecken wir am Waldrand eine Gruppe von etwa zwanzig Männern und Frauen, die ein kurzes Stück bereits fertig aufgeschütteter und befestigter Trasse schottern. Die Männer schlagen schweißüberströmt mit langstieligen Vorschlaghämmern im Takt auf Felsbrocken ein, reduzieren sie auf Kieselgröße. Die

Frauen schleppen den frischgeschlagenen Schotter in Körben auf den Köpfen dorthin, wo er gerade gebraucht wird. Andere verteilen ihn gleichmäßig, mit Schaufeln und Hacken bewaffnet, auf der Erdschicht. Als sie uns sehen, gerät die Arbeit für einen Moment ins Stocken. Überrascht und zugleich mißtrauisch beobachten sie uns.

Entkräftet, wie ich bin, stolpere ich über meine eigenen Füße, als ich die flache Böschung zur Trasse hinaufwanke. Mitgerissen vom Gewicht des Rucksacks, schlage ich der Länge nach hin. Ratte und ich nennen das intern inzwischen nur noch „die Schildkröte machen". Der scharfkantige Schotter verfehlt nicht seine Wirkung auf Hosen und Haut. Mit aufgerissenen Knien und Ellenbogen komme ich mühsam wieder auf die Beine. Um mich herum ertönt schallendes Gelächter. Zornig sehe ich zu den Arbeitern hinüber; ich selbst kann das Ganze nämlich keineswegs so komisch finden. Doch der Ärger legt sich schnell wieder. Es ist kein gehässiges Lachen, keine Schadenfreude, mehr ein fast kindliches Belustigtsein. Sie freuen sich einfach, weil's wohl so witzig ausgesehen hat. Trotzdem: So ganz kann ich mich mit dieser Art von Humor nicht anfreunden. Etwas irritiert laufen wir weiter. Zu allem Überfluß habe ich mir auch noch das rechte Knie kräftig angehauen, was den Rest des Weges vollends zum Vergnügen werden läßt.

Nach einer Weile hört der Pfad mal wieder auf, wir schlagen uns im Blindflug weiter durch die Büsche. Es ist dunkel geworden, und die Batterien unserer Taschenlampen geben auch nicht mehr viel her. Ich torkle längst wieder mechanisch im Zickzack, stürze noch ein weiteres Mal. Weiß Gott, ich wäre nicht böse, wenn das Dorf bald auftauchen würde . . .

Nach ungefähr zwei Kilometern sehen wir in einiger Entfernung, etwas abseits unserer Marschroute, Licht durch die Bäume schimmern. „Dorf" ist für das, was wir dann finden, allerdings leicht übertrieben. Im flackernden Schein einiger Feuer liegen vielleicht zehn Hütten vor uns auf der Lichtung. Vor der einen hocken auf *karts* einige Männer, die uns verblüfft betrachten, als wir in den Lichtkreis treten. Es ist wie in allen anderen Orten vorher auch: Niemand rührt sich, niemand sagt etwas. Wir versuchen mit Händen und Füßen, ihnen unsere Wünsche begreiflich zu machen: etwas zu essen und einen Platz zum Schlafen.

Eine Frau mittleren Alters in einem groben, schwarzen Gewand faßt sich als erste ein Herz, kommt auf uns zu. Um den Hals trägt sie eine Kette aus Münzen. Sie deutet auf eins der *karts*, dann auf einen Topf mit Reis, der auf der Kochstelle der Kneipe brodelt: Setzt euch, es dauert noch ein Weilchen, soll das wohl heißen.

Wir sinken auf eines der hölzernen Gestelle. Die Frau überschüttet uns mit einem Schwall von Fragen, anscheinend in mehreren verschiedenen der hier im Terai gebräuchlichen Dialekte, die wir aber leider nun mal allesamt nicht verstehen. Sie lacht gutmütig. Dabei blitzen ihre oberen Schneidezähne im Licht des Feuers hell auf. Ich sehe näher hin: In beiden Zähnen hat sie Intarsien aus kleinen Edelsteinsplittern in Form von bunten Sternen eingelegt. Ich mache Ratte darauf aufmerksam. Die Frau bemerkt unser Interesse, wird etwas verlegen, was jedoch sofort in Stolz umschlägt, als wir ihr mit Gesten unsere Bewunderung zeigen. Ihr Lachen wird eine Spur breiter. Sie deutet noch einmal an, wir sollten warten, ruft dann mit durchdringender Stimme einen Jungen, schickt ihn mit einem Auftrag wieder weg.

Wir warten auf das, was da nun geschehen soll, während sie sich einen Eimer schnappt und eine ein Stück weiter angebundene Büffelkuh zu melken beginnt. Kurz darauf kehrt der Junge zurück und macht uns eifrig Zeichen, ihm zu folgen. Er und ein zweiter greifen sich unsere Rucksäcke und marschieren ohne weitere Umstände los. Ich blicke zu der Frau mit den eindrucksvoll geschmückten Zähnen hinüber; sie nickt lächelnd.

Wir folgen den beiden Jungs einen Hügel hinauf, auf dessen Kuppe eine einsame Hütte thront. Sie ist größer und etwas stabiler gebaut als die anderen. Hinter ihr ragen die Bäume des Urwaldes empor, schwarze Schatten vor dem dunkelblauen Abendhimmel. Das Plätschern eines Baches dringt leise durch das eng verwobene Gestrüpp. Auf einem freien Platz vor der Hütte steht ein klappriger Holztisch, eine Petroleumlampe mit gesprungenem Zylinder wirft ein gedämpftes, flackerndes Licht in die Runde. Hinter dem Tisch sitzt ein Mann. Er erhebt sich lautlos, als wir herantreten. Wache, intelligente Augen mustern uns kritisch, dann breitet sich ein warmes Lächeln auf seinem scharfgeschnittenen Gesicht aus.

„Willkommen hier in der Einöde!“ begrüßt er uns mit ausgestreckter Hand in fließendem Englisch. Was in aller Welt hat euch denn hierher verschlagen? Seid ihr Engländer? Wo kommt ihr jetzt her? Wie ..." Er unterbricht sich. „Entschuldigt meine Unhöflichkeit, es ist nur ..., ich sehe so selten Leute von draußen!"

„Von draußen?" frage ich lachend. Es ist eine Wohltat, sich mal wieder mit jemand ohne den Gebrauch der Extremitäten verständigen zu können.

„Na ja, von außerhalb des Dschungels", entgegnet er aufgekratzt. „Ihr müßt mir von draußen erzählen, alles – Politik und was so in der Welt passiert. Aber jetzt setzt euch erst mal, setzt euch. Also, Deutsche seid ihr. Das müssen wir feiern, ihr trinkt doch einen mit?"

Er wartet die Antwort gar nicht ab, geht in die Hütte, kommt mit einer großen Flasche ohne Etikett wieder, stellt sie auf den Tisch, geht noch mal rein, Gläser und Stühle holen. Ein Nepali, der hier mitten in der Wildnis in einer Bretterhütte haust, Englisch fast wie seine Muttersprache spricht und sich fürs weltpolitische Geschehen interessiert – die Erde ist voller Wunder ...

„Ähh ..., ist das so ein Ananas-Produkt?" frage ich vorsichtig, als er mir überschwenglich das verkratzte Wasserglas gut voll schenkt.

„Ananas? Aber nein, das ist Reisschnaps, *gharpala rakshi*. Meine Frau brennt ihn selber. Probier nur mal; sie macht den besten *rakshi* weit und breit!" Ratte, die bereits schützend ihre Hand über das Glas gebreitet hat, zieht sie wieder weg.

„Also, prost", er hebt sein Glas, „auf unser Zusammentreffen hier!" Er nimmt einen kräftigen Schluck. Wir tasten uns vorsichtiger an die Sache heran, Sitarams unsäglicher Ananasfusel ist uns noch zu frisch in Erinnerung. Doch er hat nicht übertrieben: Sein *moonshine* ist der beste Schnaps, den ich seit langem getrunken habe.

Er ist still geworden, schaut etwas melancholisch ins Weite: „Seit fast drei Jahren hänge ich jetzt hier. Ihr seid die ersten Fremden, die ich sehe!"

Allmählich beginne ich, seine Freude zu begreifen. „Was machst du hier?"

„Wir bauen eine Straße hier durch. Eine große Überlandstraße. Ich bin der leitende Ingenieur von diesem Baubereich. Wenn ihr von Kalakati gekommen seid, müßtet ihr eigentlich den letzten Abschnitt gesehen haben!"

„Gesehen ist gut." Ich erzähle ihm von unserer unfreiwilligen Teilnahme an der Sprengung.

Er lacht: „O Gott! Na, dann bin ich um so froher, daß ihr heil bei mir gelandet seid!"

Ein junger Mann erscheint in der Tür, ein großes Tablett in der Hand. Es ist sein Koch, der uns auf die schnelle noch etwas zu essen bereitet hat. Als wir fertig sind, ist auch die Rakshiflasche leer. Er holt eine neue. Das Zeug ist wirklich was zum Dranfesthalten! Ratte meint zwar, ich solle vorsichtig sein wegen meiner Leber, doch es ist so wie immer: Wenn ich eine Weile gesessen habe, geht es mir wieder ziemlich gut, und außerdem genieße ich die Situation dermaßen, daß ich Gilb und Leber einfach ignoriere.

Die Nacht ist lau, die Luft erfüllt vom Sirren Tausender Zikaden, die in den umstehenden Bäumen vor sich hin fiedeln. Vereinzelt blinken Sterne zwischen den Wolken, unten im Dorf lodern ein paar Feuer. Zwar sind der Gesang der Zikaden, die Stimmen der Nachtvögel laut, sehr laut sogar, doch es sind völlig andere Geräusche als etwa in einer nächtlichen Großstadt. Sie stören nicht, fügen sich zu einer lückenlosen Harmonie zusammen – sie stimmen halt einfach, gehören hierher. Nach einer Weile habe ich sogar den Eindruck, daß sie in ihrer Geschlossenheit nichts anderes sind als eine Steigerung der Stille, sozusagen ein Unterstreichen der eigenen, inneren Ruhe. Das Gefühl unendlichen, tiefen Friedens überkommt mich. Zum ersten Mal bin ich richtig in der Lage, nach ausgiebiger Bekanntschaft mit seinen Schattenseiten auch das Schöne, den geheimnisvollen Zauber des Dschungels auszukosten. Wir sitzen noch bis tief in die Nacht beisammen und erzählen Surendra, dem Ingenieur, wie es „draußen" aussieht.

Surendra gehört zu den Menschen, die man nicht so bald vergißt: ein tief empfindender, sensibler Mann, ständig mit sich selbst ringend, weil ihm die Diskrepanz zwischen seiner Liebe zur Natur und seiner Arbeit, dem Glauben an die Segnungen technischen Fortschritts, nur allzu bewußt ist. Er ist ein interessanter, offener Mann, der erstaunlich viel weiß und eine Menge erlebt hat, nicht nur die Zuckerseite des Daseins kennt, ohne jedoch Verbitterung darüber zu verspüren. Auch schlechte Erfahrungen sind Erfahrungen, sagt er. Ein Mann, der Halt sucht in dem tief verwurzelten Glauben an seine

Hindu-Religion, ohne deswegen frömmelnd oder gar missionarisch zu sein, der ihr, trotz aller Hingabe, kritisch und fragend gegenübersteht, der von sich selbst behauptet, die letzte Wahrheit noch nicht gefunden zu haben. Ich schätze ihn auf Mitte Fünfzig. Wie sich später herausstellt, ist er gerade sechsundvierzig – das Leben hat Spuren in seinem Gesicht hinterlassen . . .

Sohn eines Nepali und einer Inderin, wuchs er im Terai auf. Eine schwierige Situation in einem Land, wo solche Mischehen bis heute nicht allgemein akzeptiert werden. Später ging er nach Indien, finanzierte sich durch Nachtarbeit eine Schulbildung, wurde 1962 während der chinesischen Invasion für die indischen Truppen zwangsrekrutiert, verwundet, und verbrachte längere Zeit in chinesischer Kriegsgefangenschaft, ein Erlebnis, das ihn gelehrt hat, Kriege zu verabscheuen. Nach seiner Entlassung begann er ein Studium, zunächst in Delhi, später in England, wo er ausgewiesen wurde, weil er keine Aufenthaltsgenehmigung hatte. Er kehrte zurück in seine Heimat, heiratete und zieht seitdem von einem Projekt zum anderen kreuz und quer durch Nepal, hier zwei Jahre, dort ein halbes, jetzt – hier unten – drei. Bald würde die Arbeit hier auch wieder abgeschlossen sein. Er liebt den Dschungel, aber seiner Frau wird es langsam zuviel, verrät er uns, dieses ewige Mal-hier-mal-da, ohne einen Ort, an den man richtig gehört, um dann wieder wegzuziehen, sobald man anfängt, Wurzeln zu schlagen. Sie sehne sich nach einem richtigen Zuhause. Wenn sie hier fertig sind, wird er noch ein oder zwei solche Projekte machen, wegen des Geldes; aber dann wollen sie endgültig nach Kathmandu ziehen, in ein richtiges Haus, und die beiden Kinder zur Schule schicken. Weiß Gott, ein ungewöhnlicher Werdegang für den Sohn eines kleinen Terai-Bauern . . .

Er leert sein Glas, schaut versonnen in die Wolken, träumt einen Atemzug lang von einem Häuschen in Kathmandu, von den Annehmlichkeiten des Großstadtlebens. Ob es ihm, der so sehr die Einsamkeit gewöhnt ist, dort auf Dauer wohl noch gefallen wird? Er unterbricht die eingetretene Stille mit einem Satz, der wie die Bestätigung meines letzten Gedankens klingt.

„Ist es nicht wunderschön hier?“ fragt er leise, fast ehrfürchtig.

Ich nicke. Das ist es wirklich. Man darf nur keine großen Ansprüche haben . . .

„Ach, ich freu' mich so, daß ihr hier seid!" Er lächelt, schenkt uns noch mal ein. „Das ist das einzige, was mir hier fehlt: jemand, mit dem ich auch mal über was anderes reden kann als übers Wetter oder so. Weißt du, ich liebe diese Menschen hier, aber es sind alles ganz einfache Leute. Alles, was sich jenseits des Dorfes abspielt, betrifft sie nicht mehr, und es gibt wenig, worüber ich mich mit ihnen unterhalten kann." Er macht eine Pause. „Ja, das fehlt mir. Menschen, mit denen ich mal richtig reden kann!"

Ich kann's nachempfinden; mir hat es oft genug schon nach ein paar Wochen gefehlt. Auf eine Art ist er trotz aller Verbundenheit mit diesem Flecken Erde wohl immer ein Fremder geblieben im eigenen Land . . .

„Ihr bleibt doch morgen noch hier?" Er bestürmt uns geradezu. Die Vernunft sagt mir, daß wir weiter sollten, damit ich endlich zum Arzt komme. Andererseits gefällt's mir hier, und die Chance, in absehbarer Zeit noch einmal solch eine faszinierende Persönlichkeit zu treffen wie Surendra, der sich darüber hinaus nicht nur in Kultur und Gebräuchen dieses Landes auskennt, sondern auch noch gerne und gut darüber erzählt, dürfte gering sein. Ich schiele fragend zu Ratte hinüber.

Sie grinst und wirft einen anzüglichen Blick auf die Rakshiflasche, als sei die das Hauptargument: „Scheint dir ja besser zu bekommen als die Lauferei!"

Das soll wohl „ja" heißen. Okay, dann bleiben wir also morgen noch.

Die Feuer im Dorf sind niedergebrannt, Mitternacht ist längst schon vorbei. Wir schleichen uns leise in die Hütte, wo Surendras Frau und die beiden Kinder längst friedlich auf einem der beiden Bettgestelle schlafen. Er richtet sich rasch ein Lager auf dem Boden daneben, besteht darauf, daß wir uns das andere Bett teilen; seine Frau hat extra für uns frische Decken daraufgelegt. „Schlaft gut", raunt er uns noch zu, während er die Lampe ausbläst. Ich strecke mich genüßlich auf dem – zur Abwechslung mal ausreichend langen – Bettgestell aus, höre noch minutenlang dem Sirren der Zikaden zu, ehe ich zufrieden in den Schlaf sinke.

★

16. September 1982

Meine bösen Vorahnungen, für das sündige Treiben gestern nacht mit einem saftigen Kater belohnt zu werden, erfüllen sich angenehmerweise nicht. Surendra ist kurz weggegangen, irgendeine Operation auf der Baustelle zu überwachen. Seine Frau begrüßt uns freundlich, nimmt mit zufriedenem Lächeln unsere Komplimente ob ihrer Kunstfertigkeit in der Herstellung von Spirituosen zur Kenntnis. Während sie ihrer täglichen Arbeit nachgeht, genießen wir draußen den Anflug von Sonne. Auch bei Tag hat der Platz vor der Hütte nichts von seinem Reiz eingebüßt. Ein leichter Wind rauscht in den hohen Bäumen, bringt Bewegung in die hunderterlei verschiedenen Farbnuancen des grünen Blätterdachs, das die Hügel zudeckt. Wir sitzen am Tisch, schreiben Briefe, ich bringe das Tagebuch auf den neuesten Stand.

Kurz vor Mittag kommt Surendra zurück. „Ich muß nachher zu der Baustelle, wo ihr gestern eure Probleme hattet. Wir müssen heute noch mal sprengen. Kommt ihr mit?"

Klar. Unter diesen Umständen gucke ich mir die Ecke gern noch mal an.

Nach dem Essen brechen wir auf. Ohne Gepäck sind die paar Kilometer wesentlich angenehmer zu laufen. Surendra kennt hier jeden Baum, jeden Strauch, weiß zu allem etwas zu berichten. Plötzlich bleibt er stehen: „He, seht mal!" Er zeigt auf eine freie Fläche zwischen den Bäumen. Gelber Lehm, ein paar Büsche, einige braune, graue und schwarze Steine, mehr sehe ich nicht.

„Was meinst du?" frage ich ihn nach ergebnisloser Inspektion der besagten Stelle.

„Paß auf", sagt er grinsend, sammelt ein Klümpchen Dreck vom Boden auf, zielt sorgfältig. Der Klumpen landet dicht neben einem konturlosen grauen Stein. Der Stein fährt erschrocken hoch, geht kurz in Drohstellung, zischt; dann verschwindet die Kobra im Unterwuchs.

„Davon gibt's hier 'ne Menge. Vor ein paar Tagen lagen zwei direkt beim Dorf auf dem Weg. Sie haben gekämpft, waren völlig ineinander verbissen und so beschäftigt, daß sie mich gar nicht bemerkt haben. Um diese Jahreszeit sieht man sie hier fast jeden Tag."

Grauer Stein... Wie viele davon mögen wir wohl unterwegs übersehen haben?

Bei unserem Eintreffen ist der Sprengmeister gerade in voller Aktion, kommandiert seine Leute durch die Gegend. Als er uns gewahr wird, feixt er, redet dann mit Surendra. Der zwinkert uns zu, lacht gutmütig; unsere Ruhmestat wird in der Gegend wohl noch 'ne Weile für Gesprächsstoff sorgen.

Während wir – diesmal aus sicherer Distanz – der Aktion zusehen, wird mir erst richtig klar, welches Risiko diese Leute tagtäglich auf sich nehmen: Sie sprengen nämlich mit offener Lunte. Nicht nur, daß die Brenndauer dieser Dinger sich niemals hundertprozentig berechnen läßt – und da sie teuer sind, ist die Sicherheitszugabe ziemlich gering –, nein, sie lassen sich, einmal entzündet, auch nicht mehr stoppen. Brennt die Zündschnur erst, heißt es laufen, um rechtzeitig in Deckung zu sein. Wehe, einer stolpert oder fällt hin; die verlorene Zeit ist nicht mehr einzuholen! Ich denke mit einem leichten Schauer an gestern, als wir jenseits des Einschnittes lagen...

Auf dem Rückweg hören wir die eigentümlich klagenden Töne eines fremdartigen Instruments. „Was ist das?" frage ich.

„Der Einsiedler. Er spielt auf seiner Tamaura. Kommt mit!" Surendra schlägt sich in die Büsche, läuft einen flachen Hang hinauf. Oben steht auf einer kleinen Lichtung zwischen den Bäumen eine winzige Hütte, fast ganz aus Gras gebaut. Ein schmächtiger Mann sitzt davor, spielt versonnen auf einem simplen Saiteninstrument.

Wir heben grüßend die zusammengelegten Hände vors Gesicht, hocken uns in einiger Entfernung hin. Er nickt uns zu, ohne sein Spiel zu unterbrechen. Ein Junge schaut neugierig aus der Hütte hervor.

„Wovon lebt er?" frage ich Surendra.

„Oh, er geht auf die Jagd. Tauscht manchmal Felle im Dorf gegen Nahrungsmittel und so."

„Und der Junge?"

„Der ist aus dem Dorf. Er ist oft bei ihm. Manchmal nimmt der Alte ihn mit zum Jagen, zeigt ihm alles."

Der Mann hat sein Lied beendet, ist aufgestanden und gibt uns die Hand. Wir rauchen einen Beedee mit ihm. Er zeigt uns voller Stolz seine Büchse, einen uralten, wackeligen Vorderlader, und das prachtvolle Fell eines großen Leoparden, den er vor einiger Zeit damit erlegt hat. Die Gerbung ist nicht ganz perfekt, es stinkt barbarisch.

Schade um das herrliche Tier, denke ich; es gibt nur noch so wenige davon.

Surendra errät meine Gedanken. „Du würdest ihn lieber lebendig sehen, hm?" sagt er. „Früher gab es hier noch viele, und einen zu erlegen galt als Ehre. Dann stieg die Nachfrage auf den Überseemärkten, und die Felle brachten auf einmal viel Geld. Für ein gutes Fell haben die Händler in Indien einen Monatslohn gezahlt. Jetzt findet man nur noch wenige Leoparden, die Jagd ist verboten, und die Händler zahlen einen Jahreslohn. Kannst du es den Leuten verdenken, wenn sie die Raubkatzen jagen?" Er sieht mich durchdringend an. Ich weiche seinem Blick aus. „Du weißt, wo die Felle hingehen ... Die Nachfrage bestimmt das Angebot, nicht?"

Was soll ich darauf sagen? Er hat verdammt recht, und ich weiß es. Solange die Damenwelt in den sogenannten zivilisierten Gefilden der Ansicht ist, Katzenfelle seien die Krönung edler Roben, Elfenbein und Krokotäschchen für die Abendgala unverzichtbar, wird in Ländern wie Nepal weiter gewildert werden. Schutzabkommen kann man mit falschen Papieren leicht unterlaufen, solange ein Markt für die Produkte besteht. Sogar diese, scheinbar noch fast unberührte Wildnis ist schon bedroht. Nachdenklich geworden, laufen wir zum Dorf zurück.

Es wird noch einmal ein langer, feuchtfröhlicher Abend. Surendra ist der erste Mensch seit langem, der wohl mit einigermaßen zuverlässigen Kilometerangaben aufwarten kann. Seiner Aussage nach sind es bis Kalakati ungefähr sechzehn Kilometer – das deckt sich in etwa mit meiner Schätzung – und von Dan Khola, so heißt das Dorf hier, noch mal gut zwanzig bis zum sagenumwobenen Bankas Bas.

„Sag mal, *khola* heißt doch Fluß, oder?" erkundige ich mich, bei Erwähnung des Ortsnamens unangenehm berührt. Flüsse und die damit in dieser Gegend verbundenen Umstände sind mir noch lebhaft in Erinnerung ...

„Richtig!" Surendra grinst. „Aber keine Sorge, über den hier haben wir gerade eine Brücke gebaut!" Er wird wieder ernst. „Auf dem ersten Drittel ist der Weg stellenweise noch ziemlich beschwerlich. Da kommt auch noch mal ein größerer Fluß. Aber dann wird's besser.

Das letzte Stück ist schon Trasse, und da geht's nur noch bergab!"

Ich denke über die letzten Tage nach: Es sieht fast so aus, als hätte ich das Gröbste hinter mir. Und vorgestern ging's ja trotz Gilb ganz gut. Mit ein bißchen Glück könnten wir morgen abend in Bankas sein ...

17. September 1982

Wir brechen zeitig auf. Der Abschied ist wieder mal einer von denen, die weh tun. Man sagt sich: „Vielleicht sehen wir uns ja noch mal, irgendwo, irgendwann", hofft es auch – und weiß doch genau, daß es Käse ist. Viereinhalb Milliarden Menschen ... Wir werden uns bestimmt nicht mehr sehen.

Surendra geht noch mit uns bis zum Fluß hinterm Dorf. Seine Frau winkt uns hinterher, das eine der beiden Kinder auf dem Arm. An der Brücke bleiben wir stehen.

„Ihr habt noch eine lange Reise vor euch ..." Surendra scharrt mit dem linken Fuß im Staub. „Viel Glück dabei. Und kommt gesund nach Hause!"

Wir umarmen uns, schütteln uns die Hände. Unser Freund bleibt am Brückenpfeiler stehen, winkt, sieht uns nach, bis wir hinter der Biegung verschwinden.

Wir gehen schweigend. Der anfangs recht breite Weg verschmälert sich bald zu einem der hinlänglich bekannten Pfade, es geht stetig bergauf. Ich habe meine Hose, die nicht nur von den ständigen Schlammbädern der letzten Zeit arg mitgenommen war, sondern von den Stürzen auch noch einige faustgroße, blutverkrustete Löcher aufweist, gegen ein leichtes indisches *dhoti* ausgewechselt. Die Jeans werde ich wohl in Kathmandu nach gründlicher Wäsche erst mal einem Flickschneider zum Generalüberholen anvertrauen müssen.

Wir laufen langsam und gleichmäßig, legen alle halbe Stunde eine Pause ein. Sparen unsere Kräfte, besser gesagt, meine Kräfte, für den Endspurt, das Ziel endlich greifbar vor Augen. Nach zwei Stunden stehen wir mal wieder vor einer breiten Schlucht, auf deren Grund ein munter schäumendes Wässerchen dahintost. Spuren einer Brücke verbinden beide Ufer. Die senkrechten Pfosten stehen schon, in horizontaler Position dagegen überqueren nur zwei schmale, stählerne T-Träger dies schäumende Wasser. Wir beratschlagen eine Weile, ob wir ärschlings da rüberrutschen sollen, die Rucksäcke vor uns her schiebend. Angesichts der Höhe, des Gewichts der Buckeltüten und der Tatsache, daß wir beide nicht völlig schwindelfrei sind, verzichten wir lieber darauf und kehren um. Ein Stück zurück finden wir dann auch nach einigem Suchen die „Umgehungsstrecke": eine nahezu senkrechte, mit glibberigem Moos dekorierte Felswand, in der einige hervorspringende Gesteinsbrocken die Stufen ersetzen. Während wir noch überlegen, ob es nicht vielleicht doch sinnvoller wäre, die Eisenträger zu wählen, statt dieser Rutschbahn, kommen zwei mit schweren Kiepen bepackte Nepali daher und zeigen uns, wie man's macht: Rauchend und fröhlich schwatzend hüpfen sie die Klippen herunter, als wär's die Freitreppe vorm Palais Schaumburg. Noch bevor wir uns vom Staunen erholt haben, sind sie wieder verschwunden. Keine Unsicherheit, kein Straucheln, nichts.

Wir sehen uns einen Moment lang wortlos an. Rattes Ehrgeiz ist geweckt: „Was die können . . ."

„. . . können wir noch lange nicht. Aber versuchen wir's trotzdem!"

Bei uns wirkt es sicher nicht so elegant, und ein klein wenig länger dauert es auch, aber dann haben wir es – schweißtriefend – doch geschafft. Wir patschen im Flachwasser das Flüßchen entlang bis zu einer Stelle hinter der Brücke, wo wir das jenseitige Ufer der Schlucht mühsam wieder erklimmen können. Oben stellen wir fest, daß uns der kleine Umweg fast zwei Stunden gekostet hat.

Einen Kilometer weiter stoßen wir erneut auf einen schmalen Wasserlauf. Diesmal ist er winzig, flach und gerade anderthalb Meter breit. Kein Hindernis, nur ein Ärgernis: Man bekommt nasse Füße. Nun ja, nicht zwangsläufig; ohne die Rucksäcke könnte man springen . . . Wir sind kaum duch das Wässerchen durchgestapft, als wir hinter uns Schritte hören. Zwei Nepali sind es, ein Mann und eine Frau. Sie kommen rasch näher. Beide sind klein und zierlich, gehen gebückt unter einer schweren Last. Die *namlos* – geflochtene Tragebänder – vor ihren Köpfen sind straff gespannt. Auf den Rücken türmen sich Getreidesäcke und Kanister. Sie erreichen den Bach, ein eleganter Schwung aus dem Stand, er ist drüben; noch ein Hopser, und auch sie ist auf der anderen Seite. Keiner hat das Wasser auch nur berührt.

„*Namaste!*" Sie grüßen freundlich, als sie uns überholen.
„Was ist in den Kanistern?" frage ich ihn.
„Öl, zum Kochen", entgegnet er beiläufig. Er reicht mir gerade bis an die Brust. Es sind vier Zwanzig-Liter-Kanister, obendrauf hat er noch ein Bündel geschnallt.
„Sind sie ... voll, die Kanister?" hake ich gedehnt nach.
„Voll", bestätigt er grinsend, zieht an seinem Beedee und schiebt lässig an uns vorbei.

Ich konstatiere kopfschüttelnd, daß der Typ soeben mit rund neunzig Kilo auf dem Kreuz ansatzlos über einen Bach gesprungen ist. Die Frau mit ihren beiden Reissäcken dürfte kaum viel weniger schleppen. Und dabei rauchen sie noch genüßlich. Ich glaube, in diesem Land kann mich so leicht nichts mehr irritieren ... Wir schieben hübsch langsam mit unseren zwanzig bzw. fünfundzwanzig Kilo weiter. Nach Minuten sind die beiden schon aus unserem Blickfeld verschwunden.

Die Gegend wird immer karger, je höher wir kommen. Zwischen die Laubbäume mischen sich jetzt schon hie und da einzelne Gruppen niedriger Kiefern. Der üppige Terai-Dschungel macht mehr und mehr einer spärlicheren, subtropischen Vegetation Platz. Einen Vorteil hat das: Wir können uns besser orientieren und entdecken mehr Tiere. Neben angenehmen Zusammentreffen wie mit einem Pangolin, jenem urtümlichen Tannenzapfentier, dessen hart beschuppter Oberseite man nicht ansieht, daß sich unter ihr ein rosaroter, babyweicher Faltenbauch verbirgt, und der bei unserem Auftauchen eilig den hart bedrängten Termitenhaufen im Stich läßt, gibt es auch noch weniger angenehme. Als wir auf einem kleinen Plateau um eine Felszacke biegen, empfängt uns aus einem Gestrüpp etwas oberhalb ein deftiger Hagel von Wurfgeschossen. Eine Rotte Languren beschwert sich lauthals über unser Eindringen in ihr Revier. Schreien und Wedeln fruchtet nichts, und als ein faustgroßer Dreckklumpen schließlich ziemlich dicht an meiner Nase vorbeischwirrt und an einem in der Nähe stehenden Baum zerplatzt, fühle ich mich genötigt, der Affenhorde zu beweisen, daß Darwin doch recht hatte. Überlegene Zielgenauigkeit und höhere Feuerkapazität zwingen den Gegner zum Rückzug und bescheren mir einen Sieg nach Punkten: Die Attentäter verschwinden kreischend im Geäst.

Wo alle Straßen enden, hilft nur noch laufen

Der Zwischenfall hat Rattes Glauben an das Gute im Tier nachhaltig erschüttert. „So was", bemerkt sie konsterniert, während sie die sichere Deckung eines entwurzelten Baumes verläßt . . .

Stunden später stellen wir fest, daß der Weg merklich breiter und ebener geworden ist. Es gibt keine nennenswerten Hindernisse mehr; nach dem, was wir in letzter Zeit gewohnt sind, ist es fast ein Spaziergang. Wir haben den höchsten Punkt überschritten, es geht jetzt konstant abwärts. Dann sehen wir wieder Spuren von Bautätigkeit: Der Weg wird zur Trasse.

Mein Limit ist eigentlich längst überschritten, meine Knie fühlen sich an wie Butter, aber es kann nun nicht mehr weit sein; von überall her tauchen Menschen auf, die in unsere Richtung laufen.

„Bankas Bas? Ja, ja, gleich da vorne, nur ein paar Minuten!"

Weiter, weiter! Wir kommen heute noch hin . . . Die Sonne ist untergegangen, langsam wird es dunkel. Bankas Bas, wabert es in meinem Hirn, Bankas Bas. Gleich sind wir da. Pro forma lege ich mich noch mal auf die Schnauze. Pause, weiter . . .

Wir sehen die Lichter schon aus großer Entfernung, halten darauf zu, als sei's die Erfüllung all unserer Träume: Bankas Bas, das legendäre, das vielbesungene, heißersehnte Eldorado unseres Dschungeltrips liegt vor uns: etwa zwanzig windschiefe Hütten, vermutlich achtzehn davon Kneipen, rechts und links einer Straße, geschottert zwar nur, aber immerhin eine Straße! Eine Handvoll klappriger Busse steht dazwischen rum. Wir sind da!

Nach dem dritten Tee in der erstbesten Kneipe komme ich langsam wieder zu mir. Ich lasse die zurückgelegte Strecke innerlich noch einmal vorüberziehen. Wie sagten sie doch damals, vor zehn Tagen, in jenem Dorf, wo der Bus nicht mehr weiterfuhr? „Bloß fünfundzwanzig Kilometer, abends seid ihr da." Tja, das mit abends stimmt schon; liegen halt 'n paar Tage dazwischen. Aber bei den Kilometern komme ich auf gänzlich andere Werte: Meiner Schätzung nach haben wir zwischen 120 und 140 Kilometer zurückgelegt, davon knapp die Hälfte zu Fuß. Zieht man die Umwege ab, die wir überflüssigerweise vielleicht gelatscht oder gefahren sind, bleibt eine Strecke von etwa 80 oder 90 Kilometern. Ich denke zurück an die hier übliche Marschgeschwindigkeit, an das Pärchen mit den Ölkanistern, das uns auf dem letzten Stück überholt hat. Nein, ich habe keinen Zweifel, daß sie abends tatsächlich alle hier waren.

Gemischte Gefühle agieren in mir, jetzt, wo wir am „Ziel unserer Sehnsüchte" angelangt sind. Schön, wir sind wieder „draußen", wie Surendra sagen würde. Und angenehm war's weiß Gott auch nicht immer. Aber was hätten wir alles verpaßt, wenn uns der Zufall nicht in den Busch geschickt hätte! Klar, Vergoldungseffekt. Das sagt sich alles immer so leicht, im nachhinein, wenn man's hinter sich hat. Trotzdem: Missen möcht' ich die Zeit nicht!

Wir schlafen in der Kneipe, der Wirt vermietet hinten *karts*. Er ist der erste Nepali, der uns zu bescheißen versucht und auch ansonsten zu sehr an unserem Gepäck interessiert ist. Die Zivilisation hat uns wieder . . .

18. September 1982

Wir strafen den raffgierigen Kneipier, indem wir zum Frühstück die Gaststätte wechseln. Dann besorgen wir uns Plätze im nächsten Bus nach Butwal, und am frühen Abend sind wir tatsächlich da, völlig ohne Komplikationen. Es gießt wieder in Strömen. Wir suchen uns ein billiges Hotel, bummeln noch ein wenig durch die Stadt. Sie kommt, zumindest im alten Teil, unseren Vorstellungen von Nepal schon erheblich näher als die schmuddeligen Gußbetonkäffer im südlichen Terai, wie etwa Nepalganj. Hier sehen wir zumindest vereinzelt alte Fachwerkhäuser mit geschnitzten Giebeln zwischen den Wänden aus rotbraunen Lehmziegeln. Wir genießen den städtischen „Überfluß", essen ausgiebig, ich kann endlich wieder Zigaretten kaufen. Nicht, daß „Gaida" unbedingt meine Traummarke wäre, aber gemessen an „Ganesh-Beedees" sind sie doch ein echter Luxus . . .

19. September 1982

Morgens wechseln wir über eine schmucklose Brücke in den neueren Teil der Stadt, dessen planlose Anordnung der Gebäude auf rasches Wachstum hindeutet. Auf einem ziemlich großen, von flachen, einstöckigen Betonbauten eingefaßten Platz stehen einige Busse herum, deren Zustand man nicht ohne weiteres ansieht, ob sie zum Abwracken hier sind, gerade generalüberholt werden oder in der nächsten Stunde fahrplanmäßig losrumpeln sollen. Irgendwo hier soll auch ein Vehikel nach Kathmandu abfahren. Die Suche gestaltet sich mühsam. Einer der Betonwürfel mit offener Front enthält ein obskures Büro, in dem wir schließlich zwei Tickets für ein Gefährt erstehen, das in zwei Stunden „hinter der nächsten Ecke" abgeht – angeblich.

Wir laufen etwas durch die Gegend, trinken Tee, finden uns überpünktlich an der besagten Stelle ein und – stehen allein auf weiter Flur. Nach halbstündigem Sicherheitszuschlag laufen wir zurück zu dem Ticketverkäufer. Ein anderer Mann sitzt hinter dem Schalter, wirkt verwundert: Nein, der Bus nach Kathmandu ist schon vor einer Stunde gefahren, allerdings woanders. Der nächste geht in zwei Stunden – voraussichtlich.

Wir lassen uns die Stelle genau beschreiben. Dort angekommen, vergewissern wir uns durch Rückfragen bei Passanten: Ja, der Bus nach Kathmandu fährt hier ab. In einer Stunde. Ein anderer tendiert eher zu drei Stunden . . .

Wir bleiben dort, schlagen uns die Zeit um die Ohren. Die Gegend ist nicht gerade die reizvollste der Stadt. Schrotthaufen, rostende Autoteile, halbverfallene Häuser beherrschen das Bild. Aus verrußten Werkstätten dringt ein disharmonisches Zusammenspiel von Hämmern, Sägen und Feilen. Der Boden ist verdreckt. Das trübe, regnerische Grau des Himmels, die faserigen Dunstschleier, die alle entfernteren Konturen auflösen, unterstreichen noch die gleichförmige Ödnis dieses Anblicks. Zwei struppige Köter, die sich jaulend und kläffend um einen Knochen balgen, ziehen für einige Zeit meine Blicke auf sich. Ihr Gerangel scheint das einzig Wesentliche zu sein, das momentan hier geschieht, eine mäßige Darbietung vor einer erdrückenden Kulisse aus Schrott und Langeweile. Die wenigen Menschen, die vorbeikommen, sind scheu und distanziert. Wir sind Fremde, gehören nicht dazu. Ich spüre es beinah körperlich. Ich beginne, den Dschungel zu vermissen. Sicher, dort waren wir auch Fremde, aber alles war neu und faszinierend, hat solche Gedanken verhindert. Ein vergammelter Platz am Rande einer Stadt hat dagegen weniger Faszination; davon kenne ich schon ziemlich viele.

Wir sitzen auf den Rucksäcken und warten. Selbst die Vierbeiner haben sich geeinigt und getrollt. Der Platz ist leer. Die jähe Erkenntnis, daß wir schier unendlich weit weg sind von zu Hause, von allem Vertrauten, führt zu poetischen Anwandlungen: „Wir sind hier nicht am Arsch der Welt", sage ich voller Überzeugung und kicke mit der Fußspitze eine plattgefahrene Blechdose weg, „wir sind hier im Arschloch – mittendrin!"

Doch nach und nach füllt sich die Umgebung mit Menschen, die ebenfalls auf den Bus warten, und meine Vermutung ob unseres anatomisch-geographischen Standortes Lügen strafen. Im gleichen Maße, wie die Schar der Wartenden wächst und die Szenerie mit Schwatzen, Lachen und emsiger Betriebsamkeit erfüllt, verschwinden auch die melancholischen Gedanken, und als der mit dem schmeichelhaften Begriff „Bus" titulierte Blechkübel endlich losrappelt, lassen wir mit Butwal im Nebel auch das Gefühl der Verlassenheit hinter uns.

In wenigen Stunden werden wir in Kathmandu sein, dem Traumziel der ganzen Flower-power-Generation, der zeitlosen Stadt, in der sich Mittelalter und Neuzeit nahtlos miteinander vermischen sollen und von deren mystischem Flair ganze Generationen von Aussteigern verträumten Blicks berichtet haben. Kathmandu – allein der Klang hat in ungezählten, nicht enden wollenden Mathematikstunden Schülersehnsüchte geweckt und Versetzungen gefährdet – doch, doch, ich weiß genau, wovon ich rede . . . Hochglanzfotos in Edelfolianten und sagenhafte Geschichten haben ein übriges getan, mich auf diese Stadt gespannt sein zu lassen wie vielleicht auf keine zweite. Heute abend werde ich dort sein, werde sie selbst sehen!

Als wir ankommen, ist es mitten in der Nacht. Außer strömendem Regen und einigen dunklen Silhouetten sehe ich zunächst mal gar nichts. Während die übrigen Fahrgäste sich rasch zerstreuen, tritt aus dem Schatten einer Wand ein junger Mann auf uns zu, ein Hotelschlepper. Er nennt uns einen ganz vernünftigen Preis, und da es spät ist, wir müde sind und keine Lust mehr auf lange Rumrennerei haben, folgen wir ihm einfach. Er führt uns durch dunkle, verwinkelte Gassen zu einem etwas abseits in einem großen, verwilderten Garten liegenden Haus. Der Besitzer, ein Tibeter, der uns jetzt verschlafen die Tür öffnet, vermietet Zimmer. Er bringt uns in einen großen, recht hübschen Raum, und wir werden uns schnell einig. Als ich zahlen will, winkt er nur müde ab: „Hat Zeit bis morgen. Gute Nacht!"

Endlich sind wir da, haben sogar unverhofft schnell eine hübsche Bleibe gefunden; da können auch die paar überaus insistierenden Wanzen unseren zufriedenen Schlaf nicht mehr stören . . .

20. September 1982

Wir stehen wie geblendet auf dem Durbar Square, dem Herzen Alt-Kathmandus. „Durbar Square" heißen die Plätze vor den Herrscherpalästen in den alten Königsstädten im Kathmandu-Tal. Der Anblick ist überwältigend, übertrifft unsere kühnsten Erwartungen um Längen. Mehr als fünfzig Tempel wachsen hier empor, oft Juwelen hinduistischer Architektur aus den verschiedensten Epochen, gruppiert um den alten Palast. Das erdige, sanfte Rotbraun der Lehmziegel mischt sich mit dem dunklen Ton verwitterten Fachwerks, dem geheimnisvollen Schwarz der Schatten in unzähligen Winkeln und Nischen und dem rauchigen, matten Gold der von Jahrhunderten patinierten, bronzenen Turmspitzen und Skulpturen zu einer seltsam beruhigenden Farbsymphonie in Brauntönen, die sich klar und gewaltig von dem heute strahlend blauen Himmel abhebt. Bunte, im leichten Wind flatternde Gebetsfahnen setzen farbige Akzente, bilden mit den farbenfrohen Kleidern der durcheinanderwimmelnden Menschen dazu einen Gegenpol: pulsierendes Leben vor der starren Schönheit ehrfurchterweckender Bauwerke. Nirgends gibt es für das Auge einen Punkt entspannender Langeweile, jeder Quadratzentimeter scheint genutzt für Skurriles und Prächtiges, alles im Zeichen der stets gegenwärtigen Götter.

Je enger die Straßen und Gäßchen, desto kleiner werden die vielen Tempel. Das Gedränge wird zusehends dichter. Kunst und Alltag, Gebäude und Menschen, Sakrales und Profanes stehen übergangslos nebeneinander. Gläubige beten vor Schreinen und in den Tempeln, von deren Stufen Händler Besitz ergriffen haben, um ihre Waren feilzubieten. Steinerne und bronzene Tempelwächter, phantasievoll gestaltete Löwen und Drachen dienen übermütigen Kindern als Reittiere und manchem Händler zur Präsentation seines Sortiments.

Der gutturale Gesang von Mönchen fließt zusammen mit dem Geschrei von der Straße, wird übertönt vom Klang der Zimbeln und Glöckchen, zerschnitten vom durchdringenden Quäken der Hupen, dem wichtigsten Hilfsmittel der Rickshaw-Fahrer, die sich mit Geduld und Geschick einen Weg durch die überfüllten Gassen bahnen. Scheinbar herrenlose Schafe und Ziegen schieben sich zwischen den Beinen hindurch, auf der Suche nach Eßbarem am Straßenrand. Kühe, geheiligt und daher auch im dicksten Gewühl von Belästigungen verschont, stehen oder liegen genußvoll wiederkäuend vorzugsweise an solchen Punkten, wo sie schier unüberwindliche Hindernisse darstellen, offenbar sehr mit ihrem Status zufrieden. Von den Dächern weht der Wind die ständige Untermalung aller anderen Geräusche, das leise Klimpern der aneinanderschlagenden Messingplättchen, die in langen Reihen an den Traufen der Pagodendächer unzähliger Tempel hängen. Eine Frau, vor sich auf einem Tuch eine Handvoll winziger Tomaten, laust akribisch ihre kleine Tochter, nicht schamhaft und versteckt, sondern offen, lachend, wenn ihre Bemühungen erfolgreich waren. Das gehört zur normalen Körperpflege.

Einige Meter weiter hockt ein halbnackter *sadhu*, ein hinduistischer Bettelmönch, entrückt lächelnd, als ginge ihn dieses ganze Treiben nicht im mindesten etwas an, und streckt zufrieden seine spindeldürren Beine in die Sonne. Das Gesicht hat er zum Zeichen der Askese mit Asche eingerieben. Er ist heilig, verbringt den Tag inmitten des weltlichen Getümmels mit Meditation.

Krasse Gegensätze auf engstem Raum: tiefstes Mittelalter und Quarzuhr; zankende Frauen und Heilige; furchteinflößende Darstellungen hinduistischer Götter-Inkarnationen und das gütige Lächeln buddhistischer Mönche – alles verschmilzt zu einer ungeheuer intensiven, lebendigen Einheit, formt sich bei aller Widersprüchlichkeit zu einem Bild, so, wie die unterschiedlichsten Steinchen, richtig zusammengefügt, ein harmonisches Mosaik ergeben. Harmonie – vielleicht das Schlüsselwort zu dem Unbegreiflichen, im ersten Moment kaum Faßbaren, das uns umgibt. Die Eindrücke schlagen über uns zusammen, Auge und Hirn sind hoffnungslos überfordert, können nur einen Bruchteil von allem verarbeiten. Unentrinnbare Faszination, der ich schon in der ersten Stunde erlegen bin; fremdartig, schwer ergründlich, und doch vielleicht gerade deswegen um so fesselnder. Ich sehe viel, zuviel fast, und begreife nahezu nichts; und doch spüre ich den Wunsch, einzutauchen in diese geheimnisvolle, seltsame Welt, Zusammenhänge zu ergründen, mehr darüber zu wissen. Und was das seltsamste ist: Ich bin nicht nur gefesselt davon, ich fühle mich wohl hier, mehr noch, ich fühle mich hier zu Hause, gerade so, als sei ich schon ewig hier...

Langsam schieben wir uns durch die Sträßchen, staunend, ziellos. Überall gibt es Neues zu entdecken, jagt eine Sensation die nächste. Immer wieder und überall dazwischen Tempel, Stupas, Schreine, Statuen, manche grell bemalt, andere mit Blumen geschmückt, Opfergaben davor. Ich glaube, es ist in dieser Stadt nicht möglich, dreihundert Meter in einer Richtung zu gehen, ohne auf einen Tempel zu stoßen.

Die Scharen von Touristen fallen dazwischen kaum auf; sie werden mit einbezogen, gehen fast unter in der unbeschreiblichen Vielfalt alltäglichen Ansturms auf die Sinne. Fast mutet es an, als gehörten sie dazu, als seien sie fester Bestandteil dieses grandiosen Gemischs;

Die steinernen Figuren vor den Tempeln dienen nicht nur sakralen Zwecken

man zähle die Völker des Kathmandu-Tales auf – Newari, Sherpas, Magar, Gurung, Touristen, Satar, Chhetri, Tibeter …

Neben den Sensationen für Auge, Herz und Hirn stoßen wir noch auf weitere, nicht so gigantische zwar, aber – zumindest für uns, jetzt und hier – nicht minder bedeutungsvolle: Ich meine die für den Gaumen. In einer Verkaufsbude am Straßenrand sehe ich plötzlich einige Laibe Schwarzbrot liegen. Schwarzbrot!

Nach einem Dreivierteljahr in Pakistan und Indien bringt uns der Anblick völlig aus der Fassung. Als wir dann in einer Ecke noch ein Rad Käse entdecken, ist es ganz aus: echter, richtiger Käse, kein „Vijay“ aus der Dose!

Gierig stürzen wir uns auf die lange entbehrten Delikatessen. Brechen das Brot, stopfen es uns augenverdrehend in den Mund, gleich da, wo wir stehen. Den Käse hinterher. Noch ein Stück, bitte!

Die Frau wittert ein Geschäft. Recht hat sie. Unter dem Ladentisch zieht sie zwei weitere Sorten hervor – gekauft! Drei Sorten Käse, und jede anders – wie lange haben wir das nicht mehr gesehen, geschweige denn geschmeckt …

Ein Stück weiter bietet ein Tibeter *momos* an, in Dampf gegarte Hefeteigtäschchen mit einer pikant gewürzten Füllung aus Hackfleisch und Zwiebeln – köstlich! Die Doppelportion verlangt nach einem Dessert. Aus dem breitgefächerten Sortiment an Süßwaren entscheiden wir uns für ein Täfelchen sündhaft teurer Schweizer Schokolade und einen Familienbeutel preiswerter einheimischer Kokosbonbons. Zu spät erst sticht uns der Laden ins Auge, der mit einem ofenwarmen Apfelkuchen in der Auslage lockt. Na ja, was heißt zu spät – ein Stückchen hat wohl noch Platz. Apfelkuchen …!

Wir sind durch Zufall in der Freak Street gelandet, jener Gasse, die einst Legionen von Aussteigern aller Couleur beherbergt hat. Bis auf vereinzelte Altfreaks, die in ihren ehemaligen Treffkneipen shitgeschwängerten Träumen von vergangenen Zeiten nachhängen, sind sie inzwischen verschwunden. Doch ihre Spuren sind noch sichtbar: Trödelläden, Second-hand-Buchläden und vor allem – Kneipen. Wir widerstehen drei *pie shops* ebenso mannhaft wie dem unübersehbaren Hinweis auf „Winer Schnizel“; erst bei der höchst farbenfrohen Anpreisung der „besst steaks in All of Kathmandu“ werden wir weich. Die Produkte der Kneipe sind in der Tat besser als die

Orthographie ihres Schildermalers. Schon stark kurzatmig schwelgen wir an einem größeren Stückchen gebratenen Wasserbüffels. Dazu schließen wir Bekanntschaft mit *chhang*, einem Gebräu aus vergorenem Reis. Herstellungstechnisch ist es eine Art Bier, geschmacklich erinnert es allerdings mehr an einen kräftigen Federweißen. Es wird hier von vielen Kneipen und Buden in offenen Flaschen für ein paar Rupees verkauft.

Es ist schon dunkel, als wir uns träge die Stufen zu unserer Lodge emporschleppen. Uns ist speiübel von der unmäßigen Fresserei. Aber es war wohl einfach nötig, die Gaumenfreuden dieses Freßparadieses so exzessiv auszukosten.

Eins ist jetzt schon klar: Wir werden mit Sicherheit eine Weile hierbleiben. Und da uns die kleine Familienklitsche, in der wir wohnen, gefällt, kobern wir mit dem Besitzer einen Sondertarif für einen längeren Aufenthalt aus.

Später, als wir auf den Betten liegen, trotz Müdigkeit unfähig zu schlafen, weil die Erlebnisse dieses Tages immer noch in unseren Köpfen wühlen, denke ich zurück an die schon erwähnten endlosen Mathematikstunden, in denen allein der Name dieser Stadt mein ödes Schülerdasein aufgehellt hat. Befriedigend, festzustellen, daß die Wirklichkeit keineswegs immer ernüchternd sein muß!

Unsere Lodge wartet mit einer weiteren Überraschung auf: Es gibt eine funktionierende heiße Dusche, die erste für uns seit vielen Monaten. Wir nutzen ausgiebig die Möglichkeit, unsere in den letzten Wochen mangels Waschgelegenheit erworbene, etwas strenge Duftnote zu mildern.

Anschließend unternehmen wir einen zweiten Versuch, ein Stückchen des Unfaßbaren zu erfassen, dehnen unsere Erkundungsgänge durch die Stadt weiter nach Norden aus, schnuppern am Mythos der Altstadt und an den Auspuffgasen der Neustadt, laufen den Kanti Path entlang, die breite Straße, die das alte vom neuen Kathmandu trennt, vorbei an den Wunderheilern, die neben der Straße auf dem spärlichen Gras des Tundikhel, dem Paradefeld, ihre eigenwilligen Hilfsmittel ausgebreitet haben: Vogelfedern, Knochen, Pangolinschuppen, getrocknete Frösche und Eidechsen, Schildkrötenpanzer, Hundezähne, Wurzeln, allerlei Pulver und Essenzen, aus denen sie bei Bedarf für jedes Leiden sogleich die passende Mixtur zusammenbrauen. Weiter oben, nahe dem neuen Königspalast, wird die Straße gesäumt von riesigen, alten Eukalyptusbäumen, deren Äste einige hundert Flughunde zu ihrem Schlafplatz erwählt haben. Die nachtaktiven Flatterer – sie stellen mit einer Spannweite bis über einen Meter die größten Vertreter der Fledermäuse dar – hängen kopfunter im schütteren Grün der Baumkronen, teilweise zum Greifen nahe. Eingewickelt in ihre schwarzen, ledrigen Flughäute wirken sie wie alternde Divas, die sich dem Getriebe der Welt hinter ihren Nerzstolen entziehen.

Wir schwenken wieder nach Westen ab, in den alten Teil der Stadt. Durchwandern Gäßchen, in denen der ungepflasterte, vom langen Regen aufgeweichte Boden mit Stroh beschüttet ist, überqueren kleine Plätze, in deren Mitte sich fast stets ein Tempel oder eine Stupa erhebt, sehen Frauen beim Reisworfeln zu, beobachten Handwerker in ihren kleinen, dusteren Werkstätten, durchstreifen Hinterhöfe mit spielenden Kindern. Drachensteigenlassen ist hier ungeheuer beliebt; an fast jeder Straßenecke kann man die kleinen bunten Papierflieger für ein paar Pfennige bekommen. Entsprechend groß ist die Zahl der havarierten Exemplare, die Dachrinnen, Bäume und Telegrafenleitungen verschönern, während die glücklosen Besitzer plärrend oder mit langen Gesichtern darunter stehen.

In Thamel, der anscheinend bevorzugten Residenz von Touristen aus aller Herren Länder, wird's dann gleich sichtlich kommerzieller. Hier treten die Kneipen und Restaurants, die Buch- und Andenkenläden deutlich in den Vordergrund. In Ausstatterläden kann man neu und gebraucht alles kaufen oder leihen, was das Trekkerherz begehrt, von Rucksäcken über Bergstiefel bis zur Mückensalbe. Wer den Alleingang scheut, bucht gleich nebenan die organisierte Tour, das große Abenteuer mit gebremstem Risiko, für den Anfang ...

Wir hocken uns auf eine Stufe, beobachten ein wenig die Leute, die an uns vorbeiflanieren. Es sind kaum Einheimische darunter. Mein Blick wandert von einer teuren Hasselblad auf stattlichem Bierbauch zu einem verhärmt wirkenden kleinen Jungen, der an der Ecke steht und das ganze Treiben aufmerksam verfolgt. Was mag er empfinden, angesichts der Fremden, die es sich nicht nur leisten können, mal eben das Geld für ein Flugticket hierher auf den Tisch zu legen – eine

Reis ist und bleibt das wichtigste Nahrungsmittel in vielen asiatischen Ländern

Summe, die für ihn ein Leben lang unerschwinglich sein dürfte –, sondern oft auch noch mit ihrem Schmuck und ihren Kameras protzen; Kameras, deren Gegenwert ausreichen würde, eine ganze Großfamilie für ein Jahr oder länger zu ernähren ... Nein, das ist nicht unsere Ecke hier. Wir stehen auf, entfernen uns langsam aus dieser etwas einseitigen Gegend, dahin, wo sich das Leben wieder mehrschichtiger präsentiert. Schon zwei Querstraßen weiter ist von der touristischen Überrepräsentanz nicht mehr viel zu spüren.

Am Asan Tole lassen wir uns neben einem kleinen Tempel in der Mitte des Platzes nieder und hören dem kehligen Gesang einer Gruppe alter Männer zu, die davor eine Andacht zelebriert, während um sie herum das Leben brodelt. Die letzten Strahlen der Sonne vergolden die Fassaden der Gebäude am anderen Ende, vor denen die Rickshaw-Fahrer in ihren buntbemalten Gefährten auf Kunden warten. Der Wind trägt den monotonen Gesang, das helle Klirren der Zimbeln über den Platz; einen Moment lang erhält sogar das grellbunte Reklameschild des Restaurants gegenüber einen sakralen Anstrich. Die Dämmerung bricht herein. Wir sitzen noch eine ganze Weile und lauschen gedankenverloren dem Singen. Jetzt im Dunkeln hat die Szenerie geradezu etwas Gespenstisches. Der Chor, fremd und klagend, bald sanft und beruhigend, bald orkanartig anschwellend, kraftvoll, drohend, dumpf und furchterregend, dazu der schrille Klang der Zimbeln, der mit jedem Schlag unter die Haut geht; der Geruch der Butterlämpchen, ihre zuckenden Flammen, die die Gesichter der in ihre Zeremonie versunkenen Männer in ein unruhiges, rötliches Licht tauchen; das alles ist so seltsam unwirklich, so beängstigend und doch ergreifend zugleich, daß uns ein kalter Schauer nach dem anderen den Rücken hinunterläuft und wir dennoch wie gebannt sitzen bleiben, bis das schaurig-schöne Ritual beendet ist.

25. September 1982

Wir sind jetzt fast schon eine Woche in Kathmandu. Noch immer ist der Zauber ungebrochen, ist es uns keine Minute langweilig geworden.

Das Beeindruckendste für mich ist vielleicht die unglaubliche Toleranz, mit der hier zwei Religionen nebeneinander, besser: miteinander existieren, und das friedliche Zusammenleben der verschiedensten Völker und Kulturen: neben Teraivölkern und Stämmen aus dem Mittelgebirge Sherpas aus der Himalaya-Region, tibetische Flüchtlinge aus dem besetzten Nachbarland, Inder und Newari, die eigentliche Urbevölkerung des Kathmandu-Tals. Alle sprechen ihre eigene Sprache, tragen ihre eigenen, traditionellen Kleider, pflegen ihre Gebräuche, und doch gibt es keine Minderheitenghettos, keine sichtbaren Abgrenzungen voneinander. Selbst das immer noch lebendige Kastensystem der Hindus wirkt hier nicht so rigide wie andernorts. Es herrscht eine Toleranz gegenüber „Andersartigen“, eine sanfte Gleichmut gegenüber fremden Lebensformen, wie ich sie in dieser Stärke noch nirgendwo sonst erlebt habe. Sogar die Tempel und sonstigen Heiligtümer stehen nicht nur gleichberechtigt nebeneinander, sondern werden oft von Buddhisten und Hindus gemeinsam benutzt. Respekt vor Religion und Tradition der jeweils anderen, der Wille zur Akzeptanz fremder Denk- und Verhaltensweisen ermöglichen diese phantastische Melange. Der Traum von der friedlichen Koexistenz der Völker manifestiert sich hier wie vielleicht an keinem zweiten Ort der Welt.

Wieviel ist schon über diese Stadt geschrieben worden: „Lebendiges Mittelalter“ (trifft's nicht) oder „Schmelztiegel“ (viel zuwenig) sind ebenso beliebte Attribute wie „Freilichtmuseum“ (völlig daneben; diese Stadt ist alles andere als ein Museum). Sicher, stimmt schon, das Mittelalter ist – jedenfalls in der Altstadt – hier höchst lebendig, und ein Schmelztiegel ist Kathmandu auch. Aber es ist halt noch viel, viel mehr: ein orgiastischer Anschlag auf die Sinne, ein waberndes Durch-, Neben- und Miteinander von Völkern, Kulturen und Epochen; die perfekte Verquickung von Kunst, Religion und Alltag – zeitlos und unvorstellbar schön.

Kathmandu – das ist ein barfüßiger Mönch, der einen Tempel ansteuert, um dem elefantenköpfigen Gott Ganesh ein Opfer zu bringen, während über ihm aus dem bizarr geschnitzten Giebelfenster eines uralten Hauses heraus die Rolling Stones lautstark den „Nineteenth Nervous Breakdown“ verkünden; das sind die Andenkenverkäufer am Durbar Marg, die sich geiergleich auf vorbeikommende Touristen stürzen, um sie mit „jahrhundertealten“ Kunstschätzen zu beglücken; das sind die Frauen, die im Eingang ihrer Häuser sitzen und das Essen zubereiten; das sind Kinder, die herrlich lachen können – wenn sie überleben; das sind Geschäftsleute, die in der stillen Abgeschiedenheit ihrer Läden einen Handel abschließen, während draußen in einer schauerlichen Prozession die Überreste eines kürzlich Verstorbenen durch die verwinkelten Gassen nach Pashupatinath zur Verbrennung getragen werden.

Kathmandu – das ist so unbeschreiblich wie der Geruch der

Überall in Kathmandu vermischt sich Religiöses mit Weltlichem

Abertausenden von Butterlämpchen, die überall in den Tempeln brennen, der aus dem Kopf nicht mehr weichen will.

Kathmandu – das ist einfach die Grenze des Erklärlichen ...

Über der ganzen Faszination dieses Ortes haben wir den eigentlichen Grund, der uns so eilig hergetrieben hat, völlig vergessen: meine Gelbsucht. Ich stelle nur irgendwann in einer stillen Stunde überrascht fest, daß es mir wieder merklich bessergeht. Jetzt kommt's also auf einen oder zwei Tage auch nicht mehr an.

Dafür hat Ratte Zahnschmerzen bekommen. Nach zwei Tagen ist ihre Backe so beachtlich angeschwollen, daß wir uns bei der Botschaft nach einem guten Zahnarzt erkundigen. Dr. Pradhan auf dem Kanti Path gilt als versierter Gebißklempner. Wir marschieren hin.

Er empfängt uns mit dem selbstbewußten Habitus eines Mannes, der sich seiner Bedeutung völlig bewußt ist. Angesichts Rattes Backe gerät er in fachliche Verzückung: „Ja, was haben wir denn da? Ein Weisheitszahn, und völlig vereitert. Der muß raus! Aber kein Problem, das werden wir gleich regeln!"

Mit einem Seitenblick stelle ich erfreut fest, daß sein Bohrer wenigstens nicht mehr pedalbetrieben ist, wie sonst hier üblich. Dafür liegen seine Honorarvorstellungen allerdings auch erheblich über dem Durchschnitt. Nach einem halbstündigen Disput unter Darlegung unserer mageren Finanzen einigen wir uns auf einen *very special* Sondertarif, der ein nicht gar so tiefes Loch in unserer Reisekasse hinterläßt.

Dr. Pradhans Assistent, ein schmächtiges Männchen undefinierbaren Alters, schleppt auf einem großen Tablett all jene zur Genüge bekannten Folterwerkzeuge heran, mit denen Dentisten weltweit ihre Patienten zu quälen pflegen. Noch schnell ein Spritzchen, zwei Minuten warten ... Dr. Pradhan prüft sinnend zwei unterschiedlich geformte Skalpelle, bevor er sich nach reiflicher Überlegung für eines davon entscheidet. Der Assistent hält Ratte mit zwei Drahthaken den Mund auf, damit der Meister freies Arbeitsfeld hat. Ein letzter, kritischer Blick – Schnitt.

Der Assistent scheint noch nicht sehr lange in diesem Metier beschäftigt zu sein: Als die ersten Blutspritzer auf seinem Kittel landen, wird er grün im Gesicht. Das Zittern seiner Hände ist nicht mehr zu verbergen, obwohl er den Kopf bereits so gedreht hat, daß er die Geschehnisse bestenfalls noch aus dem Augenwinkel mitbekommt. Mit einem Mal läßt er die Haken fallen, verdreht die Augen und strebt, die Hand fest auf den Mund gepreßt, eilig der Tür zu.

Dr. Pradhan, von seiner Tätigkeit so in Anspruch genommen, daß er den sich abzeichnenden Ausfall seines Mitarbeiters gar nicht wahrgenommen hat, sieht ihm irritiert nach. Drei Sekunden lang herrscht Schweigen. Dann blickt Dr. Pradhan mich hilfesuchend an: „Ähh ..."

Schon gut. Wird mir ja wohl nichts anderes übrigbleiben ... Ich stülpe mir ein Paar Gummihandschuhe über, schlüpfe in einen Kittel, der an der Tür hängt, und fische mir nach des Meisters Anweisungen zwei frische Haken aus einer der Schubladen. Zahnarzthelferin war schon immer mein Traumberuf ...

Ratte als Hauptbeteiligte verfolgt die ganze Szene mit angstvoll aufgerissenen Augen. Ich glaube, stummen Protest aus ihrem Blick zu lesen, aber es kann auch blankes Entsetzen sein; reden kann sie ja Gott sei Dank eh nicht, und so greife ich denn beherzt zum Haken. Tupfer, Schere, Pinzette, Tupfer ... Ein erfreulicher Anblick ist es wahrlich nicht, doch nach einer knappen Stunde gemeinsamer Anstrengung ist es dann geschafft; Ratte ist ihren krummen Weisheitszahn los, die Praxis gleicht einem Schlachthaus, und der Meister und ich schütteln uns gegenseitig aufmunternd die Hände. Nächste Woche Fäden ziehen ...

2. Oktober 1982

Wir sitzen bei strahlendem Sonnenschein im Hof der Lodge und frühstücken. Die Regenzeit hat sich nach zähem Ringen endlich verabschiedet, und wenn es auch manchmal diesig ist, die meiste Zeit ist es sonnig und warm.

Ratte kann inzwischen auch wieder feste Nahrung zu sich nehmen – jedenfalls halbseitig –, und auch ansonsten geht es ihr wieder gut. Nur meine Bemerkung, ich hätte genau zugesehen und den nächsten Weisheitszahn könne ich ihr ja dann kostensparend im Alleingang ziehen, nimmt sie mir immer noch übel.

Die Mutter des Besitzers werkelt hinten in der offenen Küche vor sich hin, sie bereitet gerade tibetischen Tee für die Familie zu. Dabei wird der kochende Tee zusammen mit Salz und einem kräftigen Stich leicht ranziger Yakbutter in ein längliches Gefäß aus Holz oder Bambus gegeben, das aussieht wie ein schmales Butterfaß, und dann kräftig durchgestampft. Nicht jedermanns Sache. Betrachtet man es als Tee, ist es schlicht scheußlich, trinkt man es aber in dem Bewußtsein, daß es sich dabei in Tibet eher um eine Art Suppe handelt, ist es gar nicht so übel.

Auch der Patriarch der Sippe schlurft jetzt im Schlafanzug um die Ecke und gönnt sich einen kleinen Morgenspaziergang ums Haus. Er ist bettlägerig, die meiste Zeit sieht man wenig von ihm. Normalerweise bewegt er sich nur mühsam schleppend vorwärts – das ändert sich jetzt schlagartig. Plötzlich kommt er in erstaunlich langen Schritten auf den Tisch zu, an dem ich sitze und meine beiden *khukris* pflege. Aufgeregt gestikulierend zeigt er auf den einen: Ob er den wohl mal sehen dürfe? Begeistert streicht er mit dem Daumen über die Schneide, wiegt ihn entzückt in der Hand, murmelt mit andächtig gerunzelter Stirn das Zauberwort: „Puethan!"

Er legt ihn zurück auf den Tisch, humpelt wortlos ins Haus. Als er wiederkommt, hat er einen schartigen Riesen*khukri* unterm Arm, hält mir sein Prunkstück erwartungsvoll unter die Nase: Ob ich nicht tauschen wolle?

Leider muß ich den Opa enttäuschen. Zugegeben, seine rostige Monstrosität ist mindestens dreimal so groß, aber nicht mal halb so schön wie meine. Außerdem werde ich Sitarams Geschenk ganz sicher nicht mehr hergeben . . .

Später, als wir den unbefestigten Weg zwischen den verträumten Gärten entlanglaufen, die hier überall zwischen den Häusern liegen, überkommt uns wieder dieses eigenartige Gefühl der Vertrautheit mit diesem Ort. Am Ende des Weges, der sich, bevor man wieder in belebtere Gefilde kommt, zu einem kleinen Platz erweitert, gruppieren sich etliche niedrige Häuser um einen alten Baum: kleine Geschäfte, ein paar Werkstätten, eine Kneipe und einige Buden. Längst sind wir hier heimisch geworden, fast ist es so, als würden wir hier richtig wohnen, nicht nur für ein paar Wochen. Wir halten ein Schwätzchen mit dem Tibeter, der an der Ecke in seinem Laden wollene Pullover, bunte Stofftaschen und allerlei Krimskrams verhökert. Bei unserem Eintreten läßt er wie üblich mit dem schuldbewußten Gesichtsausdruck eines ertappten Tertianers eilig die Schnapsflasche unterm Tresen verschwinden, um sie, als er uns erkennt, grinsend wieder an ihren angestammten Platz zu stellen. Augenzwinkernd und mit dem Hinweis, es sei so kalt heute – für ihn muß wohl ständig Winter herrschen –, plaziert er noch drei Teegläser daneben. Wir lehnen mit einem dezenten Hinweis auf die Uhrzeit dankend ab. Er zuckt gleichmütig die Achseln, genehmigt sich selbst einen stattlichen Schluck.

„Erzähl noch mal von Deutschland", fordert er mich auf, „wie ist es denn da so?"

„Kalt", sage ich grinsend mit einem Blick auf die Flasche. Er lacht, wird aber gleich darauf wieder ernst. Er hat Sorgen: Der Hausbesitzer will die Ladenmiete erhöhen. Hierher verirren sich nicht allzu viele Touristen, und das Geschäft wirft nicht genug ab. Wenn es so weitergeht, wird er wohl dichtmachen müssen.

„Und dann?" frage ich.

Achselzucken. „Mal sehen ..." Er nimmt noch einen Schluck. „Mh, wißt ihr, was ich hier habe?" Er steht auf, geht zu einem Regal an der Wand, zieht ein zerfleddertes Buch hervor. „Das Wörterbuch von meinem Schwager, Tibetisch – Englisch, du hast mich doch neulich danach gefragt!"

Ratte und ich versuchen uns eine Weile in tibetischen Zungenbrechern; die mäßigen Ergebnisse reizen uns alle drei zum Lachen. Während wir uns noch unter sachkundiger Anleitung die Sprechknorpel an einer komplizierten Begrüßungsformel verrenken, kommt der Inhaber der *chhang-* und Käsebude gegenüber hinzu, bei dem wir immer unsere Zigaretten kaufen.

„Hallo, Bhalu", begrüßt er mich schon von der Tür aus. *Bhalu* heißt „Bär". Er nennt mich immer so, seit dem Tag, als er mir mal in einer stillen Stunde beim *chhang* sein Herz ausgeschüttet hat. Da war er ein bißchen angeschickert gewesen und hatte seinem Zorn so richtig Luft gemacht. „Ich wollte, ich wäre so groß wie du", sagte er und taxierte mich von unten her mit zusammengekniffenen Augen. Er ist knapp eins sechzig, uns trennen etwa zwei Köpfe.

„Warum?" fragte ich ihn etwas belustigt. „Denkst du vielleicht, es ist komisch, sich in jedem Haus hier den Schädel anzurennen?"

„Nee, das nicht", er griente, „aber dann könnte ich meinem Nachbarn, diesem arroganten Arschloch, endlich mal eins auf die Schnauze geben!"

Nun, wie gesagt, seit diesem Tag nennt er mich Bhalu, und inzwischen haben's die anderen übernommen.

Wir tauschen die neuesten Nachrichten vom Viertel aus: Die Frau vom Schmied hinten hat wieder ein Kind bekommen, und das Fahrrad von XY hat 'ne Acht im Reifen, weil er gestern nacht ohne Licht am Majipat gegen die Mauer gefahren ist...

Irgendwann stelle ich fest, daß ich gar nicht mehr zuhöre. Dieses Land ist das fremdartigste, das ich je kennengelernt habe. Hier geschehen Sachen, die ich nicht begreife, nicht nachvollziehen, geschweige denn einordnen kann. Und dann andererseits wieder so was: Wir sitzen hier zusammen, ein Nepali, ein Tibeter und zwei Deutsche. Einer ist Hindu, einer ist Buddhist, zwei sind Christen, jedenfalls pro forma. Wir kommen aus völlig anderen Kulturen, gehören, zumindest was Ratte und mich betrifft, nicht mal hierher und unterhalten uns in einer Sprache, die von keinem hier die Muttersprache ist. Woran also liegt es, was macht es möglich, dieses unkomplizierte, selbstverständliche Miteinander, das sonst in allen Ländern, die ich kenne – mein eigenes eingeschlossen –, völlig undenkbar wäre? Warum artet das Ganze hier nicht in Peinlichkeiten aus? Wir gehören nach zwei Wochen hier in Gana Bahal schon irgendwie dazu. Sicher, die intimsten Enthüllungen bleiben uns verborgen, die letzten Erkenntnisse um die Feinheiten der Sozialstruktur fehlen. Aber gleichzeitig wird offenbar, daß das nicht so bleiben müßte; die Bereitschaft der Menschen hier, denjenigen, der es wirklich will, der sich Mühe gibt, zu verstehen, zu akzeptieren, in ihr Leben, ihre Denkweise eindringen zu lassen, ist unglaublich groß. Andererseits – und das ist vielleicht gerade das Seltsame, das Ungewohnte, Schöne – wird er nicht dazu gezwungen, nicht vor die Wahl gestellt: Anpassung oder Geschnittenwerden. Wer seine Distanz behalten möchte, gut, der gehört eben nicht dazu, aber er wird trotzdem freundlich und mit Respekt behandelt.

Ich denke an Deutschland. Wie nennt man sie noch? „Paselacken", „Kanaken", „Asylantenbande"...

„Eh ... hörst du mir überhaupt zu?" Ein wohlgezielter Rippenstoß von Prem, dem Budenbesitzer, reißt mich aus meinen Gedanken.

„Hm?"

„In zwei Wochen ist Durga Puja!" Durga Puja, das Fest der Göttin Durga. Es dauert zehn Tage und endet mit dem großen Büffelschlachten. Also, in zwei Wochen ist das; dann werden wir es miterleben.

Wir rauchen noch eine Zigarette zusammen, anschließend machen Ratte und ich uns auf, ein bißchen durch die Stadt zu schlendern.

„Was wollt ihr denn da?" Prem, ist recht aufgekratzt heute.

„Weiß noch nicht. Vielleicht ein Buch kaufen."

„Buch? Was für ein Buch?"

„Keine Ahnung. Irgendeins halt, zum Lesen."

„Lesen", er verzieht geringschätzig das Gesicht, „davon kriegt man nur schwarze Finger."

Tashi, der Tibeter, kichert in sich hinein. „Das sagt er nur, weil er gar nicht lesen kann!"

Prem klopft mir lachend auf die Schulter. „Also, bis später dann!"

Wir schlendern gerade über eine belebte Straße, vorbei an den Ständen und Körben der Marktfrauen, als die Unterhaltung zweier Männer meine Aufmerksamkeit erregt. Ich weiß nicht, was es ist, das mich aufmerken läßt – die Lautstärke oder der Tonfall. Eigentlich sind die Stimmen, gemessen am Gesamtlärm der Umgebung, nicht mal besonders laut. Es wird also wohl mehr am Tonfall liegen, an dieser Mischung aus herrischer Forderung und diesem leicht devoten, fast schleimigen Unterton, der freundlich und vermittelnd sein soll, diese Mischung, die ich auf der ganzen Welt wiedererkennen würde.

Ich sehe hinüber zu der Ursache der Störung. Die beiden Männer, die sich in einer Pose der Selbstgefälligkeit durch die Menge schieben, unterscheiden sich äußerlich kaum von den Einheimischen. Dennoch geht von ihnen – und nicht nur von den Stimmen – etwas aus, das sie unzweifelhaft als Inder charakterisiert. Der Blick, der nirgendwo verweilt, die Gestik, die einem mitteilt, daß sie das Pulver erfunden zu haben glauben, das zur Schau gestellte freundliche Lächeln, das auf mich so echt wirkt wie ein Dreißig-Mark-Schein – das alles hebt sie trotz äußerlicher Ähnlichkeit von den Nepalesen so deutlich ab wie ein Mal auf der Stirn. Die zwei sind Inder, kein Zweifel.

Erinnerungen kommen in mir hoch, Erinnerungen an ein Land, das uns nach sieben Monaten dort nicht eben positiv im Gedächtnis geblieben ist, an ein Land, in dem wir, vielleicht, ohne es richtig zu wissen, vergeblich gesucht haben, was wir in Nepal schließlich fanden – eine noch existierende Kultur, faszinierend und doch unserer eigenen fremd, geeignet, uns Denkanstöße zu vermitteln. Anstöße gab es in Indien zwar reichlich, und zu denken gaben sie uns auch oft genug – doch zu lernen fanden wir wenig.

Was wir fanden, war ein Chaos aus Völkern und Staaten, die in ihrer fast unregierbaren Unterschiedlichkeit doch einige Gemeinsamkeiten aufwiesen. Deren hervorstechendste waren die allgemeine Geldgeilheit, die aufgesetzte Freundlichkeit, die bei Nichterfüllung der Erwartungen meist schnell in unerschütterliche Arroganz umschlug, und der offensichtliche Verlust an eigener Kultur bei gleichzeitigem, oft burlesk verzerrtem Versuch, europäische, also nicht eigene, Kultur als neue Sozio-Identität zu übernehmen, ohne damit wirklich umgehen zu können.

Markenartikel, die in Indien in Lizenz gebaut werden, scheinen – hört man Inder zu diesem Thema – immer dort erfunden worden zu sein, und der Rest der Welt baut sie halt in indischer Lizenz. Die alten Kulturen, die dort zweifellos einmal existierten, gibt es im täglichen Leben nicht mehr; und vom allseits erstrebten Anschluß an westliche Industrienationen sind sie andererseits noch meilenweit entfernt. Was gibt ihnen also das Recht, fragten wir uns oft, sich als den Nabel der Welt zu betrachten?

Ich sehe den beiden, die an uns vorbeistolzieren, hinterher. Zwischen den Nepalesen in ihrer ruhigen, selbstsicheren Art fallen sie mit ihrem selbstherrlichen Gehabe sogar noch aus einiger Entfernung auf. Nein, ich kann nicht behaupten, daß ich Indien und die Inder sonderlich mag. Der Ausspruch von Sylvain Lévy fällt mir ein, der bei einer Reise durch beide Länder schon im Jahr 1905 zu der Erkenntnis gelangte: „In Nepal gewinnt man heute noch eine authentische Vorstellung von jenem Indien, das lange vergangen ist.“

Ein Buch haben wir noch nicht gefunden, als wir Stunden später oben am Kasthamandap der Unruhe in der Menge gewahr werden. Zwei kastenlose Leichenträger legen eine in Tücher gehüllte Gestalt auf eine simple Bambustrage.

„Was ist los?" frage ich jemanden aus der Masse.

„Oh, der *sadhu* ... Er saß seit Tagen hier und meditierte, und vorhin haben sie festgestellt, daß er schon gestern abend die nächste Ebene erreicht haben muß."

„Die nächste Ebene?" frage ich etwas verwirrt.

„Na ja, er ist halt gestorben." Der Mann geht weiter, als sei Sterben eine Routinesache.

„Was geschieht jetzt mit ihm?" erkundige ich mich bei einem anderen.

„Sie bringen ihn runter zum heiligen Fluß Bagmati, da wird sein Leichnam dann verbrannt", lautet die lakonische Antwort.

Ratte und ich sehen uns einen Moment lang an. Dann folgen wir in respektvollem Abstand den Leichenträgern, die den Toten in flottem Trab durch die engen Gassen schaukeln. Es wird langsam dunkel, und den beiden zu folgen, ohne allzu aufdringlich zu wirken, ist gar nicht so einfach. Ständig biegen sie irgendwo ab, und bevor wir an der nächsten Kreuzung ankommen, sind sie schon wieder zehn Meter weiter um die nächste Ecke verschwunden. Dennoch besteht keine Gefahr, die Spur zu verlieren – zu dick hängt der süßliche Geruch der Leiche in den Sträßchen, markiert ihren Weg. Ein gutes Stück draußen vor der Stadt, wo ein frischer Wind geht, verlieren wir sie dann doch.

Mit einer Mischung aus Erleichterung und Bedauern, aus Neugier und Nachdenklichkeit kehren wir zurück. Niemand unterwegs hat auch nur den Kopf gewendet beim Anblick des Toten, das Sterben scheint hier etwas völlig Normales zu sein. Wir, die wir europäische Geheimniskrämerei um den Tod gewohnt sind, haben Schwierigkeiten, uns auf dieses bereitwillige Akzeptieren unabdingbarer Gegebenheiten einzustellen. Spätabends reden wir mit Prem an seiner Bude über unser Erlebnis.

„Ja ja." Er wirkt aufreizend desinteressiert. „Es geht ihm jetzt besser, hm? Er hat keine Probleme mehr."

Als das Maß an Fragen, das noch offenbleibt, zu groß zu werden droht, spüle ich es mit einer Flasche *chhang* hinunter. Alles Begreifen braucht seine Zeit ...

3. Oktober 1982

Ich suche endlich einen Arzt auf, um einen Lebertest machen zu lassen. Nach einem kurzen Blick in meine dottergelben Augen ist ihm schon klar, weswegen ich komme. Übrigens bin ich keineswegs der einzige hier, der mit dieser ungewöhnlichen Augenfarbe geschmückt ist. „Das ist im Moment eine richtige Epidemie", meint er.

Als er mir Blut abnehmen will, bittet er mich wegzusehen, das sei besser. Ich frage ihn leicht belustigt, ob er mit der Nadel so dilettantisch umgehen würde, daß man es nicht mit ansehen könne?

Er wirkt etwas gekränkt. „Nein, das nicht. Es ist nur wegen des Blutes!"

„Ja, und? Was ist damit?"

„Wenn du zusiehst, wird dir schlecht werden!"

Ich muß lachen; er sieht verunsichert zu mir herüber. „Wegen der paar Tropfen?"

Er nickt entschieden: „Ja, das ist immer so. Glaub mir!"

Ich versichere ihm feierlich, daß man mir schon häufiger Blut abgenommen habe, ohne daß ich jemals deswegen in Ohnmacht gefallen sei.

Er sieht mich ungläubig an: „Wirklich? Also, den Nepali wird immer schlecht!"

„Wie haben es die *gurkhas* nur geschafft, als große Krieger in die Geschichte einzugehen, wenn sie kein Blut sehen können?" frage ich, immer noch lachend. Viel mehr als die 10 ml Lebenssaft, die er mir abzapft, stört mich, daß ihm die Kanüle beim Auspacken auf den nicht eben übermäßig sauberen Boden fällt . . .

Meine Leber scheint recht stabil zu sein; als ich einige Tage später den Befund bekomme, sind die Werte bereits wieder fast völlig normal. Und das trotz des wenig soliden Lebenswandels unterwegs im Dschungel. Glück gehabt!

„Gut trainiert, deine Leber", kann Ratte sich nicht verkneifen zu bemerken, als wir uns gutgelaunt wieder ins Gewühl stürzen.

Übrigens hat der Arzt ganz nebenbei noch Amöben bei mir festgestellt. Eine entsprechende Untersuchung zeigt, daß auch Ratte von den Schmarotzern befallen ist. Er verschreibt uns eine Familienpackung Amöbentöter und verordnet mir für die Gelbsucht Traubenzucker, soviel ich eben davon runterbringe. Das erklärt wohl auch, warum ich in der letzten Zeit geradezu süchtig nach allem bin, was süß ist. Anscheinend hat der Körper den erhöhten Bedarf schon angemeldet.

Nachmittags gehen wir noch mal zum Hauptpostamt, nachsehen, ob Briefe angekommen sind. Inzwischen kann uns der chaotische Betrieb hier nicht mehr schockieren: Mit der Routine Eingeweihter kontrollieren wir die für jedermann völlig ungehindert zugänglichen alten Schubladen, die als Karteikästen für postlagernde Briefe fungieren, und tatsächlich finden wir zwei Briefe für mich – sorgfältig unter „W" wie „Look" eingeordnet . . .

6. Oktober 1982

Wir stehen gerade an einem Zeitungsstand und erfahren aus „The Rising Nepal", welche volkswirtschaftlichen Schäden die verspätete Regenzeit verursacht hat – große Mengen Reis mußten aus Indien, Weizen aus Frankreich und den USA importiert werden –, als uns eine Folge schauerlicher Töne in einiger Entfernung aufhorchen läßt.

„Was ist das?" frage ich den Zeitungsverkäufer.

Er sieht kurz von seiner eigenen Lektüre auf. „Ach, nur ein Leichenzug."

Die markerschütternden Töne kommen näher, jagen mir einen Schauer über den Rücken. Es hört sich an wie das Trompeten eines verendenden Elefanten. Ja, das klingt wirklich nach Tod, denke ich.

Die Prozession biegt langsam um die Ecke. Vorweg ziehen gemessenen Schrittes zwei Männer, deren gut zwei Meter langen, kupfernen Trompeten die düsteren Töne entstammen. Danach kommen zwei Träger mit großen Strohballen auf dem Rücken. Ihnen schließt sich in loser Folge die Trauergemeinde an. Der Leichnam, ein alter Mann, sitzt, aufrecht festgebunden, in einer kleinen, hölzernen, nach allen Seiten offenen Sänfte, deren Holme auf den Schultern der vier Träger ruhen. Die Pfosten sind mit rotem und weißem Kreppapier umwickelt und mit Tagetesblüten und Heiligenbildchen geschmückt. Dahinter laufen, ganz in weiße Gewänder gehüllt, die engsten Angehörigen des Toten und ein Priester.

Wir warten, bis der Zug an uns vorüber ist, und schließen uns mit recht gemischten Gefühlen dem Katafalk in einigem Abstand an. Sieht so aus, als würden wir doch noch eine Verbrennung erleben. Im Gegensatz zum ersten Mal, als die Leichenträger ihren namenlosen Kunden nicht schnell genug loswerden konnten, haben wir bei diesem doch recht pompösen Zug keine Schwierigkeiten zu folgen.

Unten am Fluß ist auf einer Kiesbank schon der Scheiterhaufen errichtet. Trauernde und ein paar Neugierige umstehen die Fläche in weitem Rund. Wir gesellen uns unauffällig dazu. Die Sänfte wird auf den Holzstoß gehievt, zwei Männer beginnen, die Lücken zwischen den Scheiten mit Stroh auszustopfen. Der Hauptleidtragende, ein in Tränen aufgelöster Mann Mitte Dreißig, wahrscheinlich ein Sohn des Toten, beginnt unter Anleitung des Priesters mit der Bestattungszeremonie. Er ist so fertig, daß er sich kaum auf den Beinen halten kann, wird von zwei anderen Männern, die tröstend auf ihn einreden, gestützt. Immer wieder droht er zusammenzubrechen.

Als die rituellen Waschungen und Gebete beendet sind, schüttet er aus einem Bronzegefäß etwas Öl auf den Scheiterhaufen, beginnt dann, immer noch betend, denselben dreimal zu umrunden.

In diesem Moment stoßen drei Touristen, die sich sehr laut und ungeniert auf französisch unterhalten, zu der Feier. Der Anlaß der Zusammenkunft hier scheint ihnen ebenso gleichgültig zu sein wie die Frage, was die Leute angesichts ihres Verhaltens wohl denken mögen; jedenfalls bahnen sie sich rigoros einen Weg durch die Menge, um in vorderster Reihe unter lautstarken Regieanweisungen des einen ihr professionell wirkendes Kameragerät in Stellung zu bringen. Während die beiden Männer ihre großkalibrige Kamera auf dem Stativ montieren, rennt die Frau kreuz und quer über die freie Fläche, um die Szenerie aus allen möglichen Blickwinkeln hautnah aus der Hand zu fotografieren. Dann ist das schwere Geschütz einsatzbereit; wieder ertönen laute Anweisungen, werden die Trauernden kurzerhand etwas auseinandergeschoben, damit mehr Licht einfallen kann. Auch der weinende Sohn steht wohl etwas ungünstig, wird aber mit zwei routinierten Handgriffen des Assistenten schnell umarrangiert.

Ich spüre, daß ich schamrot anlaufe. Es ist wirklich eine Rücksichtslosigkeit sondergleichen, mit der die drei hier vorgehen. So also, denke ich angeekelt, werden die Topfotos für die Hochglanzmagazine gemacht . . . Ich beobachte die Gesichter der Umstehenden. Es steht nicht einmal Ärger darin, nur Nachdenklichkeit, Verständnislosigkeit für solch ein Verhalten.

Ich gehe hinüber zu dem Kameraschwenker, der sich ganz in seinem Element fühlt, und versuche leise, ihn auf die Unbotmäßigkeit seines Tuns aufmerksam zu machen, werde aber schon nach den ersten Worten mit einem mitleidigen Blick und einer wegwerfenden Handbewegung abgekanzelt und beiseite geschoben. Jetzt gesellt sich zur Betroffenheit auch noch Zorn. Leider ist mein Französisch nicht gut genug, ihm das Passende reinzureichen, und jetzt hier einen Streit hochzuziehen, hätte wenig Sinn; es würde die Zeremonie nur noch mehr stören.

Inzwischen ist der Holzstoß an allen vier Ecken entzündet worden. Die Verbrennung selbst ist recht unappetitlich; Feuerholz ist teuer, und wohl aus diesem Grunde ist der Scheiterhaufen ziemlich knapp bemessen. Außerdem ist das Stroh zu weit oben hingepackt worden, und so ist der Leichnam schon rußgeschwärzt und leicht angesengt, ehe der Wind das Holz richtig in Brand gesetzt hat. Und auch dann lodert das Feuer noch lange nicht so, wie es eigentlich sollte. Einzelne Flammen tasten sich durch die Lücken zwischen den Scheiten, werden größer, heller. Der vornübergefallene Kopf des Toten mit dem offenstehenden, eingesunkenen Mund färbt sich langsam schwarz, verkohlt in der Hitze. Der beißende Gestank von verbranntem Fleisch macht sich breit, treibt die Zuschauer des grausigen Spektakels einige Schritte zurück. Das Fett beginnt zu sieden und zu zischen, übertönt noch das Prasseln des Feuers. Knochen ragen hervor, mehr und mehr vom Fleisch befreit.

O, Gott! Das hatte ich mir anders vorgestellt! Irgendwie . . . gekonnter, steriler; nicht so grausam deutlich.

Ratte hat sich weggedreht. Mit einem überraschten Seitenblick stelle ich fest, daß auch das Kamerateam offenbar nicht über so stabile Magenwände verfügt, wie es ihr großspuriges Getue vermuten ließ – die drei haben sich in aller Stille davongemacht. Ansonsten scheint der makabere Anblick niemanden zu stören. Die Leute betrachten den schmorenden Leichnam mit selbstverständlichem Gleichmut.

Es ist dunkel geworden, die Trauergemeinde löst sich allmählich

Der Tod ist ein Thema, dem man in Nepal immer wieder begegnet. So auch hier an der Statue des schrecklichen „Schwarzen Bhairav", der um den Hals eine Kette aus den Köpfen erschlagener Feinde trägt

auf. Das Feuer ist beinahe niedergebrannt. Zwei Totenwächter sitzen in einiger Entfernung daneben, um nachher Asche und Gebeine des Verstorbenen einzusammeln und sie vor dem Morgengrauen in den Fluß zu streuen.

Langsam gehen wir zurück zur Stadt, ohne ein Wort zu sprechen. Wir lenken unsere Schritte ziellos durch die Gassen, versuchen, das eben Gesehene zu verarbeiten. An Abendessen ist vorerst kein Denken; wir setzen uns in die erstbeste verräucherte *chhang*-Kneipe, trinken einen Schluck. Aber das hilft auch nicht viel, um auf andere Gedanken zu kommen; die rauchgeschwärzte Bretterwand der Bude verhindert erfolgreich jede Ablenkung vom Thema.

Für die Menschen hier, die – sowohl Hindus wie auch Buddhisten – fest an eine Wiedergeburt glauben, bedeutet der Tod nichts anderes als eine Übergangsform auf dem Weg zur Reinkarnation, und zwar, je nach Verhalten in diesem Leben, auf einer niedrigeren oder höheren Stufe. Alles Leben ist nur Station auf der langen Wanderschaft zur letzten Stufe, zur Ebene der allumfassenden Erkenntnis, dem Zustand wunschloser Seligkeit. Um diese aber zu erreichen, muß man viele Male gestorben und wiedergeboren worden sein. Dieser Glaube ist sicherlich eine der Ursachen für den uns gelegentlich grausam und herzlos anmutenden, selbstverständlichen Umgang mit dem Tod. Ein weiterer Grund ist wohl, daß hier anders gestorben wird als bei uns; nicht versteckt, von der Außenwelt abgeschirmt durch dicke Krankenhausmauern, sondern zu Hause, im Kreis der Familie und Nachbarn, auf der Straße oder auf den *ghats*, in den heiligen Tempelbezirken, wohin sich viele alte Leute zum Sterben zurückziehen. Schon Kinder sehen hier Menschen ihren letzten Atemzug tun, lernen früh, daß der Tod etwas Normales, Unausweichliches ist; eine Erkenntnis, die wir Europäer im Laufe der letzten hundert Jahre verloren haben.

Tod und Wiedergeburt – ein zentrales Thema in beiden Religionen, dem wir auch jetzt auf dem Nachhauseweg wieder auf Schritt und Tritt begegnen: in den Skulpturen der Tempel, aus denen der Schein der Butterlämpchen dringt, und in den Schnitzereien an den Giebeln und Portalen der alten Häuser in den engen Gassen. Bei genauerem Hinsehen wimmelt es dort nur so von Schädeln und Knochen. Diese seltsame Stadt scheint plötzlich eine weitere Dimension von sich zu offenbaren; neben aller Schönheit, aller Heiterkeit an der Oberfläche täglichen Lebens birgt sie auch etwas Düsteres, haftet ihr, auf den ersten Blick kaum wahrnehmbar, etwas Unheimliches an. Ich denke daran, daß der schrecklichen Göttin Khali angeblich früher Menschenopfer dargebracht wurden und daß sich bis heute Gerüchte über einen shivaistischen Geheimbund halten, dessen Mitglieder rituell Menschenfleisch essen sollen. Wahr oder unwahr, aber es würde hierher passen; diese Stadt hat verdammt viele Gesichter ...

Kunstvoll gemeißelte Löwen und Drachen flankieren die Zugänge zu allen Tempeln und Schreinen

15. Oktober 1982

In der letzten Woche haben wir begonnen, unsere Streifzüge auf das gesamte Kathmandu-Tal auszudehnen, und zwar mit dem Fahrrad. Klapprige Drahtesel, meist chinesischer Herkunft, kann man hier an jeder Straßenecke für ein paar Rupees mieten, stunden-, tage- oder wochenweise. Europäischen Verkehrstauglichkeitsnormen dürften sie zwar kaum entsprechen, aber dafür ist der Verkehr hier ja auch ein bißchen dichter. Die Regeln sind einfach: ständig klingeln, ja nicht die Fahrtrichtung anzeigen, und Vorfahrt hat immer der, der als erster auf der Kreuzung ist. Sollte das beim hier herrschenden Linksverkehr wider Erwarten doch mal der rechtsabbiegende Lkw sein, springt man einfach ab, weil's die Bremsen sowieso nicht tun. Hat man's auf diese Weise geschafft, im engeren Umkreis drei Tage zu überleben, kann man sich als versierten Zweiradfahrer betrachten und sich an größere Unternehmungen wagen.

Getreu diesem Motto haben wir uns an die beiden anderen ehemaligen Königsstädte im Tal herangetastet, Patan und Bhaktapur. Das von Kathmandu etwa drei Kilometer entfernte Patan trägt nicht zu Unrecht auch den Beinamen „Lalitpur" („die schöne Stadt"), während das knapp sechzehn Kilometer entfernt gelegene Bhaktapur auch als „Bhadgaon" („Reisdorf") bekannt ist; seine Einwohner ziehen allerdings die Bezeichnung Bhaktapur („Stadt der Gläubigen") entschieden vor.

Beide Orte sind wesentlich kleiner als die Hauptstadt (Kathmandu: ca. 350 000 Einwohner, Patan: ca. 100 000, Bhaktapur: ca. 50 000), aber sicher nicht weniger reizvoll. Alle drei Städte haben durch die Jahrhunderte unter den verschiedenen Königsgeschlechtern abwechselnd die Vorherrschaft im Tal besessen und stehen sich, was ihre architektonischen Kleinode angeht, wenig nach. Nur sind die beiden weniger bekannten dörflicher als das in den letzten Jahrzehnten rasch zur Großstadt herangewachsene Kathmandu, sind in ihrer Struktur noch ursprünglicher.

Das gilt besonders für Bhaktapur, in dessen stillen Gassen man noch eine Ahnung von nepalesischem Leben lange vor der Öffnung des Landes nach Westen bekommen kann. Leider ist gerade Bhakta-

Bhaktapur wirkt im ganzen ärmlicher als Kathmandu

pur bei dem großen Erdbeben 1934 stark beschädigt worden. Ausgerechnet die schönsten und prächtigsten Tempel des im Vergleich zu Kathmandu oder Patan etwas leer wirkenden Durbar Square sind dieser Katastrophe zum Opfer gefallen.

Hier trifft dann der Begriff „Mittelalter" auch am ehesten zu; in manchen der Sträßchen und Plätze scheint es wirklich, als sei die große Uhr schon vor Jahrhunderten unbemerkt stehengeblieben. Dieser Eindruck wird noch verstärkt, wenn man in die umliegenden Dörfer und Städtchen kommt, wie Thimi, Kirtipur oder Bungamati, die zwar nicht mit architektonischen Höchstleistungen an überwältigenden Durbar Squares aufwarten können, aber dafür mit viel unverfälschter Atmosphäre.

Wir sind heute mal wieder nach Patan rausgefahren, wie schon mehrfach, wenn uns das Getriebe in Kathmandu zu anstrengend wurde. Vor einiger Zeit stieß ich dort in einer winzigen Gasse durch Zufall auf einen Handwerker, der sich anheischig gemacht hat, mir nach eigenen Entwürfen aus Messing und Kupfer einen Schlangenarmreif zu fertigen. Ich bringe ihm jetzt die Skizzen, und wir palavern im Halbdunkel seiner Werkstatt noch drei Tee lang über den Preis, das Wetter und die Vorzüge der diversen, sich zur Zeit am Markt befindlichen Reissorten, dann schwingen wir uns wieder auf die Stahlrösser. Der Armreif soll nächste Woche fertig sein.

Wir haben in Kathmandu noch einiges zu erledigen. Einkaufen ist angesagt, und neben dem üblichen Kram wie Seife, Rasierklingen, Zahnpasta und Eßbarem steht diesmal auch ein etwas problematischerer Posten auf der Liste: Unterhosen. Meine sind allesamt dermaßen durchgeritten, daß auch die raffiniertesten Flickversuche kein brauchbares Ergebnis mehr zeitigen. Und hier beginnen dann die Schwierigkeiten, die lange Reisen deutlich von kurzen unterscheiden. Zwar gibt es an der New Road etliche Läden, die auch Unterhosen führen, sogar, das sei hier nicht verschwiegen, auch solche, die europäischen Maßstäben durchaus gerecht werden; nur stehen die Preise für solche Luxusartikel nicht im Einklang mit unserer Reisekasse.

Wir fragen uns bei den fliegenden Händlern durch. Nach zweieinhalbstündiger Suche werden wir bei einem Straßenverkäufer am Indra Chowk fündig: Er führt etwas in seinem Sortiment, das er verblüffend selbstsicher als „Misterslips" deklariert.

„Tatsächlich?" frage ich mißtrauisch beim Anblick des großzügig geschnittenen Gewebeteils, das ich beim ersten Hinsehen eher als Abdeckplane für Lkws eingestuft hätte.

Er taxiert mich mit dem routinierten Blick eines seit vielen Jahren erfolgreichen Textilfachverkäufers: „Also, ich habe auch größere. Hier." Er dehnt das Gummi eines noch gewaltigeren Elefantenschoners auf ungeahnte Länge, um die schier unzerstörbare Qualität zu dokumentieren.

Meine Versicherung, ich käme mit einer kleineren Größe völlig aus, nimmt er achselzuckend zur Kenntnis, greift in einen anderen Karton. Nach kurzem halbstündigem Feilschen sind wir uns einig. Ich nehme gleich vier; nicht gerade letzter Pariser Chic, zugegeben, aber dafür kann man sie gleichermaßen rechts und links tragen, ganz nach Belieben. Ist sowieso nicht zu unterscheiden. Und außerdem, wer weiß, wann ich die nächsten Misterslips angeboten bekomme?

Ratte hat den Kaufverhandlungen schweigend beigewohnt. Erst als ich meine farblich sortierten Neuerwerbungen nach erfolgreichem Abschluß stolz präsentiere, läßt sie sich zu einer Bemerkung herab, noch dazu, wie ich finde, einer recht gehässigen: „Na ja, wenn mal alle Stricke reißen, kannst du die Dinger ja auch als T-Shirts tragen." Sie kichert in sich hinein.

Ich bin viel zu guter Laune, um sie mir von solch unqualifizierter Äußerung verderben zu lassen, und bedenke Ratte nur mit einem strafenden Blick.

Wir radeln noch mal nach Thamel hoch. Ich weiß nicht so genau, warum eigentlich. Vielleicht einfach, um zu sehen, ob unser erster Eindruck nicht zu übertrieben war. Leider war er es nicht. Wenn ich gemeint habe, eines der großen Phänomene dieser Stadt sei es, daß die Touristen trotz Masse im allgemeinen Getriebe einfach unterzugehen scheinen, so trifft das hier ganz und gar nicht zu. Hier haben sie nicht nur tiefe Spuren hinterlassen, hier haben sie sich selbst eine Art Ghetto geschaffen.

Nachdem wir etwa siebzehn westlich orientierten Jung-Nepali mit der stereotypen Frage *„You want hash?"* ausgewichen sind, fünf Hemden mit Aufdrucken wie „I've seen the Yeti", „Namaste" und „Smoke, smoke in Kathmandu" abgelehnt und siebenundvierzig echt silberne Gebetsmühlen ausgeschlagen haben, alles Sachen, die unübersehbar großen Anklang finden, machen wir kehrt. Vorbei an zahllosen Kneipen, die jetzt, gegen Abend, mit nicht mehr ganz taufrischen West-Hits zur Hochform auflaufen, vorbei an Trekkingläden, deren Verkäufer die Gunst der umsatzstärksten Stunde nutzen

(„Hey! You want to sell anything?“), und an Andenkenläden, deren Verkäufer nicht minder aktiv sind *(„Hey! You want to buy anything?“)*.

Die Fremden haben also doch ihre Spuren hinterlassen. Man merkt es nur nicht auf Anhieb, wenn man nicht gerade in Thamel ist. Noch sind sie nicht imstande, diesen Ort völlig zu prägen; aber wie lange wird es wohl dauern, bis das ganze Tal aussieht wie Thamel? Noch schätzt die Mehrzahl der Nepalesen ihre eigene Kultur höher ein als die westlichen Werte und Wertvorstellungen, die auf sie einstürmen. Doch das Mangelempfinden wächst parallel zu den Dingen, von denen man sieht, daß andere sie besitzen. Werden die tiefen Wurzeln der Nepali ihnen auf Dauer einen Halt bieten gegen Leica und McDonald's, gegen Plastik und Coca-Cola?

Ich hoffe, ja. Immerhin, kaum sind wir aus Thamel heraus, ist wieder alles wie gewohnt. Die Straßen liegen dunkel, ruhig und ein bißchen geheimnisvoll da, statt Westschlagern jaulen ein paar streunende Hunde ihre sehnsuchtsvolle Serenade.

Wir bringen unsere Fahrräder zurück, tratschen ein wenig mit dem weißhaarigen Verleiher, der, auf der Türschwelle sitzend, aus seinem *chillum* weiße Wölkchen von selbstgeschnittenem Knaster verpafft, und hocken uns noch einen Moment lang auf die Stufen irgendeines Heiligtums. Eine riesige Mondsichel erscheint über einer der dunklen Tempelspitzen, verströmt ein silbriges, mattes Licht. Schwarze Wolkenfetzen driften langsam vorbei, erzeugen die Illusion, der Erdtrabant zöge wie ein gewaltiges Schiff durch die Galaxie.

Ratte hat den Kopf in den Nacken gelegt, starrt gedankenversunken in die silberne Pracht. „Ist ja irre ... Sieh mal, der liegt ja auf dem Rücken! Wir sind in einem Land“, fährt sie träumerisch fort, „wo der Mond auf dem Rücken liegt.“

„Ja, klar.“ Ich ziehe an meiner Zigarette. „Wegen der Erdkrümmung. Die sichtbare Bezugsebene dreht sich zwischen Nord- und Südpol um 180°; je näher man also zum Äquator kommt, desto mehr scheint er zu kippen. In Australien steht er dann ...“ Ich breche ab, als ich Rattes Gesichtsausdruck sehe.

Sie fixiert mich mit dem unterkühlten Blick einer Viper, die einem Kaninchen den Fluchtweg abschneidet. „Du bist ein unverbesserlicher Romantiker, hm?“

Ich schweige vorsichtshalber.

„Da sitze ich hier und bestaune einen Mond, der verkehrt rum am Himmel hängt, und du erzählst mir was von Erdkrümmung und hundertfuffzig Grad und ..."

„Hundertachtzig", werfe ich vorschnell ein und könnte mir im selben Moment die Zunge abbeißen.

Ratte erstarrt in ihrer ausdrucksvollen Gestik und mustert mich kalt. „Computer!" schnaubt sie verächtlich. „Ich bin mit einem gottverdammten gefühllosen Computer zusammen!"

Ich gebe mich schuldbewußt-zerknirscht, aber das rettet die Situation auch nicht mehr. Erst nach zwei Flaschen *chhang* ist Ratte wieder bereit, mit mir zu sprechen. Ja ja, der gute alte Mond – manchmal führt er zu wahren Tragödien ...

18. Oktober 1982

Nach einer kurzen Fahrt durch das leuchtende Grün der Reisfelder, unterbrochen vom strahlenden Gelb blühenden Senfes, das einen reizvollen Hintergrund bildet für die kleinen Häuser längs der Straße, erreichen wir den Fuß des Hügels von Swayambunath. Wir schließen die Fahrräder ab, verfrachten sie in ein Gebüsch und machen uns an den Aufstieg zum ältesten buddhistischen Heiligtum im Kathmandu-Tal. Umringt von einer Meute unglaublich dreister Languren, die nach allem schnappen, dessen sie habhaft werden können, stapfen wir den schmalen Weg hoch zum großen Stupa, vorbei an den steinernen Tierskulpturen, die die dreihundert Stufen säumen, und den Andenkenbuden. Oben bietet sich uns ein überwältigender Anblick: Geschmückt mit Hunderten von bunten Gebetsfähnchen, die im stetigen Wind leicht vor sich hin flattern, erhebt sich der elegante Turm mit den allsehenden Augen Buddhas von der weißen Halbkugel des Unterbaus, zeichnet sich klar ab vor dem mit Zirruswölkchen übersäten Himmel. Mönche in roten und safrangelben Roben bewegen sich zwischen den kleineren Stupas und Chaytyas, die den großen flankieren, drehen die Gebetsmühlen, die aneinandergereiht wie ein großes Geländer die Kuppel einfassen, und murmeln die Jahrtausende alte Formel: „*Om mani padme hum.*" Der Wind rauscht in den knorrigen Bäumen. Sonnenstrahlen vergolden die dreizehn Stufen der Turmspitze, welche die dreizehn Schritte zum Nirwana symbolisieren, lassen das orangerote Tuch des Behanges am alles überragenden bronzenen Schirm aufleuchten. Wir umrunden langsam die wuchtige, steinerne Kuppel, das Rauschen des Windes im Ohr, das Quietschen der leiernden Gebetsmühlen, den monotonen Singsang der in ihre Gebete versunkenen Mönche. Etwas ungeheuer Beruhigendes, Tröstliches geht von diesem Platz aus. Wir setzen uns in einen Winkel, genießen die Ruhe, den Blick auf Kathmandu, den Wind auf der Haut. Es ist wirklich ein Ort, um die Welt zu vergessen, nur so dazusitzen und zu denken, den Vögeln beim Singen und den Mönchen beim Beten zuzuhören. Und auch hier ist wieder das Schöne, daß wir mit unserer Anwesenheit niemanden zu stören scheinen, keine geheimnisvolle Zeremonie mit unserem Eindringen unterbrechen. Die Mönche gehen ihrer Andacht nach. Für sie ist es gleichgültig, ob wir hier sitzen oder nicht; zu unumstößlich glauben sie an ihre Sache, als daß wir sie mit unserem Auftauchen in irgendeiner Form verunsichern könnten. Wir sind einfach da, Bestandteil ihrer Umgebung; unangenehme Spannergefühle kommen erst gar nicht auf.

Auch als mich europäische Neugier zwingt, mich leise durch die offenstehende Tür das Treppenhaus des nebenan liegenden Klosters emporzupirschen, um die mächtige Halbkugel des Stupa von oben zu begutachten, ist niemand da, der mich schilt, hinauswirft oder auch nur fragt, was ich da mache. Nur einer der Mönche, der auf seiner Pritsche in der Zelle liegt und bei weitgeöffneter Tür ganz unklerikal ein Comic-Heft liest, winkt mir im Vorbeigehen fröhlich zu und grinst.

Auf einen Rausschmiß gefaßt und mit schlechtem Gewissen behaftet wegen meines unbefugten Eindringens in Räume, die mich ja nun eigentlich nichts angehen, denke ich leicht irritiert: Das ist das schwarze Schaf der Truppe, der liest Comics, hat wahrscheinlich selbst nur Unsinn im Kopf, und deshalb versteht er dich auch. Aber weit gefehlt. Ein älterer Mönch, sicher keiner von der Sorte, die Unsinn im Kopf haben, kommt mir auf der Treppe entgegen, grüßt freundlich und unterhält sich in gebrochenem Englisch eine Weile mit mir über die Stelle mit der schönsten Aussicht auf den Stupa: „Du mußt noch eine Treppe höher gehen.“ Dann entschuldigt er sich,

Swayambunath, ein Platz, der Ruhe ausstrahlt

er müsse zur Messe. Ich frage ihn, ob wir der Andacht beiwohnen dürfen. Er nickt. „Ja, natürlich."

Der dunkle Raum wird erhellt durch eine Unmenge brennender Butterlämpchen, deren flackerndes Licht die wirklichen Dimensionen nur erahnen läßt.

Wenn ich je in meinem Leben ein Geräusch gehört habe, das mir durch Mark und Bein gegangen ist, dann ist es hier. Dann ist es der entsetzlich durchdringende Ton der kupfernen Trompeten, schlimmer, schauerlicher noch als bei dem Trauerzug in Kathmandu, überlaut in dem geschlossenen Raum, sich brechend, widerhallend von den dicken Mauern. Dazu das dumpfe, langsame, rhythmische Pochen der Trommeln und der auf und ab schwellende Gesang der Mönche, dessen summender Vielklang sich in den Ohren festsetzt, Gänsehaut erzeugend in den Körper einzudringen scheint, auch den letzten Knochen von innen her zum Vibrieren bringt. Gedanken an den Tod tauchen in mir auf, an Unendlichkeit, an unbegreifliche, überirdische Kräfte, von deren Existenz ich nicht mal eine Ahnung habe. Es ist entsetzlich und schön zugleich, wie ein winziger Spalt im Vorhang der eigenen Grenzen, durch den man etwas erahnen kann, das sich mit Worten nicht beschreiben läßt, eben weil man es gar nicht richtig erfassen kann. Nur spürt man, daß da noch sehr viel mehr sein muß, jenseits jeden rationalen Verstehens . . .

Mir ist richtig schwummerig, als ich wieder draußen im hellen Sonnenlicht stehe und die dumpfen Töne nur noch leise durch die Wände an meine Ohren dringen.

Gedankenverloren sitzen wir noch eine Zeitlang unter einem Baum und beobachten einen großen Nashornkäfer bei seinem tolpatschigen Versuch, sich durchs niedrige Gras zu kämpfen, ehe wir zu unseren Fahrrädern hinunterlaufen.

Ratte atmet tief durch und murmelt, während sie an ihrem Schloß herumfummelt, etwas von: *„There's more between heaven and earth . . ."* Es hat sie also wohl genauso beeindruckt wie mich.

24. Oktober 1982

Im trüben Licht der von der niedrigen Decke baumelnden Glühbirne enthüllt der Künstler stolz sein Werk: Mein Armreif ist fertig. Der Mann hat allen Grund, stolz zu sein; das kupferne Reptil ist wirklich sehr schön geworden.

Ich stülpe das glänzende Metalltier über den Arm, dann bummeln wir noch ein wenig durch Patan, das schläfrig in der Mittagssonne liegt. Eine Horde Kinder, alle mit der landestypischen Dauererkältung behaftet, wie der gesteigerte Nasenfluß verrät, tobt im Schatten eines Pagodendaches lärmend hinter einer verbeulten Fahrradfelge her. Als sie uns sehen, stutzen sie, stecken eilig die Köpfe zusammen und tuscheln aufgeregt. Die Felge, eben noch Blickpunkt allgemeinen

Der Durbar Square von Patan ist überschaubarer und ruhiger als der in Kathmandu

Interesses, rollt in einem schwungvollen Bogen aus und poltert unbeachtet zu Boden. Die Rasselbande baut sich neben uns auf, starrt mich unverhohlen fasziniert an, doch keiner traut sich, etwas zu sagen. Schließlich wird der mit dem Stöckchen zur Mobilisierung der Felge von den anderen entschieden nach vorn geschoben. Er deutet zaghaft auf mich und erklärt gewichtig: „Schneff-Schneff."

„Schneff-Schneff?" frage ich lachend zurück, nicht so recht im Bilde, was er eigentlich meint.

Er nickt, zieht bekräftigend den Rotz hoch. Auch die anderen sind sich einig: klarer Fall von Schneff-Schneff!

Daß Ratte und ich mit dem Begriff nichts anzufangen wissen, verblüfft sie. Der kühne Häuptling mit dem Stock muß sich erneut dem Druck der Truppe beugen, macht zwei weitere Schritte auf mich zu, tippt mit vorsichtig ausgestrecktem Zeigefinger auf meinen Armreif: „Schneff-Schneff!"

Ach so, den Armreif meinen sie! *„Snake, snake"*, sollte das also wohl heißen. Ratte und ich lachen, die Kindermeute stimmt, erleichtert, daß wir endlich begriffen haben, aus vollem Halse mit ein. Mutiger geworden, umringen sie mich jetzt, um das ungewohnte Schmuckstück mit dem hohen Wiedererkennungswert aus der Nähe zu begutachten. Mein Arm wird hin und her gedreht, sie debattieren lebhaft über die Qualität und, den Mienen nach zu urteilen, über den möglichen tieferen Sinn des metallenen Kriechtiers. Ob es wohl vor Schlangenbissen schützt?

Am Nachmittag gehe ich noch zu Prem an die *chhang*-Bude, Zigaretten holen.

„Hallo, Bhalu", begrüßt er mich fröhlich, „was gibt's?" Er sieht auf meinen Arm, stockt. „Oh! Wo hast du die denn her?"

„Hab' ich mir machen lassen, in Patan."

Er betrachtet sie interessiert. Schlangen sind im Hinduismus Wesen mit hoher mythischer Bedeutung. Vielleicht ist das der Grund, warum er halb ernst, halb scherzhaft fragt: „Hast du sie schon zur Kumari gebracht?"

„Zur Kumari? Warum das?" Ich warte auf die Pointe, doch er wirkt ganz sachlich. „Na, du gibst ihr die Schlange, und sie faßt sie an. Das bringt Glück, weißt du."

„Glaubst du wirklich daran?" frage ich zweifelnd.

Er nickt kaum merklich, zögert einen Moment lang, als fürchte er, von mir ausgelacht zu werden. „Ja, doch!"

Warum eigentlich nicht? Schaden kann es sicher auch nicht, und wenn schon ein nepalesischer Armreif, warum dann nicht auch vor Ort geweiht?

Ich gehe rüber zum Durbar Square, hinter dem sich der Kumari Bahal befindet, das Haus der Göttin.

Im Kumari-Kult finden sich Weltliches und Religiöses in seltsamster Verquickung, wohl einmalig in dieser Form: Die Kumari wird als lebende Göttin verehrt. Es handelt sich bei ihr um ein junges Mädchen, das für eine jungfräuliche Inkarnation von Shivas Gattin Parvati gehalten wird. Im Alter von vier bis fünf Jahren wird die jeweilige zukünftige Kumari aus zahlreichen Bewerberinnen in einem höchst komplizierten Auswahlverfahren ermittelt. Die Kriterien, die bei der Wahl den Ausschlag geben, sind vielfältig: Die Aspirantin muß einer Familie aus der Kaste der Gold- und Silberschmiede entstammen, ihr Körper muß makellos sein und verschiedene Merkmale aufweisen, die sie in den Augen der Priester zur göttlichen Rolle befähigen, und ihr Horoskop muß in allen wesentlichen Punkten mit dem des Königs – auch einer göttlichen Inkarnation – übereinstimmen. Das tagelange Aussieben, währenddem die Mädchen auf sich allein gestellt sind, gipfelt schließlich in einem ziemlich fürchterlichen Nerventest. Die Bewerberinnen, die in die engere Wahl gelangt sind, müssen ihren Mut während einer langen Nacht, die sie allein im stockdunklen Tempel verbringen, unter Beweis stellen. Eine der möglichen Mutproben besteht zum Beispiel darin, daß die Priester mitten in der Nacht einen Wasserbüffel in die Halle bringen und dem Tier beim Schein brennender Fackeln ohne Vorwarnung den Kopf abschlagen, direkt vor den Augen der Mädchen. Wer dabei Anzeichen von Angst zeigt, scheidet aus. Neue Kumari wird diejenige, die's am gelassensten hinnimmt. Denn das, so sagt man, kann eben nur die echte Göttin . . .

Die Auserwählte zieht dann in den Kumari Bahal, den sie zusammen mit ihren Eltern bewohnt und den sie außer zu einigen religiösen Festen nicht mehr verlassen darf. Dort bleibt sie, bis sie zum ersten Mal Blut verliert, sei es bei der ersten Menstruation oder auch nur durch irgendeine kleine Wunde. In diesem Moment ist ihre Zeit als Kumari abgelaufen, und eine neue tritt nach dem gleichen Verfahren an ihre Stelle.

Der Posten ist nicht zuletzt deshalb begehrt, weil er gut dotiert wird: Ex-Kumaris erhalten vom Staat eine großzügige Leibrente und bekommen ein Haus gestellt. Ob das allerdings eine zumindest teilweise verlorene Kindheit wettmacht, sei dahingestellt. Außerdem sind die Heiratschancen für demissionierte Göttinnen denkbar gering, trotz stattlicher Mitgift: Es geht die Sage, daß der Ehemann einer Kumari a. D. binnen Jahresfrist sterben muß. Der meines Wissens einzige, der bislang versucht hat, den Gegenbeweis zu erbringen, ist dann auch prompt termingerecht verschieden.

Ich betrete den von zwei steinernen Löwen gesicherten Hof des Gebäudes, von dessen reichgeschnitztem Balkon aus die Kumari bei Bedarf Audienz hält. Ich bemühe mich, den Ruf, auf den hin sie sich am Fenster zu zeigen pflegt, möglichst akzentfrei zu bringen. Es wirkt.

Aus dem Dunkel hinter der verwitterten Holzbalustrade taucht ein vielleicht achtjähriges, rotgewandetes Mädchen auf, das sich bei meinem Anblick überrascht wieder umdreht und etwas ins Innere des Hauses ruft. Hinter ihr erscheint eine ältere Frau, wohl ihre Mutter, die mich ebenso verwundert mustert. Touristen im Hof sind ja nun weiß Gott keine Seltenheit mehr – aber daß sie jetzt auch schon die Kumari herausrufen, scheint doch neu zu sein. Sie und ihre Mutter wirken leicht amüsiert, aber keineswegs abweisend.

Ich trage mit Händen und Füßen mein Begehren vor, das mir selbst immer noch etwas ausgefallen vorkommt. Doch für die Kumari scheint es völlig normal zu sein; sie reagiert unerwartet selbstverständlich, nickt huldvoll.

Ein Mann kommt die Treppe des Hauses herab – der Zutritt ist für Nichtangehörige verboten – und nimmt den Armreif in Empfang, bringt ihn hinauf. Die Göttin hält ihn aus dem Fenster, streicht mehrmals mit den Fingerspitzen darüber, sagt etwas. Für einen Moment bricht das Kind in ihr durch, sie lacht verschmitzt, ganz ungöttisch. Dann wird sie wieder ernst und vollendet das Zeremoniell. Der Mann bringt mir die Schlange zurück. Ich greife in die Tasche, doch alle drei winken ab – der göttliche Segen war gratis.

Ob sie mir wirklich Glück gebracht hat, die geweihte Schlange? Woher soll ich das wissen? Schließlich habe ich keine Ahnung, was das Schicksal vielleicht andernfalls für mich parat gehabt hätte . . .

26. Oktober 1982

Heute ist der Höhepunkt des Durga Puja, des größten Festes in Nepal. Der Hauptteil der zehn Tage dauernden Festlichkeiten zu Ehren der Göttin Durga spielt sich innerhalb der Familien ab, für Außenstehende ist davon nicht sehr viel zu merken. Heute ist das anders, heute ist der große Schlachttag. Eingedenk des legendären Sieges der zehnarmigen Göttin über das Böse, repräsentiert durch den Dämon Mahisha in Gestalt eines Wasserbüffels, den sie nach zehntägigem Kampf endlich mit einem Speer tötete, feiern die Hindus alljährlich dieses Fest, dessen Höhepunkt am 9. Tag im symbolischen Schlachten von Wasserbüffeln und anderem Getier besteht. An diesem Tag schwimmt ganz Kathmandu buchstäblich in Blut . . .

Wir stehen früh auf, gehen rüber zum „Kot", dem Paradeplatz am Ende des Durbar Marg. Er hat schon viel Blut gesehen, nicht nur das von Büffeln: 1846 ließ hier der erste der Rana-Könige bei seiner Machtergreifung alle legitimen Anwärter auf den nepalesischen Thron kurzerhand massakrieren.

Heute ist der gesamte Platz, der nicht ganz die Ausmaße eines Fußballfeldes hat, mit Gruppen roter und gelber Fahnen geschmückt, die in den mit Sand bestreuten Ziegelboden gesteckt sind. Dazwischen liegen ganze Haufen von Blumen und Opfergaben. An kurzen Pfosten werden Wasserbüffel angebunden. Junge Soldaten haben hier Gelegenheit, sich zu bewähren, indem sie demonstrieren, daß sie in der Lage sind, den paarhufigen Dämon-Statisten mit einem Schlag der *khora* – einem Krummschwert mit verbreitertem Ort – das Haupt vom Leib abzutrennen.

Es ist wahre Akkordarbeit. Nach einigen Stunden beläuft sich die Anzahl der linker Hand vor den Säulen angehäuften geköpften Büffel auf vielleicht zweihundert. Das Gemetzel dauert bis zum frühen Nachmittag, findet seine Fortsetzung in allen Gassen vor Tempeln und Schreinen, an denen Tausende von Hühnern, Enten und Schafen geopfert werden. In den Straßen steht das Blut, ist das angstvolle

Gebrüll, Geschnatter und Geblöke der auserkorenen Opfer zu hören, die den ehrenvollen Gang zum Altar antreten dürfen.

Grauslich? Ja, gewiß. Aber den vielgerühmten Stierkampf, dessen oft besungene Poesie der Bewegung, dessen Demonstration des Respekts vor der Urkraft des Geschöpfes ich nur schwerlich nachvollziehen kann, finde ich erheblich grausamer, weil sinnloser. Die Nepalesen verlieren bei aller devoten Hingabe an göttliche Wünsche nicht den Bezug zur Realität. Das Ganze hat nämlich einen Sinn: die Köpfe der verblichenen Lieblinge für die Götter – das Fleisch für die Menschen. Am Tag des großen Schlachtens gibt's auch mal Fleisch für all jene, welche es sich sonst nicht leisten können.

Allerdings nimmt das Rituelle der Handlung gelegentlich schon mal komische Formen an. So müssen etwa die zum Schlachten auserwählten Böcke ihre moralische Festigkeit durch Zustimmung zum Töten dokumentieren. Das wird erreicht, indem man ihnen so lange geweihtes Wasser über den Kopf gießt, bis sie durch heftiges Nicken ihre Bereitschaft zum frühen Tod signalisieren. Für einzelne Auserwählte, die durch Verstocktheit glänzen, braucht man Liter davon ...

Ein anderes Kuriosum sind die Opfer, die vor Fahrzeugen dargebracht werden. Um den Gott des Verkehrs milde zu stimmen, muß die festlich geschmückte Motorhaube manch eines rostigen Vehikels an diesem Tag Bekanntschaft mit ganzen Kübeln von Hühner- oder Ziegenblut machen. Nun ja, was dem einen sein Christophorus-Plakettchen am Handschuhfach, ist dem anderen das Blut am Kotflügel. Blut wird vor Autos und Flugzeuge gespritzt, Mauern, Tempeltüren und Skulpturen werden damit besprenkelt; Blut steht auf dem Pflaster, sickert in die Gossen, klebt an den Schuhen. Abgetrennte Köpfe der verschiedensten Tiergattungen liegen vor Tempeln und Heiligtümern, manche schon mit gebrochenen Augen, einige zucken noch. Am Ende des Tages reicht's dann ...

Vor einem kleinen, etwas versteckt liegenden Tempel treffe ich durch Zufall die Kumari wieder. Sie sitzt auf einem einfachen Holzstuhl, die Beine untergeschlagen, und verteilt *tikas*. Das sind die Kleckse aus Zinnoberpulver, die gläubige Hindus als sichtbares Zeichen der göttlichen Allgegenwart auf der Stirn tragen. Als sie mich samt Schlange wiedererkennt, grinst sie sekundenlang schel-

Die Kumari ist die einzige „lebende Göttin" der Welt

misch, wird aber gleich wieder ernst. Aus der Nähe besehen, wirkt sie gar nicht mehr göttlich – nur noch kindlich. Daran ändert auch die Schminke nichts. Während eines kurzen Momentes der Ruhe sieht sie mich einige Atemzüge lang an. Sie hat sich jetzt wieder voll in der Gewalt, ihr Gesicht ist maskenhaft starr, gänzlich unbewegt. Sie und ich, Menschen, deren Welten Lichtjahre voneinander entfernt sind. Begreifen? Wenig mehr als nichts . . .

30. Oktober 1982

Die Straßen sind wieder vom Blut befreit, die *tikas*, die traditionell am letzten Tag des Durga Puja unter den Familienangehörigen verteilt werden, sind verteilt. Der Alltag hat im Tal wieder Einzug gehalten.

Wir haben die Schlafsäcke und das Waschzeug in Beutel gepackt, sind mit dem Bus nach Bhaktapur gefahren. Von hier aus wollen wir weiter nach Nagarkot, einem etwa eine Autostunde nordöstlich von Kathmandu gelegenen Ort mit angeblich ungehindertem Ausblick auf das Panorama der knapp sechzig Kilometer Luftlinie entfernten Sieben- und Achttausender, einschließlich Everest.

Die schwarz-roten Wickelröcke sind typisch für die Frauen von Bhaktapur

Bis zur Abfahrt des Busses haben wir noch reichlich Zeit. Wir laufen durch die Stadt, deren Straßen leerer und leiser sind als die in Kathmandu, nicht so erfüllt von ständiger Betriebsamkeit. Bhaktapur ist eindeutig ärmer, wirkt oft etwas heruntergekommen. Hinter den Häusern türmt sich Unrat in den Gassen, Elend und Dreck sind hier spürbarer, werden auch nicht so in den Hintergrund gedrängt wie im besser betuchten Kathmandu. Aber auch die Menschen sind anders als in der Hauptstadt; sie scheinen härter, aggressiver, geprägt von einem Zusammengehörigkeitsgefühl, das den Außenstehenden stärker auf Distanz hält.

Wir setzen uns auf eine flache, gemauerte Empore am Ende des gepflasterten Platzes vor dem Nyatapola-Tempel, dem mit seinen fünf Stockwerken höchsten Sakralbau im Kathmandu-Tal. Drei Frauen in schwarzen, am Rand von einem leuchtendroten Streifen gesäumten Wickelröcken gehen zielstrebig an uns vorbei; eine redet mit schriller Stimme heftig auf die beiden anderen ein. Ein Träger kreuzt ihren Weg, eine Zentnerlast Gemüse auf zwei große Körbe verteilt, die an einer armdicken, wippenden Bambusstange hängen, welche auf seiner Achsel ruht. Er schwitzt unter seiner Bürde. Ich folge ihm mit dem Blick, bis er in einer Seitenstraße verschwunden ist. Kinder spielen lärmend auf den mannshohen Stufen, die den Unterbau des mächtigen Tempels bilden. Mehr als dreißig Meter hoch erhebt er sich uns gegenüber in den wolkenlosen Himmel. Die steile Treppe, die hinauf zum Eingang führt, wird flankiert von fünf Paaren steinerner Wächter, die in zwei Reihen den Zugang zum Heiligtum behüten. Jeweils zwei gleiche ruhen auf gemauerten Podesten. Ganz zuunterst hocken die beiden respekteinflößenden Malla-Ringer, gefolgt von zwei Elefanten, zwei Löwen, zwei Greifen und schließlich, ganz oben, zwei Götterstatuen. Man sagt, daß jede dieser Figuren zehnmal soviel Kraft besäße wie die jeweils unter ihr befindliche und die beiden „schwächsten" – also die beiden Ringer – immer noch zehnmal so stark seien wie jedes menschliche Wesen. Schaut man die Skulpturen an – die Elefanten sind lebensgroß, die beiden Ringer nicht viel kleiner als sie –, mag man's fast glauben . . .

Nach einigen Stunden erklimmen wir den ausgemusterten Benz der Deutschen Bundespost, der auf dieser Route als Bus eingesetzt ist.

Die Hüter des Nyatapola-Tempels in Bhaktapur

Der Mangel an lichter Stehhöhe in dem überfüllten Gefährt wird weitgehend wettgemacht durch die beiden nachträglich ins Blech geschnittenen Fensterhöhlen, die in besonders scharfen Kurven gelegentlich kurze Ausblicke auf die imponierende Landschaft gestatten.

Am frühen Abend steigen wir auf dem kahlen Haupt eines alpin anmutenden, grasbewachsenen Gipfels aus, bringen unsere leicht verbogenen Knochen wieder ins Lot. Die Kuppe ist rund und leer, außer einigen weitläufig verstreuten Behausungen ist nichts zu sehen; am allerwenigsten das versprochene Panorama, das sich unseren neugierigen Blicken hinter einer Wolkenwand entzieht. Wir machen uns auf die Suche nach einer Übernachtungsmöglichkeit. Das Geläut der Glocken einiger glücklicher Kühe – Reminiszenz an die Schweizer, die einst die Kunst des Käsemachens nach Nepal gebracht haben – verstärkt die Alm-Atmosphäre.

In der Lodge bekommen wir nach ausdauerndem Kobern das billigste Zimmer des Hauses – ein feuchtes Kellerloch – zum dreifachen Preis dessen, was wir für unsere Kemenate in Kathmandu zahlten. Eine Amerikanerin, die ebenfalls am nächsten Morgen den vielgepriesenen Blick aufs Dach der Welt von hier erhaschen will, kommentiert den ungenießbaren Fraß, der uns zu horrenden Preisen vorgesetzt wird, und den übrigen Nepp des seine touristische Monopolstellung gehörig ausnutzenden Hauses mit den Worten: *„Well, I just wanna go to bed now and pretend, it never happened!"* Dem ist nichts hinzuzufügen.

Der nächste Morgen entschädigt uns reichlich für alle Unannehmlichkeiten. Pünktlich vor Sonnenaufgang – Janet, die Amerikanerin, ist im Besitz eines Weckers und hämmert abmachungsgemäß ausdauernd an die wacklige Tür unserer Katakombe – packen wir unsere Klamotten und laufen rüber zu der hundert Meter entfernten Teekneipe, deren Terrasse neben heißem Tee einen guten Ausblick auf die verschneiten Berge verspricht. Es ist feucht, kalt und immer noch dunkel. Mich persönlich reizt die Aussicht auf ein warmes Bett in der Regel weit mehr als die auf irgendwelche Sonnenaufgänge, vor allem, wenn ich an derselben Stelle auch die Untergänge sehen kann. Aber wenn wir schon einmal hier sind . . .

Eine halbe Stunde zittern wir mit unseren Teebechern in der Hand voller Erwartung vor uns hin, pflichtschuldigst den Blick auf die Stelle gerichtet, wo der Everest programmgemäß im ersten Licht der Sonnenstrahlen aufzutauchen hat – sofern die liebe Sonne heute zu scheinen gedenkt. Nach ausgiebigem Zögern läßt sie endlich Milde walten und beschließt durchzubrechen. Erleichtertes „Ah!" und „Oh!" begleiten ihre Entscheidung.

Der höchste Punkt unserer Erde ... Aber welcher von den zahllosen Zacken dahinten ist denn nun der Mt. Everest oder Sagarmatha, wie die Nepali sagen? Andächtiges Schweigen erfüllt die bunt zusammengewürfelte Runde von acht Zuschauern unterschiedlicher Nationalität, die sich hier eingefunden hat. So viel Grandioses zu sehen, gibt es eigentlich nicht, aber das Bewußtsein macht's ...

Anhand vier verschiedener Karten mit Himalaya-Profilen gelangen wir zu vier verschiedenen Ergebnissen. Die Kellner der Kneipe sind ebenso hilfreich wie einige Sherpas, die hier ihren Morgentee schlürfen; jeder favorisiert einen anderen Gipfel.

Für eine knappe Viertelstunde zeigt sich der Himalaya in seiner ganzen, schneebedeckten Pracht, bevor ihn eine der Jahreszeit entsprechende Wolkendecke wieder für den Rest des Tages einhüllt. Wir überlassen den anderen das unübersehbare Feld fachlicher Auseinandersetzung, machen uns zusammen mit Janet leise davon.

„Also, welcher ist denn nun der Everest?" fragt sie mich leicht resigniert.

Ich will sie nicht enttäuschen: „Der da", antworte ich überzeugt, „der siebzehnte von links, in der dritten Reihe!"

Sie dreht ein letztes Mal den Kopf in die Richtung, in der die Bergkette hinter der dichter werdenden Wolkenwand gerade noch zu ahnen ist. „Ja, wahrscheinlich hast du recht." Sie grinst. „Klar, das muß er wohl gewesen sein!"

Wir lachen, laufen langsam zwischen blühenden Büscheln von stengellosem Enzian den taufeuchten Hang hinunter zur Schotterstraße, wo uns wohl irgendwann ein Bus gleichen Kalibers wie gestern aufsammeln und zurück nach Kathmandu bringen wird.

Immerhin, irgendwo da hinten haben wir ihn gesehen, den Everest ...

1. November 1982

Wir radeln zum Immigration Office, lassen unsere Visa noch mal um eine Woche verlängern. Unsere Zeit in Nepal geht allmählich ihrem Ende entgegen. In zehn Tagen werden wir wohl schon indischen Boden unter den Füßen haben, auf dem Weg nach Bangladesh, dem nächsten Land, in das uns unser Trip führen soll.

Wir verbringen die nächsten Tage damit, unsere sämtlichen Klamotten noch mal generalüberholen zu lassen, geben Heimreisenden Briefe und Filme mit, schicken zwei tönerne Drachen, die wir in Thimi gekauft haben, und einige andere Sachen in einer strohgepolsterten Blechkiste auf eine längere Seereise und stoßen peu à peu alles ab, was uns für den Rest der Tour überflüssig erscheint – vor allem die zahlreichen, meist schon durch hundert Hände gewanderten Bücher, die wir hier zwischendurch verschlungen haben.

Drei Tage verbringen wir mit unseren Ausverkaufsaktionen am Durbar Square neben den Andenkenhändlern. Vom Sehen zumindest kennen sie uns sowieso alle schon, und da wir mit unserem Zeug keine Konkurrenz für sie darstellen, werden wir zwar neugierig beobachtet, aber toleriert. Mit denen, die uns am nächsten sitzen, ergeben sich bald Kontakte, und als wir am folgenden Morgen wiederkommen, zeigt uns die kollegiale Frage nach dem gestrigen Geschäftsverlauf, daß wir vorübergehend in den Zirkel der fliegenden Händler aufgenommen wurden: „Na, wie ist es gelaufen gestern?" – „Geht so, und bei dir?" – „Och, gar nicht so übel. Die englische Reisegruppe, die abends mit dem Bus angekommen ist, die hat ziemlich viel gekauft, auch ein paar von den teuren Sachen!"

Unsere temporäre Beschäftigung verschafft uns interessante Einblicke in das Leben und die Arbeit der Souvenirhändler. Während einer stillen Stunde am Nachmittag zeigt mir Raghu, der uns gegenüber hinter seinem niedrigen Verschlag hockt und seine Waren umsortiert, eine kleine Buddha-Statuette.

„Was glaubst du, wie alt das ist?" fragt er spitzbübisch grinsend und schiebt sein buntes *topi* aus der Stirn.

Ich kratze mit dem Daumennagel an der Dreckschicht, die das verwitterte Steingebilde bedeckt: „Na, wenn ich's auf der Straße fände, würde ich sagen, ziemlich alt. Aber wenn ich dich so sehe ..."

Sein Grinsen wird eine Spur breiter: „Zwei Wochen."

„Wie schaffst du das?" frage ich, nicht ohne Bewunderung.

„Ah, das ist einfach!" Er senkt vertraulich die Stimme. „Die Kinder von meinem Schwager machen sie aus geklauten Pflastersteinen. Anschließend müssen sie zehn Tage in einer Lauge liegen, das frißt die Konturen an. Dann waschen wir sie, schmieren Lehm drauf – fertig. Aber sag selbst: Sie sind mindestens so gut wie echte alte, nicht?"

Etwas weiter ist jemand damit beschäftigt, ein hölzernes Täfelchen, in das irgendwelche Sanskrit-Weisheiten geschnitzt sind, mittels Lötlampe und einer schwarzen Paste unauffällig zu patinieren.

„Wie kriegst du die Holzwurmlöcher da rein – mit 'm Bohrer?" erkundige ich mich neugierig.

Der Angesprochene schüttelt augenzwinkernd den Kopf. „Die waren schon drin. Sind alte Bretter von 'ner Baustelle!" Gelächter.

„Aber daß du ja den Mund hältst!" schärft Raghu mir ein. Ich versprech's, spendiere eine Runde Tee von dem fahrbaren Stand am anderen Ende des von den Händlern umlagerten Areals.

Etwas später beobachten wir gespannt den Ausgang einer Verhandlung zwischen einem offensichtlich frisch importierten amerikanischen Pärchen und einem der Verkäufer. Die beiden Amerikaner sind beim Anblick eines kleinen Messingtopfes in lautstarke Verzükkung ausgebrochen.

„Ist das Gefäß alt?" fragt der Mann etwas naiv.

„Sehr alt", versichert der Verkäufer den Wünschen seiner Kunden gemäß im Brustton der Überzeugung.

Ich werfe einen Blick auf das dünnwandige Gefäß, das noch vor zwei Tagen einen Laden für Hausrat geziert haben dürfte, bevor es nach der üblichen Behandlung mit Bienenwachs, Ruß, Schuhcreme und einigen Ingredienzen, über deren genaue Zusammensetzung sich alle hier beharrlich ausschweigen, im Zeitraffertempo gealtert ist.

„Wieviel?"

Nach einem kurzen, taxierenden Blick auf Kamera und Kleider antwortet der Verkäufer verschwörerisch: „Sechzig. Sehr alt!"

Zwanzig, denke ich im stillen, oben im Bazar. Der Amerikaner zückt einen Taschenrechner, kurze Besprechung – er nickt.

So was! Er versucht ja nicht mal pro forma zu handeln!

„Da wäre noch eine Schwierigkeit. Wir haben nicht genug Rupees; können wir auch mit Dollar zahlen?"

Der Verkäufer ist begeistert, kaschiert es aber gut. Nach anfänglichem Zögern nickt er gnädig.

Ratte sieht mich augenverdrehend an. Ich schaue schnell zu Raghu hinüber; er feixt still vor sich hin. Als sich unsere Blicke treffen, zuckt er rasch die Schulter, legt einen Finger auf den Mund: Seid ja still!

Der Verkäufer des Kübels hat begonnen, mit zusammengekniffenen Augen Rupees in Dollar umzurechnen, als der Mann ihm arglos ein Bündel Scheine hinhält: „Sechzig Dollar – okay?"

Das Gesicht des Händlers droht für den Bruchteil einer Sekunde zu entgleisen, spiegelt einen winzigen Augenblick lang den Schock über die Bereitschaft des Fremden, ohne zögern mehr als einen Monatslohn für den wertlosen Plunder zu bezahlen. Er hatte natürlich Rupees gemeint...

„Okay!" Er hat sich schon wieder in der Gewalt, läßt den unerwarteten Geldsegen unter dem *dhoti* verschwinden. Die beiden Amerikaner verlieren sich höchst zufrieden über den günstigen Gelegenheitskauf mit ihrem antiken Napf im Gedränge.

„Sechzig Dollar für den Eimer! Die sind ja wohl nicht ganz dicht!" Ratte starrt ihnen mit weit aufgerissenen Augen nach.

Raghu klopft sich auf die Schenkel vor Vergnügen. „He, Pradip! Wie gehen die Geschäfte?"

Der so angesprochene frischgebackene Dollarbesitzer dreht, immer noch etwas ungläubig, den Kopf. Dann beginnt er zu grinsen: „Och, gar nicht so schlecht heute!"

Raghu sieht zu uns herüber, die wir uns vom Staunen noch immer nicht so ganz erholt haben. „Was soll's", meint er dann, „wenn sie verrückt genug sind, soviel dafür zu zahlen. Wir wollen alle leben, oder?" Eins ist klar: Dem nächsten Kaufinteressenten wird Pradip seine archäologischen Kostbarkeiten nicht mehr für sechzig Rupees anbieten...

Das Sitzen hier am Durbar Square vermittelt nicht nur merkantile Eindrücke, sondern schärft auch den Blick für Details in der Umgebung, die uns während der letzten Zeit verstärkt ins Bewußtsein gedrungen sind. Nachdem die Invasion der Bilder etwas abgeklungen ist, Tempel, Paläste und Stupas zu Teilen des Umfelds geworden sind, an die wir uns gewöhnt haben, tauchen, auf den dritten Blick gewissermaßen, Einzelheiten auf, die einen unübersehbaren Schatten auf das Gesamtbild werfen: Schmutz, Armut, Verfall. Kinder mit Hungerbäuchen, die sich still und unscheinbar durch die Straßen drücken; Männer und Frauen, die für ein Taschengeld schuften, bis sie es eines Tages nicht mehr können und irgendwo sang- und klanglos sterben; der Dreck, welcher der bis heute weitgehend unkanalisierten Stadt bei Spöttern ihren wenig schmeichelhaften Beinamen eingetragen hat und der in den Gesichtern vieler Kinder die Spuren zahlreicher Infektionen hinterlassen hat.

Aus Rissen in den Tempelmauern wächst Gras, manchmal ein Bäumchen, dessen Wurzeln eben diese Mauern vielleicht eines Tages sprengen werden, und an den alten, morschen Balken hat der Zahn der Zeit über die Jahrhunderte oft so heftig genagt, daß es fraglich erscheint, wie viele Generationen sie noch überdauern mögen. Kunstdiebstähle häufen sich in den letzten Jahren; der Ausverkauf der Schätze an zahlungswillige Sammler im Ausland hat längst begonnen. Sicher, wo genug Geld vorhanden ist, wird restauriert, und auch ausländische Hilfsprojekte unter Schirmherrschaft der UNO tragen dazu bei, vieles vor der völligen Zerstörung zu retten; doch das sind alles nur Tropfen auf den heißen Stein. Auf Dauer wird der Niedergang der ganzen Herrlichkeit kaum noch aufzuhalten sein.

Nach drei Tagen ist unsere Verkaufsaktion abgeschlossen. Finanziell ist zwar nicht viel dabei rausgekommen, doch hat sie uns einige Erlebnisse beschert, die sicherlich Anteil haben werden in unseren Erinnerungen an diese komplizierte, schwer zu verstehende und trotz aller Fehler wunderschöne Stadt.

10. November 1982

Wir spazieren ein letztes Mal zu unseren Lieblingsplätzen, schauen noch mal in „unsere" Tempel und verabschieden uns von den Leuten, die wir während unseres langen Aufenthaltes hier kennengelernt haben.

Auf unserem abschließenden Stadtbummel kommen wir zum Gott weiß wievielten Male an einer bestimmten Kneipe vorbei, die auf einer Tafel bei der Tür für ihre Spezialitäten wirbt. Meine etwas anzügliche Frage, was es denn wohl mit dem dort angebotenen „Bircher Mösli" auf sich habe, quittiert Ratte mit einem trockenen „Blödmann". Wir probieren's auch nicht aus, gehen statt dessen zu dem kleinen, verräucherten tibetischen Restaurant, das so etwas wie unser Stammlokal geworden ist und in dem es zwar wenig Platz, aber sehr gutes Essen und einen netten Wirt gibt. Wir genießen noch einmal alle Raffinessen der Küche – in der nächsten Zeit wird sich die Nahrungsaufnahme wohl wieder auf *dhal bhat* beschränken. Als der Wirt hört, daß wir abreisen wollen, stellt er uns zum Abschluß noch eine irdene Kanne mit heißer *thunkpa* hin, einem nicht jugendfreien Getränk aus Tibet, das aus Hirse hergestellt wird.

Anschließend gehen wir eben noch bei Prem vorbei, unsere Anschreibe-Schulden bezahlen. Tashi, der Tibeter, hat seinen Laden schon dichtgemacht, steht aber noch mit seinem Drahtesel vor der *chhang*-Bude und ratscht. Als die beiden uns sehen, stellt Prem wortlos eine Flasche *chhang* und Gläser auf den Tresen. Tashi braucht er gar nicht erst zu fragen; der läßt sowieso nichts an sich vorbeigehen, wo eventuell Alkohol drin sein könnte.

„So, jetzt ist es also soweit", sinniere ich nach dem ersten Glas und starre gedankenverloren in die Flamme der einsamen Kerze, deren Licht die Bretterbude mäßig erhellt. „Morgen sind wir weg!"

Prem wirkt etwas überrascht: „Morgen schon?"

„Schon ist gut. Wir waren immerhin fast zwei Monate hier!"

Er nickt bedächtig, füllt die Gläser nach. Wir philosophieren noch ein Weilchen über die Vergänglichkeit alles Irdischen, tauschen unsere Adressen aus. Wir müssen noch packen, unser Zimmer bezahlen und wollen heute zeitig im Bett sein, denn unser Bus geht im ersten Morgengrauen.

Als ich das Geld für den *chhang* aus der Hosentasche fischen will, fällt Prem mir in den Arm: „Laß mal, den schreib' ich an. Könnt ihr zahlen, wenn ihr wiederkommt!"

Ich denke, er hätte mich mißverstanden: „He, Moment mal, wir kommen nicht wieder. Morgen früh fahren wir los, in aller Herrgottsfrühe."

„Weiß ich." Er grinst. „Aber ihr kommt trotzdem wieder, irgendwann!"

„Wieso glaubst du das?"

„Ihr wart viel zu lange hier, und das Fortgehen fällt euch auch nicht leicht. Eines Tages werdet ihr wiederkommen!" Er sagt es so bestimmt, als bestünde nicht der leiseste Zweifel daran. Wahrscheinlich hat er recht.

Wir gehen zurück zur Lodge, zahlen und packen unsere Habseligkeiten; dann legen wir uns für ein paar Stunden aufs Ohr.

Frühmorgens um vier stapfen wir durch die nächtliche Kälte zum etwas außerhalb der Stadt liegenden Bushof. Die Nächte sind merklich kühler geworden in der letzten Zeit, und wir frösteln still vor uns hin, bis das klapprige Geschoß, das uns ein Stück Wegs zur indischen Grenze bringen soll, gegen fünf Uhr endlich die Anker lichtet.

Ratte schickt der schlafenden Stadt einen zärtlichen Abschiedsgruß hinterher: „Mach's gut, Kathi, und bleib, wie du bist!"

Durch die Stille des Morgens rumpeln wir langsam der Grenze entgegen. Nach fast zweieinhalb Monaten sind wir wieder „auf Achse".

Kurz nach Sonnenaufgang hält der Fahrer an einer Ausweichstelle an, um den kochenden Motor des Vehikels mit neuem Kühlwasser zu erfrischen. Das geschieht von innen. Nachdem alle Passagiere in der vorderen Hälfte, eingehüllt in die Wolke des explosionsartig herausschießenden Dampfes knapp an Verbrennungen dritten Grades vorbeigekommen sind, geht's unverzüglich weiter, und bald darauf sind wir in Monari, einem kleinen Ort am Tribhuvan-Highway. Bis dort haben wir die Tickets gelöst; jetzt im Hellen können wir nach bewährter Manier mit Lkws weitertrampen.

Wir steigen aus, frühstücken und stellen uns an die Straße. Schneller als erwartet hält der erste Laster. Sie fahren in unsere Richtung, wir klettern rauf. In ähnlich atemberaubendem Tempo wie vorhin der Bus quält sich der überladene Veteran durchs Gebirge.

Lkw folgt auf Lkw, und gegen Abend liegt die Grenze vor uns. Der Zöllner sagt nichts, obwohl unsere Visa schon gestern abgelaufen

Abschied von Nepal: Bambus und Reisfelder säumen die Straße hinter Kathmandu

sind. Wir bekommen unsere Stempel und verlassen ein Land, das uns lieb geworden ist, um gleich darauf wieder im ständig aufgeregten Durcheinander indischer Hektik zu versinken. Sie produziert geradezu körperliches Unwohlsein nach der ruhigen, respektvoll-freundlichen Gelassenheit der Nepali.

Kommerzielle Distanzlosigkeit, marktschreierisches Anpreisen: *„Change Money?" – „Rickshaw, rickshaw, rickshaw! Ten Rupees only to town!"* Schon hier an der Grenze geht die ewige Bescheißerei wieder los . . . Wir drängen uns vor zu den Lkws. Einer der Fahrer ist bereit, uns nach Motihari mitzunehmen, einer gut fünfzig Kilometer in unserer Richtung gelegenen Stadt.

Wir übernachten dort. Bei der nicht ganz unproblematischen Hotelsuche merken wir dann endgültig: Indien hat uns wieder, wenn auch nur für kurze Zeit.

Bangladesh

14. November 1982

Am frühen Nachmittag bekommen wir einen Lift von zwei Bhutanesen, die einen Lkw nach Thimphu überführen. Sie machen für uns einen kleinen Umweg, bringen uns nach Jalpaiguri, einer Stadt in der Nähe der Grenze zu Bangladesh. Ein Traktor nimmt uns mit bis zum letzten Ort auf der indischen Seite. Dort erfahren wir nach einer ausgiebigen Volksbefragung, daß die vielen, buntbemalten Rickshaws das einzige Verkehrsmittel darstellen, mit dem man zur Grenze kommen kann. Die Entfernung soll etwa zehn Kilometer betragen. Wir chartern eines dieser Strampeltaxis für die letzten der gut 900 Kilometer, die wir in den vergangenen dreieinhalb Tagen seit Kathmandu getrampt sind.

Die Entfernungsangabe ist wie üblich stark untertrieben. Es sind mindestens fünfzehn Kilometer, die wir mit dem quietschenden Dreirad zurücklegen müssen. Die Landschaft ist flach und offen, die Fahrt führt durch Wiesen und Reisfelder, vorbei an einzelnen Hütten und Baumreihen.

Nach gut einer Stunde erreichen wir den seltsamsten Grenzübergang, den ich je gesehen habe, und ich habe weiß Gott schon einige merkwürdige kennengelernt: Der Weg knickt plötzlich im rechten Winkel ab. Am Ende der Kurve steht eine windschiefe, nach vorne offene Grashütte von vielleicht zwei mal zwei Metern Grundfläche. Einige Schritte davon entfernt ragt ein verwitterter Grenzstein aus dem Boden. Einen Steinwurf vor dieser üppig ausgestatteten Grenzstation liegt unter einem einzelnen Baum ein Mann, die Hände über dem Bauch gefaltet, und preist die wärmenden Strahlen der letzten Abendsonne mit zufriedenem Schnarchen.

Der Fahrer steigt in die Pedale, bringt die Rickshaw neben dem Schläfer zum Stehen. Er ruft etwas, woraufhin das Schnarchen kurz abbricht, um nach einer Korrektur der Beinstellung erneut einzusetzen; doch bereits nach dem zweiten Klingeln ist der Hüter der Zollstation munter. Er fährt sich mit der Hand übers Gesicht und verlangt verschlafen nach Rauchwaren. Ich gebe ihm eine unserer Zigaretten, merke aber an seinem Gesichtsausdruck, daß seine Erwartungen wohl mehr in Richtung Marlboro tendieren.

Der Fahrer ist abgestiegen und hat sich zu dem Mann gehockt, der jetzt denkbar umständlich seinen Glimmstengel in Brand setzt. Wir folgen seinem Beispiel, versuchen mit europäischer Ungeduld zu ergründen, was jetzt geschehen soll. Der Mann, der im übrigen nur mit Hemd und Hose bekleidet ist und jedes sichtbaren Zeichens amtlicher Würde entbehrt, gähnt herzhaft, hebt und senkt pathetisch beide Hände: Nur die Ruhe, wartet's ab, soll das wohl heißen. Meinetwegen. Wir hocken uns dazu, leisten ihm schweigend beim Rauchen Gesellschaft.

Nachdem er seine Kippe endlich genußvoll ausgedrückt hat, wird er dienstlich, zückt aus der Brusttasche seines weiten Hemdes einen Schmierblock nebst Stempel und Stempelkissen und widmet sich unseren Pässen. Bereits nach einer knappen halben Stunde hat er ihnen alles Wissenswerte entnommen und setzt sorgfältig die Stempel, wobei mangels Schreibtisch sein linkes Knie als Unterlage dient. Scheint, als hätten wir nicht gerade den höchstfrequentierten Übergang erwischt . . .

Der Rickshaw-Fahrer steigt im Bewußtsein, uns pflichtgemäß abgeliefert zu haben, wieder auf seinen Muskeltransporter, dreht und fährt nach einem letzten Versuch, uns klarzumachen, daß wir uns beim Preis verhört hätten, wieder zurück.

Der Grenzer deutet auf einen schmalen Fußpfad, der sich zwischen den Reisfeldern entlangschlängelt. Dem sollen wir folgen, dann würden wir nach drei oder vier Kilometern auf einen Ort stoßen. Ich denke mit tiefem Mißfallen an den hiesigen Hang zur Untertreibung bei Entfernungsangaben. Wir schultern unser Zeug und stapfen los.

Der Mond ist längst aufgegangen, als wir nach etwas sechs Kilometern den Lichtschein aus den Behausungen sehen: Chilahati, das erste Kaff in Bangladesh, begrüßt uns mit Hundegekläff.

Nachdem wir in einer der Hütten auch hier unsere Stempelchen bekommen haben – der halbe Ort nimmt regen Anteil an diesem sensationellen Ereignis –, verfrachten wir unseren Plunder in eine

Die stolze Grenzstation nach Bangladesh

Teekneipe und erforschen die Möglichkeiten, wie von hier weiterzukommen ist. Das Nest ist nicht eben riesig, die zur Verfügung stehenden Angebote sind entsprechend dürftig: einzige Verbindung zum Landesinneren stellt eine Schmalspurbahn dar, die aber immerhin mehrmals wöchentlich verkehrt, wie man uns glaubhaft versichert. Wir haben Glück: Bereits morgen nachmittag soll wieder mal ein Zug gehen.

Die Freuden des Nachtlebens hier beschränken sich auf lauwarmen Tee und kalten Reis, und so mieten wir uns ein Zimmer im örtlichen Dak Bungalow und gehen bald zu Bett.

Thema des Tages ist die Ankunft der Schmalspurbahn, die zwischen hier und irgendwo hin und her pendelt. Wo genau sie hinfährt, war nicht zu ergründen. Trotzdem steigen wir erleichtert ein, als sie kurz nach fünf endlich lostuckert. Egal, wo wir landen, schlimmer als in diesem ausgestorben wirkenden Dreihundert-Seelen-Nest, in dem wir uns den ganzen Tag um die Ohren geschlagen haben, kann's auch nicht sein.

Zwei Stunden später sind wir in Saidpur, einem Ort, der mit leicht übertriebenem Stolz den Begriff „Stadt" im Namen führt. Immerhin ist er auf der Karte eingezeichnet. Der Zug endet hier; morgen abend gegen 19 Uhr gibt's dann einen Anschluß. Wir suchen uns eine Bleibe für die Nacht. Wenn wir diesen rasanten Schnitt weiterhin halten, werden wir unsere Visa verlängern lassen müssen, bevor wir einmal quer durchs Land gefahren sind . . .

16. November 1982

Wir verbringen einen Teil der reichlich vorhandenen Wartezeit damit, uns Gedanken über die weitere Reiseroute zu machen. Nach längerem Palaver entscheiden wir uns dafür, nach Dacca weiterzufahren. Erstens ist es nicht nur die Hauptstadt, sondern auch die größte Stadt des Landes, und zweitens liegt sie von den drei Großstädten am nächsten. Dort können wir dann alle weiteren Informationen einholen und vor allem versuchen, unser Problem zu lösen. Unser Problem ist das nächste Land auf der Strecke und heißt Burma. Wollen wir auf dem Landweg weiter nach Thailand, müssen wir zwangsläufig dort durch. Das scheitert aber an den burmesischen Einreisebestimmungen, die Reisende nur auf dem Luftweg ins Land lassen – mit Rückflugticket – und auch nur für maximal sieben Tage. Zwar wissen wir, daß es eine – illegale – Möglichkeit gibt, diese Bestimmungen zu unterlaufen, doch steht uns der Sinn im Moment weder nach ausgedehnten Dschungelmärschen noch nach burmesischem Knast, wenn's denn schiefgehen sollte. Ein Flug von Bangladesh nach Thailand wäre natürlich die einfachste Lösung, aber auch ein herber Anschlag auf unsere knappen Finanzen. Also wollen wir uns erst mal umhören, ob eine Chance besteht, einen Lift auf einem Frachter nach Bangkok zu ergattern.

Unser Zug geht erstaunlich pünktlich. Man sagt uns, wir müßten die Nacht durchfahren. Das tun wir auch. Was man uns nicht gesagt hat, ist, daß wir zwischendurch umsteigen müssen . . .

Morgens sind wir in Khulna, etwa 320 Kilometer südwestlich von Dacca. Wir nutzen den unverhofften Aufenthalt, um einen Scheck einzulösen und die Stadt zu besichtigen. Nachmittags fährt dann ein Zug zurück nach Kushtia, wo wir hätten umsteigen müssen. Dort bekommen wir am späten Abend problemlos einen Zug, der uns schon nach zwei Stunden ins immerhin knapp dreißig Kilometer entfernte Ishurdi gebracht hat, wo wir nach wenigen Stunden Wartens Anschluß nach Sirajganj haben. Morgens um drei klettern wir steifbeinig aus dem eisernen Fossil, lassen uns im Wartesaal auf eine Bank fallen und schlafen erst mal ein paar Stunden.

Der Tag vergeht wie im Fluge, bereits gegen 18 Uhr entern wir die nächste Eisenbahn. Kaum haben wir es uns auf den hölzernen Bänken so richtig gemütlich gemacht, kommt das dieselspuckende Eisenroß auch schon wieder kreischend zum Stehen: Alles aussteigen! Vor uns schwappen die trägen Fluten des Brahmaputra. Der moosüberwucherte Prellbock am Ende der Schienen verweist jeden Gedanken an eine funktionstaugliche Brücke ins Reich der Illusion. Statt dessen nimmt ein morscher Flußkahn die Passagiere auf. Im letzten Licht des Sonnenuntergangs setzt sich das flache, plumpe Gefährt röchelnd und zitternd in Bewegung. Gut vier Stunden lang kämpft es sich funkensprühend, stampfend und bebend den durch die Monsunregen weit über die Ufer getretenen Strom hinauf. Wir sitzen auf den von Wind und Wetter zernagten Planken des vergammelten Seelenverkäufers, rauchen und schlagen nach den Mückenschwärmen, die nicht mal der dichte Dieselqualm des alten Wracks zu stören scheint.

Gegen Mitternacht machen wir dann endlich irgendwo fest. Ein Zug steht wartend im Dunkel, Kisten, Beutel und Taschen werden umgeladen, Menschen strömen in die Waggons. Wir quetschen uns auf eine der dichtbevölkerten Holzbänke. Die Lokomotive ruckt fauchend an. Noch einmal geht's die ganze Nacht durch; geradewegs nach Dacca, wie uns hoch und heilig versichert wird . . . Und gegen 8 Uhr sind wir endlich da. Wir besorgen uns ein Zimmer im billigsten Hotel, das wir finden können, irgendwo im Bazar.

Das erste, was uns an Dacca auffällt, sind die Rickshaws; ganze Scharen der bunten, ständig klingelnden Dreiräder bevölkern die Straßen. Andere Fahrzeuge sind kaum zu sehen. Ansonsten wirkt die Stadt auf mich laut und lärmig und krampfhaft auf Weltstadt mit internationalem Flair getrimmt. Ich mag sie schon am ersten Tag nicht besonders.

3. Dezember 1982

Wir sind jetzt seit zwei Wochen in Dacca. Eigentlich hatten wir uns sehr auf Bangladesh gefreut, weil wir, im Gedenken an unsere schöne Zeit in Pakistan, hofften, hier einiges davon wiederzufinden. Schließlich war Bangladesh als ehemaliges Ost-Pakistan ja mal ein – zumindest politischer – Teil dieses Landes, ehe es sich nach kurzem Bürgerkrieg 1971 davon löste. Doch unsere Erwartungen wurden nicht erfüllt: Ähnlichkeiten mit Pakistan fanden wir außer in der gemeinsamen Religion keine. Die Leute hier sind Bengalen und stehen in Kultur, Mentalität und Traditionen – bis hin zur Kleidung – den Indern sehr viel näher.

Tatsächlich sind Sprache, Küche und nicht zuletzt das Verhalten kaum von denen der angrenzenden indischen Bundesstaaten zu unterscheiden. Nur die Staatsreligion ist hier halt der Islam. Betrachtet man die Geschichte des Landes, das jahrhundertelang zum Mogulreich gehörte, ist das auch nicht weiter verwunderlich; trotzdem sind wir ziemlich enttäuscht. Der Mythos Indien hat sich nicht eben als unser Traumland entpuppt, und eine Fortsetzung davon ist keineswegs das, was wir suchten. Am meisten nervt mich wieder die ständige, dummdreiste Bescheißerei, die jeden Versuch, etwas zu kaufen, hier begleitet. Mag diese – hm – Preisstaffelung angesichts des auf dem hoffnungslos überbevölkerten Land lastenden Elends auch eine soziale Berechtigung haben – angenehm finde ich es deshalb trotzdem nicht, für alles den doppelten und dreifachen Preis zu zahlen, vor allem auf Dauer. Haben wir das „Indische" im Verhalten der Leute weiter oben noch der Grenznähe zugeschrieben, so wissen wir jetzt, daß es nicht daran liegt. Nein, eines meiner Lieblingsländer ist Bangladesh nicht gerade . . .

Auch ansonsten waren wir nicht sonderlich erfolgreich. Inzwischen haben wir nahezu alle einheimischen Reedereien abgeklappert, aber erreicht haben wir nichts als das Versprechen eines Reederei-Managers, er werde uns einen Lift auf einem Frachter besorgen, komme, was da wolle. Bislang beschränken sich seine Aktivitäten allerdings darauf, uns immer neuen Freunden zu präsentieren, die allesamt ebenso stinkreich wie eingebildet und langweilig sind.

Auch Mr. Haqs Einladungen zum Abendessen im erlauchten Kreise sind uns eher peinlich, wenn der manierierte Chauffeur uns artig den Schlag der Luxuslimousine aufhält, die so breit ist, daß er mit ihr nur die engen, verdreckten Gassen bis zu unserer Bruchbude hochkommt, wenn die Gemüsehändler eilig ihre Kohlköpfe und Tomaten beiseite räumen.

Immerhin lernen wir auf diese Weise die Elite des Landes kennen: einen Staatssekretär, einen Brigadegeneral des Heeres, den Chef des Grenzschutzes, einen Fabrikanten von tiefgefrorenen Shrimps und einen Filmproduzenten. Alle sind strenggläubige Moslems und sehr nette Leute, allerdings nach dem fünften Whisky immer etwas redselig . . .

5. Dezember 1982

Inzwischen haben wir erfahren, daß außer der staatlichen keine Reederei mehr Schiffe im internationalen Verkehr hat. Unser lieber Freund Haq hat wohl ziemlich viel heiße Luft abgelassen mit seinem großartigen Versprechen.

Dafür ist in der Abgeschiedenheit unseres Zimmers ein Plan herangereift, der uns schon seit Monaten immer wieder im Kopf herumspukte, ohne daß wir ihn bisher ernsthaft überlegt hätten. Nach einem der routinemäßigen Blicke in unser Landkartenarsenal fragt Ratte mich irgendwann beiläufig: „Sag mal, was hältst du eigentlich vom Goldgraben?"

Ich liege gerade bäuchlings auf meinem Lager und denke angestrengt über die Möglichkeiten nach, einer ziemlich feisten Wanze, die sich in eine Ritze zwischen den Bettpfosten geflüchtet hat, mit einem zusammengefalteten Kaugummipapier den Garaus zu machen. „Gold graben? Hier?" frage ich etwas zerstreut.

„Nein, natürlich nicht hier!" Ratte wirkt etwas unwirsch.

Ich benadige die Wanze, richte mich auf: „Wieso kommst du ausgerechnet auf Goldgraben?"

„Na ja, oder von mir aus . . . Koalabären gucken!"

Ich werfe einen Blick auf die Karte, die sie gedankenvoll hin und her wedelt: „Ach so . . ., du meinst . . ."

„Genau. Australien. Ich finde, wir sollten durchfahren!"

„Klar ...“ Ich bemühe mich, nicht zu ironisch zu wirken. „Die letzten paar Kilometer schaffen wir auch noch. Dann mieten wir uns 'n Claim in Kalgoorlie, schipp-schipp, viel Gold, steinreich und erster Klasse zurück nach Hause!“

Ratte läßt sich nicht beeindrucken: „Wenn wir sehr sparsam sind, könnten wir's schaffen – was meinst du?“

Australien ... das wäre der krönende Abschluß! Ich fange im stillen an zu rechnen. Nach einer halben Stunde harter Kopfarbeit steht die Kalkulation: Wenn wir extrem sparsam sind, könnten wir es wirklich schaffen, vorausgesetzt, wir bekämen in Bangkok oder Singapore einen Frachter ... Die Sache hat nur einen winzigen Haken: Wir schaffen es nur bis hin. Nach spätestens zwei Monaten dort wären wir pleite.

„Und wie kommen wir wieder zurück?“ werfe ich ketzerisch ein.

„Ach, komm, komm! Als ob dir das Kopfschmerzen machen würde!“

„Nee ... Jetzt noch nicht!“

Ratte grinst unternehmungslustig: „Na also! Wird sich schon irgendwas finden!“

Eigentlich braucht sie mich davon gar nicht zu überzeugen, um so mehr, als wir beide spüren, daß wir nun lange genug in Asien waren. Thailand wollen wir beide noch sehen, vielleicht noch Malaysia, aber dann wird's allmählich Zeit für etwas gänzlich anderes.

„Also gut, probieren wir's!“

Down Under, wir kommen!

7. Dezember 1982

Die Australische Hochkommission liegt in Gulshan, der Mustersiedlung im Norden Daccas, wo nebst einigen schwerreichen und superreichen Bengalen auch die Repräsentanten ausländischer Firmen und die diplomatischen Vertretungen zu finden sind. Der Mann hinterm Schreibtisch blickt mit einer Mischung aus Überraschung und sanftem Sarkasmus auf, als wir in unseren zerschlissenen, wenngleich frisch gewaschenen Klamotten zur Tür hereinstiefeln; nicht unbedingt der optimale Aufzug, um Visa für Australien zu bekommen, zugegeben. Aber er scheint ebensoviel Zeit wie Humor zu haben. Ich glaube, wir sind uns gegenseitig sympathisch.

Die erste Frage ist erwartungsgemäß die nach Geld und Tickets. Ich rede offen mit ihm, mache keinen Hehl daraus, daß wir An- und Abreise mit einem Frachter zu tätigen gedächten.

„Na ja, mag schon sein, daß das klappt . . . Ich habe so was schon mal gehört. Aber wovon gedenkt ihr zu leben? Australien ist ziemlich teuer!"

„Nun . . . im Hilton wollten wir nicht absteigen!"

Er streicht bedächtig mit den Fingerspitzen über seine Wange. „Schon. Aber was ist mit den Transportkosten? Australien ist recht groß!"

„Oh, es gibt da einen Weg, die Transportkosten angenehm niedrig zu halten!"

Er zieht fragend eine Braue hoch.

„Wir sind praktisch den ganzen Weg von Deutschland hierher getrampt . . ."

Er grinst sparsam. „Wie wollt ihr das machen? Hinter Perth gibt's nur noch Wüste auf tausend Meilen!"

„Ja, wir haben uns extra dafür schon große Feldflaschen besorgt!"

Sein Grinsen wird eine Spur breiter. Nach einer weiteren halben Stunde, in deren Verlauf er uns klarzumachen versucht, daß wir hoffnungslos bescheuert seien, nimmt er resignierend unsere Pässe: „Also, meinetwegen. Morgen früh um zehn."

„Drei Monate, ja?" hake ich unverfroren noch mal nach.

Er blickt kurz auf, kann aber nicht ganz ernst bleiben: „Raus!!"

Als wir draußen sind, meint Ratte erleichtert: „Puh . . . mit dem haben wir Schwein gehabt, was?"

Ich nicke. „Und ob! Ich hätte auch zehn zu eins gewettet, daß wir die verdammten Dinger nicht kriegen!"

Pünktlich am nächsten Morgen um zehn stehen wir auf der Matte.

„Oha, die Unerschütterlichen!" begrüßt er uns aufgekratzt und schiebt uns die Pässe hin. Ich riskiere einen kurzen Blick: drei Monate. Verlängerbar.

Beim Hinausgehen ertönt hinter uns ein diskretes Hüsteln. Ich drehe mich fragend um; er widmet sich geschäftig einer Akte. „Vergeßt das Wasser nicht." Er grient still in sich hinein, ohne aufzusehen. „Soll ziemlich trocken sein, im *Outback!*"

„Danke", sage ich lachend.
„Schon gut. Viel Glück!"

10. Dezember 1982

So, wie die Aktien im Moment stehen, können wir uns die Sache mit dem Frachter nach Bangkok wohl abschminken. Zwar gäbe es noch die Möglichkeit, nach Chittagong zu fahren – das ist der einzige Überseehafen des Landes – und dort unser Glück zu versuchen; vielleicht liegt ja zufällig gerade ein passender ausländischer Kahn auf Reede. Aber das würde bedeuten, daß wir wieder tagelang auf Achse wären, unter Umständen Wochen in Chittagong hängen würden, und das Resultat ist mehr als fraglich. Wenn's nicht klappt, müßten wir wieder zurück nach Dacca, und eigentlich haben wir die Nase voll von Bangladesh. Also werden wir uns wohl oder übel nach einem billigen Flug umsehen . . .

Draußen zeugen die typisch nachmittäglichen Geräusche davon, daß Dacca sich aus der Siesta erhebt: Das Scharren der über Mittag abgedeckten Gemüsekisten, die die Händler wieder in Position zurren, allgemeines Freihusten und Ausspucken, erstes Anpreisen der Ware nach dem Nickerchen, mit noch leicht belegter Stimme, zart aufkeimendes Rickshaw-Geklingel, das sich in der nächsten halben Stunde wieder wie an jedem Nachmittag zu einem Höllenlärm auswachsen wird. Es ist drückend schwül-heiß im Zimmer, obwohl ein verblichener, ausgefranster Stoffetzen in ehemals grellbuntem Blumendessin die fensterlose Luke vor der Sonne abschirmt.

Ich sitze an dem wackeligen Tisch, der die Zierde des Zimmers darzustellen versucht, Ratte steht mit drohend gezückter Nagelschere hinter mir und stutzt meine Lockenpracht; nicht etwa, weil ich einen Haarschnitt dringend nötig hätte, sondern weil es so weniger auffällt, daß mir die Haare in der letzten Zeit büschelweise ausgegangen sind. Sei es eine Folge der Krankheiten, die ich mir in den letzten Monaten eingefangen habe, oder der mangelhaften Ernährung oder von beidem; alle Anzeichen deuten jedenfalls auf Skorbut, und ich betrachte mit Sorge mein angeschwollenes Zahnfleisch und den stark gelichteten Schädel . . .

11. Dezember 1982

Alea iacta est: Wir haben einen günstigen Flug bekommen und dank unseres internationalen Studentenausweises, sprich Führerscheins – mein Gott, wofür das Ding alles herhalten muß! – auch noch sieben Prozent Ermäßigung. Sinnigerweise wird es billiger, wenn wir zuerst nach Kalkutta zurückfliegen und von dort aus nach Bangkok, was wesentlich länger ist. Übermorgen geht's weiter ...

13. Dezember 1982

Beim Einchecken gibt's noch ein kleines Intermezzo: Mein Messer darf nicht mitfliegen. Nach stundenlangem Palaver reist es dann endlich als „Sonderfracht unter persönlicher Verantwortung des Kapitäns" vorne im Cockpit ...

Wir verlassen Bangladesh ohne Tränen und ohne uns von unserem Gönner Mafoúz úl-Haq verabschiedet zu haben. Am folgenden Tag gegen vier Uhr morgens landen wir in Bangkok.

Thailand

14. Dezember 1982

Vor der Zollabfertigung haben sich lange Warteschlangen gebildet. Der Blauuniformierte am Ende unserer Reihe genießt sichtlich seine Machtposition. Die Abfertigung geht nur schleppend vorwärts. Als Ratte und ich vor ihm stehen, betrachtet er uns ausgiebig mit dem freudigen Blick einer Hyäne, die nach längerer Fastenzeit Beute wittert: „Woher?"

„Aus Bangladesh."

„Geld?"

Sprechen in ganzen Sätzen scheint nicht seine Stärke zu sein. Wir zählen ihm unsere Schecks vor.

„Alles?" Er zieht ein Gesicht, als ob ihm seine Hämorrhoiden zu schaffen machten.

Ich nicke. Gott, wenn der wüßte, was wir damit noch vorhaben . . .

„Öffnen!" Der uniformierte Leviathan richtet sich schnaufend zu seinen vollen 1,52 auf, wühlt kurz in den Rücksäcken; dann nickt er. Sein nicht minder gesprächiger Kollege drückt uns die Stempel in die Pässe: „Weiter!" Wir schieben zum Ausgang.

Der erste Eindruck vom Flughafen ist fast ein Schock – ein Kulturschock gewissermaßen. Plötzlich werden wir wieder mit Dingen konfrontiert, die uns eigentlich nur zu vertraut sind, denen wir jedoch im ganzen letzten Jahr nicht mehr begegneten: der moderne Bus mit pneumatisch schließenden Türen, der uns am Rollfeld abgeholt hat; Rolltreppen und Aufzüge, die einen tatsächlich auf Knopfdruck ins gewünschte Stockwerk transportieren; funktionierende Getränke-Automaten und blitzsaubere Kunststoffböden ohne jede Spur von Pan.

Draußen wird das Gefühl, einen eigenartigen Zeitsprung gemacht zu haben, noch verstärkt. Die ersten Strahlen der aufgehenden Sonne fallen auf eine gut ausgebaute, autobahnähnliche Schnellstraße. Trotz der frühen Stunde herrscht schon dichter Verkehr. Zum ersten Mal überwiegen hier wieder die Personenwagen, gepflegte Mittelklassewagen neueren Datums, keine rostzerfressenen, klapprigen Museumsstücke.

Menschen eilen an uns vorbei, adrett gekleidet nach dem neuesten Schrei. Einige streifen uns mit leicht pikierten Blicken. Wir sehen an uns runter: Kein Wunder, daß der Typ am Zoll sich mit solcher Begeisterung auf uns gestürzt hat. Unsere T-Shirts ziert ein dezentes Lochmuster, Jacken und Hosen erinnern in ihrer modisch-konturlosen Formgebung stark an Flickerlteppiche. Die saloppe Eleganz unseres Aufzuges wird unterstrichen durch die von monatelangen Strapazier-Einsätzen gezeichneten Rucksäcke. Bislang hat das niemand gestört, doch hier ist scheint's einiges anders; wir werden uns wohl schleunigst neue Klamotten besorgen müssen . . .

Wir besteigen einen Bus, der sich in den fast lückenlos fließenden Verkehr einreiht. Je näher wir dem Stadtkern kommen, desto voller wird's. Überwiegend sind es wohl Angestellte auf dem Weg zur Arbeit.

Moderne Hochhäuser mit Konsumwunder-Leuchtreklamen westlichen Zuschnitts über hoffnungslos verstopften Straßen zeugen beredt davon, daß die Thai-Metropole in der Tat eine Weltstadt ist. Es ist schon am frühen Morgen schwül-warm. Die Abgase von rund anderthalb Millionen Autos stauen sich zu einer dichten Dunstglocke, die wie ein unsichtbarer Nachtmahr über der Stadt lastet und das Atmen schwermacht.

Hier in der Innenstadt relativiert sich der Eindruck westlich-mondänen Ambientes und bruttosozialproduktspiegelnder Wolkenkratzer dann schnell wieder. Im Schatten der glitzernden Glasfassaden bestehen ganze Straßenzüge noch aus alten, niedrigen Holzhäusern, durchziehen zahllose größere und kleinere *khlongs* – Kanäle – die älteren Viertel. Krasse Gegensätze schon auf den ersten Blick; während oben auf den breiten Prachtstraßen blankpolierte Nobelkarossen entlangchauffiert werden, staken unten ausgemergelte Männer und Frauen ärmliche, flache Holzkähne durch die *khlongs*, an deren Ufern oft ganze Siedlungen morscher Holzhütten mit rostigen Wellblechdächern die weniger Privilegierten des Fünf-Millionen-Molochs beherbergen.

Wir steigen in der Nähe des Bahnhofs aus, kämpfen uns durch die verwirrende Vielfalt der überfüllten Gassen in Hua Lamphon auf der Suche nach der billigsten Absteige am Platze. Als wir endlich ein Zimmer für nur vierzig Bath in einer dunklen Kaschemme bekommen haben, lassen wir aufatmend die Rucksäcke auf die quietschenden Eisenbetten fallen. Das Geräusch treibt eine Armee wohlgenährter Kakerlaken in die sichere Deckung der Ritzen zwischen den aufgeworfenen Brettern des Fußbodens. Wir schließen ab und machen uns auf die Suche nach einer Frühstücksmöglichkeit.

Schon wenige Schritte hinter unserer Feudalherberge trifft uns ein Schwall verschiedener Düfte, der sich äußerst angenehm vom Verkehrsgestank abhebt und dessen einzelne Komponenten allesamt eine gemeinsame Ursache haben: Essen. Kulinarisch liegen wir in dieser Ecke offenbar goldrichtig. Wir lassen uns vertrauensvoll von unseren Riechorganen leiten und landen auch prompt in einem Netz von Gäßchen, deren einziger Sinn und Zweck darin zu bestehen scheint, Vorüberkommende mit einer unübersehbaren Vielfalt lukullischer Köstlichkeiten zu betören. Neben schummrigen Kneipen und halboffenen Verschlägen mit einigen Tischen und Stühlen kocht und brodelt, schmort und dampft es aus zahllosen Ständen und fahrbaren Garküchen. Sie alle locken mit zufrieden schmatzenden Kunden und einer Unzahl frischer Zutaten in der Auslage, die ganz nach Belieben des Gastes vor seinen Augen in die herrlichsten Gaumenfreuden verwandelt werden. Das Wasser läuft uns im Mund zusammen, angesichts der exotischen Leckereien, die da in endloser Folge vor uns aufgereiht liegen; Hühner und Enten präsentieren sich küchenfertig neben Fischen und Meeresfrüchten, umrankt von Gemüse aller Art; *satays*, Fleischspieße von Huhn und Schwein, vom Tintenfisch und aus kräftig gewürztem Hackfleisch, brutzeln über Holzkohlenbekken; aus großen Suppenkesseln steigen Düfte empor, die nur vage ahnen lassen, wie weit der Geschmack der subtilen Kompositionen den Geruch noch übertrifft. Süß und sauer, scharf und salzig, mild und deftig – wir erliegen der Verführung im Handumdrehen. Das einzige, was uns in diesem Moment leid tut, ist, daß wir nicht in der Lage sind, alles auf einmal zu probieren. Ein Handicap bei der genußvollen Schwelgerei in fernöstlicher Kochkunst: Die Fingerfertigkeit, die vonnöten ist, um eine Terrine Glasnudelsuppe mit verschwenderischer Einlage fachgerecht mit Stäbchen zu vertilgen, bedarf wohl intensiven Trainings . . .

Hier in der Gegend kann niemand Englisch. Trotzdem bekommen wir ohne Schwierigkeiten, was wir wollen; Hand-und-Fuß-Esperanto als behelfsmäßiges Kommunikationsmittel ist hier wieder machbar, trifft auch auf rege Gegenbeteiligung. Manchmal führt es zu allgemeinen Lachsalven, wenn die geistigen Höhenflüge der einen oder anderen Partei Mißverständnisse bewirken. Es sind angenehme Lachsalven, verständnisvolle, ohne jede Gehässigkeit. Überhaupt ist die Stimmung hier gelöst, beinah fröhlich. Die Menschen sind uns gegenüber nicht überschwenglich zuvorkommend, aber auch nicht abweisend; sie begegnen uns und unserer Unwissenheit in einzelnen Dingen mit selbstsicherem Verständnis, behandeln uns angenehmerweise geradeso wie ihresgleichen. Auch haben wir nicht das miese Gefühl, ständig übervorteilt zu werden. Obwohl wir keinen der angeschlagenen Preise lesen können, stellt sich hier nicht der Eindruck ein, um jeden Tee kämpfen zu müssen wie in Bangladesh; Tarife gelten hier, scheint es, wohl wieder für alle. Sehr angenehm!

Wir verlassen die Gasse der Freßlust, laufen weiter. Kommen wieder in breitere Straßen, mit festen Häusern, Läden die meisten. Vor den offenen Fronten baumeln die drinnen angebotenen Waren, bilden, aufgereiht an Stangen und Drähten, einen Wald aus Hosen, Taschen, Hausrat und Musikkassetten. Noch eine Straße und noch eine Gasse: und plötzlich macht die übervölkerte Hektik stromschnellenartiger Betriebsamkeit einem kleinen Platz Raum, driftet auseinander vor einem Rasenstück, das hinter einer Mauer den Blick freigibt auf einen Tempel. Spitz zulaufende Dächer, die wie die Glieder eines Teleskops übereinandergeschoben zu sein scheinen, weite Flächen harmonisch aufeinander abgestimmter Farbfelder aus buntglasierten Ziegeln, zwischen denen steil aufragende Türme und Türmchen ihre langausgezogenen, filigranen Spitzen in den Himmel richten. Ein Gemälde aus Weiß, Rot, Gelb, Blau und Grün liegt vor uns, aus rund und eckig, breit und spitz.

Mit einem Mal ist jede Unruhe des aus allen Nähten platzenden Wirrwarrs Bangkok vergessen, abgeschüttelt. Wir stehen fast andächtig vor dem sorgfältig gepflegten Zusammenspiel von Form und Farbe, vor diesem perfekten Agglomerat symmetrischen Bewußtseins. Was da vor uns liegt, ist eine Schöpfung, die in ihrer Gesamtheit einfach schön ist, ästhetisch schön.

Die geschwungenen Formen des eigentlich massigen Bauwerks erfahren durch die antennenartigen Spitzen der Türme eine Leichtigkeit, die den ganzen Gebäudekomplex aus der Entfernung wie ein anmutiges Spielzeug wirken läßt. Die zu kurvenreichen Ornamenten in Stein verwandelten Löwen am Eingang festigen nur noch die Illusion spielerischer Leichtigkeit, die dem nach oben strebenden Gebilde anhaftet. Das ganze Gebäude wirkt wie eine Tonfolge, wo sich auf eine hohe Note immer noch eine weitere, höhere aufbaut und noch eine und noch eine; und dann, wenn man glaubt, die Spitze sei nun endlich erreicht, krönt sie unerwartet eine noch viel höhere.

Wir wandern offenmäulig durch diese neuerliche Manifestation Bangkokscher Ungereimtheit: zu gepflegt, verglichen mit den *khlongs*, zu edel fürs rostende Wellblech, zu ruhig für die brodelnde Unruhe der Altstadtviertel, zu anachronistisch für die Stahlbeton-Skyline; und doch ist alles ein unübersehbarer Teil des Ganzen, verteilt über die ganze Stadt, und immer wieder aufs neue überra-

Im Innenhof des Wat Pho

schend. Vom Morgen bis zum späten Abend, an dem wir uns erschöpft auf die vergammelten Betten fallen lassen, stoßen wir auf diese scheinbaren Widersprüche, und der Eindruck, den wir mit in den Schlaf nehmen, ist der, daß diese Metropole in ihrer Unüberschaubarkeit einem kaum entwirrbaren Knäuel aus den verschiedensten Garnen ähnelt.

Die nächsten Tage verbringen wir hin und her gerissen zwischen Pagoden und Freßbuden, zwischen dem Abgasgestank der verstopften Prachtstraßen mit ihren eleganten Boutiquen und noblen Geschäften, in deren reichhaltigen Auslagen alles zu finden ist, was man auch in einer europäischen Großstadt erwarten würde, und dem betäubenden Duft der Gewürzmärkte am Ufer des Chao Phraya. Wir durchstreifen die Tempelbezirke: Golden Mount, Marmortempel, Wat Phra Kaeo, Wat Pho und andere klangvolle Namen stehen für unvergeßliche Bilder einer Kultur, bei aller Fremdartigkeit vom ersten Moment an durch eine Ästhetik bestechend, die auch meinen mitteleuropäisch geprägten „Kunstnerv" trifft. Obwohl in den Grundzügen sehr ähnlich, sind sie voneinander doch so verschieden, daß wir jedesmal aufs neue verblüfft vor der Mannigfaltigkeit der Form- und Farbarrangements stehen, deren perfektionistisch-detaillierte künstlerische Ausgestaltung wahrhaft ihresgleichen sucht.

Möglichem drohendem Realitätsverlust beugt die Tatsache vor, daß wir uns neu ausstaffieren müssen. Nach eingehender Begutachtung der Sonderangebote etlicher Billigläden haben wir schließlich einen Satz Hemden und zwei neue Jacken erstanden. Mit den Hosen ist das schon schwieriger. Die Billig-Jeans aus heimischer Produktion sind sämtlich auf den lokalen Bedarf zugeschnitten, das heißt, sie enden bei mir in der Regel knapp unterm Knie. Schließlich entdecken wir ein preisgünstiges Einzelstück – Übergröße –, das immerhin fast bis zum Knöchel reicht.

Später am Nachmittag landen wir mehr durch Zufall im Gewirr der windschiefen Holzhütten unten am Chao Phraya. Die vorderste Reihe der durch Brettersteige miteinander verbundenen Behausungen ist nach Pfahlbauweise halb ins morastige Wasser des Flusses gesetzt. Von hier aus hat man einen herrlichen Ausblick über die ganze Breite des Stromes und die am Ufer errichteten, verwinkelten Häuschen. Das Ganze erscheint uns recht privat, und so fragen wir vorsichtshalber einen Mann, der gerade einen Jutesack flickt, ob wir uns einen Moment auf den Steg setzen dürfen. Er hat nichts einzuwenden, im Gegenteil. Nach einer Zeit der vorsichtigen Zurückhaltung siegt die Neugier, er kommt zu uns herübergeschlendert. Ich biete ihm eine Zigarette an, und er hockt sich zu uns, versucht zu ergründen, woher wir kommen und was in aller Welt wir gerade hier machen.

„Die Aussicht bestaunen", erläutere ich gestenreich.

Er lacht. Klar, er sieht sie jeden Tag, da verschwindet das Erfreuliche rasch hinter den hier angehäuften sozialen Mißständen . . . Aber er hat Verständnis für unsere Neugier, deutet mit der Zigarette auf die hoch aufragende Silhouette eines gewaltigen Tempelbaus auf der anderen Seite. Der runde, hohe, trotz massiger Basis schlank wirkende, glockenförmige Mittelturm ist von vier kleineren umgeben. Aus der Entfernung ähnelt die ganze Anlage einem riesigen Raumschiff.

„Wat Arun", bemerkt der Hausherr nicht ohne lokalpatriotischen Stolz. Komisch, daß ausgerechnet dieses Bauwerk „Tempel der

Der „Tempel der Morgenröte" – in der Abenddämmerung

Morgenröte" heißt; soeben schickt sich nämlich die Sonne an, genau hinter ihm zu versinken, was uns den prachtvollen Anblick dieses Tempels in der Abendröte verschafft.

Um uns herum bereiten sich die Bewohner des Viertels auf die Nacht vor. Die Kähne, die eben noch den Fluß entlanggestakt wurden, legen einer nach dem anderen am Ufer an. Das Geschrei der im Morast herumtollenden, halbnackten Kinder verstummt allmählich, sie verschwinden in den Hütten. Frauen schöpfen Wasser aus den moddrigen Fluten, ein Mann kniet auf einem Bambussteg und putzt sich die Zähne, während ein anderer einige Häuser weiter – stromaufwärts, wohlgemerkt – ungeniert seine Notdurft in den Fluß verrichtet.

Das Licht wird fahler, das Rot hinterm Wat Arun intensiver. Eine Frau erscheint mit einem dampfenden Teekessel in der niedrigen Tür der Hütte. Der Mann steht auf, nimmt ihr den Kessel ab, füllt drei

Gläser, reicht uns zwei davon. Die Frau verschwindet wieder im Inneren der ärmlichen Behausung.

„*Chai*", sagt der Mann und nickt uns aufmunternd zu, „Tee." Es ist sehr dünner Tee, seine Farbe in etwa die gleiche wie die des Chao Phraya. Ich trinke einen Schluck, sehe mit leichtem Kribbeln in der Magengegend zum Wasser hinab, wo sich gerade jemand die Haare wäscht . . .

Es ist fast dunkel geworden. Der Mann steht auf, nimmt die leeren Gläser und verabschiedet sich, um nach drinnen zu gehen. Die eingetretene Stille ist nach dem Lärm des Tages beinah unwirklich. Sie wird nur unterbrochen durch das Glucksen der Wellen, die an die algenüberwachsenen Pfähle spülen, und durch das leise Rauschen einer niemals schlafenden Riesenstadt, die kilometerweit entfernt scheint. Die Lichter am anderen Ufer spiegeln sich in den Fluten, ein leichter Wind weht den Geruch von Fisch, Schlick und morschem Holz zu uns herüber.

Wir stehen wortlos auf und gehen zurück in das andere, das laute Bangkok.

20. Dezember 1982

Wir vertiefen unsere Kenntnisse der hiesigen Fauna im Tiergarten. Der weitläufig angelegte, parkähnliche Zoo ist ausgesprochen schön, gewährt einen ausgiebigen Einblick vor allem in heimisches Tierleben. Aushängeschilder sind neben einer Herde Karabaus, einer Wildform des Wasserbüffels, der weiße Elefant – garantiert nicht angepinselt – und ein riesiger Gavial, der in einem großen Wasserbecken träge vor sich hin dümpelt. Das wirklich Faszinierende an diesem Zoobesuch aber ist, daß all die Pflanzen, die man, mühsam zu ansehnlicher Größe gezüchtet, aus den Tropenhäusern zu Hause kennt, hier in einer ungeahnten Üppigkeit wild wuchern.

Am nächsten Tag machen wir uns auf, eine Frage zu klären, von deren Antwort der weitere Verlauf unserer Reise maßgeblich mitbestimmt wird: Ist es hier noch möglich, einen Lift auf einem Frachter zu bekommen? In Mitteleuropa zumindest ist diese Form der preiswerten Fortbewegung schon vor Jahren ausgestorben. Aber hier soll es angeblich noch klappen.

Wir fahren mit einem Bus runter zum Hafen. Dort hält man uns wohl für Seeleute, denn wir werden an der Kontrolle kommentarlos durchgewinkt. Den ganzen Nachmittag lang klappern wir einen Pott nach dem anderen ab. Zwar ist keiner dabei, der nach Australien geht, doch wird uns sehr bald klar, daß Frachtertrampen hier noch ganz gut läuft. Wir bekommen spontan drei Angebote mitzufahren: einmal nach Japan, einmal nach Indonesien und einmal nach Südkorea. Da wollen wir nun allerdings nicht hin ...

Mit der Gewißheit im Nacken, daß wir im wesentlich größeren und häufiger von Australiern angelaufenen Hafen von Singapore eine gute Chance haben werden, nach *Down Under* rüberzukommen, fahren wir zurück.

Die Zigaretten werden uns knapp. Statt die teuren im Laden zu kaufen, gehen wir zu der *khlong*-Brücke in Hua Lamphon, wo, wie wir inzwischen wissen, allabendlich im Schutze der Dunkelheit die Schmuggler und Hehler der Gegend ihre verbilligte Ware verhökern. Das Stimmengewirr, das aus der Dunkelheit heraufdringt, erinnert uns immer noch frappierend an einen Pulk rolliger Katzen, die in einer lauen Sommernacht ihren starken Trieben frönen; die anfangs irritierenden inzwischen nur allzu vertrauten Töne gehören zu einigen Frauen, die im hohen, gequetschten Thai-Singsang um die angebotenen Artikel feilschen.

Der Mann mit den illegal importierten – oder geklauten – Zigaretten entspannt sich, sowie er in uns Ausländer erkennt. Als wir vor seinem Korb hocken, entgegnet er auf meine Frage nach dem Preis etwas, von dem ich bisher dachte, so überzogen käme es nur in Filmen niedrigen Budgets vor: Er hebt grinsend den Zeigefinger in die Luft und sagt strahlend: *„Wan handelet!"*

„Hä?" frage ich leicht konsterniert zurück.

Er läßt sich nicht verwirren: *„Wan handelet Bath!"*

Tatsächlich, er meint *one hundred*. Also nicht nur Chinesen können kein R aussprechen, auch Thais haben da offenbar so ihre Schwierigkeiten ...

23. Dezember 1982

„Das da, die Brust!"

Wir sitzen in einer chinesischen Kneipe und versuchen dem willigen Koch klarzumachen, welchen Teil der riesigen, bratfertig gerupften Hühner, die seine Auslage zieren, er präparieren soll. Wir haben diese Geflügelmonster schon öfter in irgendwelchen Restaurants hängen sehen, aber im Vorbeilaufen oder -fahren habe ich sie ob ihrer abnormen Größe immer für verbaute Gänse gehalten. Tatsächlich sind es Hühner, irgendeine lokale Mammutrasse; eine äußerst schmackhafte noch dazu, wie wir jetzt feststellen. Kauend durchleben wir noch mal den Tag, den wir auf den schwimmenden Märkten von Thonburi verbracht haben.

Dieser alte Stadtteil von Bangkok am linken Ufer des Chao Phraya besteht fast nur aus Holzhäusern, oft von geradezu prähistorischem Einschlag, zwischen denen sich ein dichtgesponnenes Netz aus *khlongs* ausbreitet. Das Leben dieses palmen- und bananenbaumumsäumten Viertels spielt sich fast ausschließlich auf dem Wasser ab. Kahn liegt an Kahn, Nachen an Nachen. Meistens sind es Frauen, die in groben blauen oder grünen Kitteln mit den breiten, oben abgeflachten Strohhüten auf dem Kopf im Schatten der ausladenden Schirme auf den flachen Booten sitzen. Vor ihnen türmen sich Mangos und Guaven, Bündel von Lychee-Zweigen stapeln sich auf den verwitterten Brettern der Boote neben Bananenstauden und prallen, reifen Ananas. Riesige, mattgelbe Jackfruits warten ebenso auf Käufer wie die Pyramiden aus Kartoffeln, Tapioka, Kohl und Ingwer. Kisten voller Okraschoten, Tomaten und Chilis kontrastieren mit dem leuchtenden Violett der Auberginenberge. Knoblauch, Zwiebeln und Gewürze liegen neben Meeresfrüchten, lebenden frischen Fischen aller Art und schnatterndem, gackerndem Geflügel.

Das einzige, womit ich mich beim besten Willen nicht anfreunden kann, sind jene putzigen, lebend feilgebotenen Tierchen, die eine auffällige Ähnlichkeit mit mittelgroßen Schaben verbindet und von denen man hier allgemein behauptet, am Spieß seien sie eine wahre Delikatesse . . .

Abends bummeln wir spaßeshalber mal durch Pat Phon, das

Amüsierviertel, das Bangkoks Ruf als lohnendes Reiseziel weit über die Schar kulturbeflissener Reisender hinaus begründet hat. Glitzernde Lichterpracht – überwiegend in Rot gehalten – signalisiert allenthalben jene Genüsse, deretwegen alljährlich Großraumflugzeuge der Kategorie „Bumsbomber" Tausende frustrierter Westler ausspucken, die nicht ganz unberechtigt hoffen dürfen, hier trotz Bierbauch und mangelnder Ähnlichkeit mit dem legendären Adonis der *King* zu sein. Die Unfähigkeit zur Auseinandersetzung mit weiblichen Ansprüchen zu Hause wird hier durch „innere Werte" ausgeglichen: $, DM und was sich sonst noch in der Gesäßtasche befindet. Hilfreiche Potenzstütze bildet das Bewußtsein, daß man ja schließlich solcherart angewandte Entwicklungshilfe betreibt ...

Bei dem dritten Mädchen, kaum in der Pubertät, das mich auf offener Straße anfällt, den Katalog eines deutschen Reiseunternehmens in der Hand und heftig mit dem ausgedruckten Hinweis argumentierend: „Für einheimische Begleitung ist kein Aufschlag auf den Zimmerpreis erforderlich", reicht's mir gerade.

Wir verlassen fluchtartig die Ecke der überall gegenwärtigen selbstzufriedenen „Entficklungshelfer" und fahren zurück in die unversaut krause Atmosphäre von Hua Lamphon, wo die Nutten wenigstens volljährig sind.

24. Dezember 1982

Eher beiläufig stellen wir fest, daß heute Weihnachten ist. Viel erinnert allerdings auch nicht an den gewohnten Ablauf des Festes: Statt Schnee haben wir 35 °C, und an Stelle der Tannenbäume rauschen die Palmen.

Wir verbringen den Abend in einer verräucherten chinesischen Kneipe bei billigem Bier und der spontanen Jam-Session einiger Exilfilipinos, die in besoffenem Zustand mit ihren Gitarren und einigen sehnsuchtsvollen Südsee-Schnulzen ungewollt den feierlichen Rahmen liefern. Es ist das zweite Weihnachtsfest, das wir fernab von allem Gewohnten verbringen. Nicht, daß ich andächtiges „Stille Nacht" vermissen würde, aber die Zeitspanne, die wir von zu Hause weg sind, kommt uns einmal mehr zum Bewußtsein. Ziemlich lange her, seit wir Vertrautes um uns hatten ...

25. Dezember 1982

Wir schlafen unseren Suff aus, begegnen dem Kater mit einem herben chinesischen Familienrezept, wie uns die Alte in unserer Stammkneipe kichernd versichert.

Bangkoks Schönheiten haben wir nun ebenso gründlich inhaliert

Auch Mönche sind nicht allem Weltlichen entrückt

wie seine Abgase, die einem bei der täglichen Rush-hour das Atmen fast unmöglich machen; es wird Zeit weiterzufahren. Australien lockt...

26. Dezember 1982

Wir tasten uns langsam aus der gigantischen Stadtlandschaft hinaus, mit ständig wechselnden Bussen, die uns dem Rand des Millionentopfes Kilometer für Kilometer näher bringen. Endlich stehen wir, immer noch umgeben von den Auswüchsen des Kolosses, an einer Ausfallstraße und halten den Daumen hoch.

Trampen geht hier wieder fast im europäischen Sinne, nicht gerade toll, aber immerhin bekommen wir relativ schnell ein paar Lifts. Spät in der Nacht rollen wir uns neben dem Highway ins Gemüse, schlafen ein paar Stündchen bis zum frühen Morgen.

Bei Sonnenaufgang werden wir wieder munter. Kurz darauf hält ein Pick-up, nimmt uns mit bis Hua Hin, eine der Siedlungen entlang der thailändischen Küste, die offenbar europäischen Urlaubern bevorzugt als warmwäßriges Winterquartier dienen. Gewisse ansatzweise Ähnlichkeiten mit der spanischen Costa del Sol genügen bereits, uns gleich weiterzutreiben.

Auf einer Bank am Ortsausgang löst Ratte noch schnell einen Scheck ein. Während ich auf den Stufen sitze und die Rucksäcke bewache, nähert sich eine Frau in ländlicher Kleidung einem einige Meter abseits geparkten Pick-up, dessen Ladefläche vollgepackt ist mit satt-reifen Ananas. An der Tür verharrt sie einen Moment, holt tief Luft, bevor sie zögernd den Wagen aufschließt. Als sie mitbekommt, daß ich sie beobachte, mustert sie mich eine Weile. Dann greift sie schweigend mit abgearbeiteten Händen in die Ladung, tastet prüfend über einige Früchte. Sie nimmt eine knapp anderthalb Kilo schwere Ananas, wirft sie mir lächelnd zu. Ich fange sie auf, ziehe fragend eine Augenbraue in die Höhe.

Sie zuckt die Achseln, macht eine weitausholende Handbewegung, mit der die ganze Hoffnung eines langen Erntejahres begraben wird: Niemand hat ihr die Fuhre abgekauft. In ein paar Tagen sind die Dinger hinüber, sie sind schon zu reif. Weiß der Teufel, wie sie ihre Kinder bis zur nächsten Saison durchbringt...

Sie zuckt noch mal die Schultern, schenkt mir ein verlorenes Lächeln, steigt ein und fährt los. Ich betrachte Kohorten von wohlbeleibten Urlaubern, die auf der Suche nach westlichem Frühstück aus ihren Appartements geschlichen kommen, nichts in den Gesichtern als sonnenbraune Erholung und den Ausdruck kurzfristig unbegrenzter Freiheit. Ihr erklärtes Ziel der Ferien: die lieben Kollegen blaß werden zu lassen dank fotografischer Dokumentation der höchsten surfgeeichten Wellenkronen.

Ratte kommt aus der Bank, sieht mich und die Ananas fragend an. Ich erzähle ihr von der Frau, während wir uns die Rucksäcke überstülpen. Die Ananas ist unser Frühstück, irgendwo an der Straße am Ende des Ortes. Ich esse sie sehr bewußt.

Wir trampen weiter. Die Landschaft ist tropisch, offene Küstenregionen wechseln sich mit üppig grünem Busch ab. Gegen Nachmittag ziehen die ersten zusammenhängenden Stücke Regenwald an uns vorbei. Die Straße ist breit und eben, und da hier auch wieder Pkws halten, kommen wir rascher vorwärts, als wir es in den letzten Monaten gewohnt waren.

Nach Einbruch der Dunkelheit gelangen wir in einen kleinen Ort neben der Straße, schon etwa sechshundert Kilometer von Bangkok entfernt. Wir machen uns auf die Suche nach etwas Eßbarem und einem Platz für die Nacht. Sonderlich freundlich fällt die Begrüßung in der Dorfkneipe allerdings nicht aus: zu essen gäb's hier nichts und Zimmer auch nicht. Vielleicht im nächsten Dorf, lautet die etwas unwirsche Auskunft.

Wir drehen eine Runde durch das Nest, doch auch in der zweiten Kneipe, die wir noch finden, hält sich die Freude bei unserem Anblick in Grenzen. Wir werden geradezu hinauskomplimentiert.

„Komm, fahren wir halt weiter!" Ratte hat die Konsequenz gezogen, marschiert zurück zur Straße.

Der Verkehr ist inzwischen schon erheblich dünner geworden. Wir sitzen unter einer Straßenlampe und beobachten einige handspannenlange Gespenstheuschrecken bei ihrem vergeblichen Bemühen, zur Glühbirne vorzustoßen. In unkontrolliertem Zickzackflug torkeln sie klatschend vor den Glaszylinder, fallen ins Gras und bleiben eine Weile reglos liegen, um sich, wenn sie sich von ihrer Benommenheit erholt haben, in einem Akt sinnloser Sturheit den Grind erneut einzubeulen. Unser Interesse an den hartnäckigen Suizidversuchen der Rieseninsekten läßt schlagartig nach, als Motorengebrumm in der Ferne in Auto ankündigt. Es ist ein kleiner Lkw; der Fahrer nimmt uns mit bis Lang Suan, einem noch gut sechzig Kilometer entfernten, größeren Ort.

Unser Eindruck, daß das Verhalten der Leute hier unten sich gegenüber den nördlicheren Regionen ziemlich verändert hat, wird bestätigt, als wir in Lang Suan vom Wagen klettern. Hier ist gerade irgendeine Festivität im Gange. Auf einer großen Leinwand im Freien wird ein Film gezeigt in bester „Eastern"-Qualität. Ich erhasche beiläufig einen Blick auf die Handlung; soeben wird unter wüstem Gebrüll ein Dutzend Leute mit den diversesten Mordwerkzeugen massakriert. Anhaltender Applaus belohnt die Helden der durchgeistigten Darbietung für ihren rastlosen Einsatz.

Wir schultern unser Zeug und suchen ein Restaurant. Die ganze Stimmung wirkt gespannt und aggressiv, aufgeheizt durch das Zelluloid-Gemetzel und durch größere Mengen Alkohol; etwas überrascht stellen wir fest, daß so ziemlich jeder zweite hier bis weit über den Eichstrich abgefüllt ist.

Darin machen auch die drei Polizisten keine Ausnahme, die uns jetzt den Weg verstellen und in äußerst rüdem Tonfall nach den Pässen fragen. Nachdem sie sich ausreichend über die grünen Dinger amüsiert haben, hält der eine sie mir wieder hin, läßt sie jedoch „versehentlich" los, bevor ich sie in der Hand habe. Ich bücke mich schweigend und sammle sie wieder auf. Die drei, die schon bedenklich Schlagseite haben, jauchzen vor Spaß. Einer tritt dicht an mich heran und labert durch eine intensive Fuselfahne in Thai auf mich ein, wobei er mir beständig mit dem Zeigefinger vor der Brust rumfuchtelt. Ich schiebe seinen Finger beiseite, woraufhin er, plötzlich zornig, drohend die Hand hochreißt. Die beiden anderen schütten sich währenddessen aus vor Lachen. Ich kann ihre Freude keineswegs teilen, halte aber lieber den Mund, angesichts ihrer griffbereiten Revolver, deren Art, Ausstattung und Trageweise überdeutlich verraten, daß die drei einen großen Teil ihrer Zeit auf Combat-Training verwenden. Besoffene und .357 magnum – das konnte ich immer schon leiden . . .

Als sie sich abreagiert haben und zum Nachtanken verschwinden, schnappen wir unsere Rucksäcke und gehen zu einem Lokal etwas außerhalb des Haupttrubels.

Dort ist es ruhiger, außer uns sitzen nur wenige Gäste an einem der Tische und essen. Die Wirtsleute sind sogar recht freundlich. Als die Sprachschwierigkeiten zu groß werden – in den kleinen Orten hier spricht praktisch niemand mehr Englisch –, winken sie uns einfach in die Küche und zeigen uns vor Ort, was der Speiseplan bietet. Wir bestellen, setzen uns an einen der Tische.

„Reizendes Örtchen", bemerkt Ratte beim Anblick zweier Jugendlicher, die sich vor der Tür soeben geräuschvoll in eine handgreifliche Auseinandersetzung verwickelt haben.

„Kannst du laut sagen. Ich denke, nach dem Essen sollten wir uns verdrücken. Schlafen wir halt noch mal 'ne Nacht im Grünzeug, wenn wir nicht mehr weiterkommen."

Die Wirtin stellt unser Essen vor uns hin, macht eine fragende Geste: Gut?

„Sehr gut!" bestätigen wir beim Anblick der dampfenden Köstlichkeiten. Kaum haben wir begonnen zu essen, betritt eine Rotte stark angeschickerter junger Männer die Kneipe. Einer, der vermutlich vor den anderen damit angegeben hat, daß er Englisch könne, bombardiert mich ohne Einleitung mit Fragen. Dem Tonfall nach ist es mehr ein Verhör als eine freundliche Unterhaltung; außerdem ist das, was er für Englisch hält, wohl in nüchternem Zustand schon nicht ganz leicht zu verstehen. Jetzt ist es nur noch ein gelalltes Kauderwelsch. Nach einer Weile fruchtlosen Bemühens, auf ihn einzugehen, mache ich ihm mit Blick auf unsere langsam erkaltende Suppe klar, daß wir jetzt gerne essen würden. Er scheint das als Beleidigung seiner Sprachkünste anzusehen, denn nach kurzem Überlegen richtet er sich auf und tituliert mich lauthals als *„Uglymaker"*. Dabei bohrt er in meine Richtung ausdauernd mit dem Zeigefinger Löcher in die Luft. So weit reichen denn nun selbst meine bescheidenen Kenntnisse in Thai-Benimm, um zu wissen, daß das gröblich beleidigend ist; man zeigt hier niemals mit dem Finger auf Personen.

Ratte murmelt nur leise: „Laß ihn!"

Ich widme mich schweigend wieder der Suppe.

„You – Uglymaker!" tönt es neuerlich neben mir, als ich mit den

Stäbchen einen Bissen aus dem Sud heraus und in den Mund hinein manövriere. Ich versuche noch mal friedlich, ihn davon zu überzeugen, daß ich wirklich nichts gegen ihn hätte, sondern nur essen möchte; doch er hat sich anscheinend in seine Sprachkreation dermaßen verliebt, daß er sie nicht oft genug wiederholen kann. Ich will keinen Stunk hier und ignoriere ihn einfach. Über die Schüssel mit der Suppe gebeugt, stochere ich wählerisch in der Einlage, als mich ein schwerer Schlag mit dem Gesicht in Richtung Tischplatte schickt. Das erste, was ich sehe, als ich meinen Kopf nudelsuppentriefend aus der zersplitterten Terrine hebe, ist der Klappstuhl zwischen Reis und Hühnerklein. Rattes Warnruf kam den Bruchteil einer Sekunde zu spät. Sie sitzt wie versteinert da und blickt mich entsetzt an, während die Suppe langsam an der Tischkante herunterläuft. Blut rinnt mir über die Stirn. Jetzt reicht's.

„Welcher war's?" frage ich nüchtern. Sie deutet stumm auf den Kerl im braunen Hemd, der mich eben so ausdauernd als „Häßlichmacher" beschimpft hat – wenn er wohl auch was anderes damit ausdrücken wollte – und der jetzt zwei Meter von mir entfernt reglos steht und gespannt die Wirkung seiner Heldentat abwartet. Sie fällt freilich etwas anders aus, als er sich's vorgestellt hat. Bevor er reagieren kann, fahre ich vom Stuhl hoch und lande eine ansatzlose Rechte wutentbrannt dermaßen hart in seinem Zahngehege, daß er nach einer fast fehlerlosen Rolle rückwärts in der Ecke landet. Von den anderen sehe ich nur noch Kondensstreifen.

Ich konzentriere mich auf einen, der Hals über Kopf in die Küche flüchtet. Im Vorbeirennen reißt er, um mich aufzuhalten, einen großen Topf mit heißem Wasser vom Herd, doch mit einem Satz springe ich drüber weg, erwische den Typ am Hemdzipfel, als er versucht, durch die Hintertür zu entwischen. Leider taugt der Stoff nicht allzuviel; nach einem lauten Ratschen habe ich nur noch den Zipfel in der Hand. Draußen auf dem Hof sehe ich noch, wie er eine verwitterte, knapp drei Meter hohe Backsteinmauer mit der schwerelosen Eleganz einer gut trainierten Zauneidechse überwindet, dann höre ich ihn auf der anderen Seite polternd zwischen den Mülltonnen landen und sich hastig entfernen.

Auch der verhinderte Easternheld, der eben versucht hat, filmisch Erlebtes mit dem Klappstuhl in die Tat umzusetzen, hat sich aus seiner Ecke aufgerappelt und verdrückt sich gerade durch die Vordertür. Ich lasse ihn laufen.

Die anderen Anwesenden haben sich alle an einer Wand zusammengedrängt und beobachten mit abwehrend ausgestreckten Händen angstvoll das weitere Geschehen. Ich denke an die besoffenen Polizisten vorhin und an die höchst angenehme Gesamtatmosphäre; es wird Zeit, daß wir uns verabschieden.

Auf dem Weg zur Tür halte ich die Männer an der Wand ständig im Auge; Attacken erfolgen hier ja wohl vorzugsweise von hinten ...

Bevor das gesamte Kaff zur Lynchparty anrückt, machen wir eilig, daß wir zurück zur Straße kommen. Wir haben Glück. Gerade, als wir die letzten Häuser erreicht haben, fährt ein Auto vorbei. Ich winke heftig, der Pick-up hält neben uns.

„Surat Thani?" fragt uns der Fahrer durchs offene Fenster. Uns ist im Moment vollkommen Wurscht, wo er hinfährt. Ich weiß nicht mal, wo der Ort liegt, nicke aber begeistert: „Ja, genau, Surat äh ... Dingsda!" Wir schmeißen unser Zeug auf die Ladefläche, klettern dazu, denn vorne ist der Wagen voll. Der Fahrer gibt Gas, wir sehen mit einer gewissen Erleichterung die Lichter des entzückenden Örtchens in der Dunkelheit verschwinden.

Im Schein der Taschenlampe stellen wir fest, daß Surat Thani eine größere Stadt ist, genau auf unserer Route liegt, etwa zweihundertfünfzig Kilometer entfernt; um so besser!

Die Straße führt einsam durch dichten Dschungel, der zeitweise fast bis an die Fahrbahn heranreicht. Die Nacht ist warm, der Fahrtwind kühlt mir angenehm den schmerzenden Schädel, den eine hühnereigroße Beule ziert. Ratte steht immer noch unter dem Eindruck des eben Geschehenen; sie raucht nervös eine Zigarette nach der anderen. Ich ziehe mir nach einer Weile den Rucksack unter den Kopf, strecke mich so gut es geht auf dem Blechboden aus und schlafe ein bißchen; bis Surat Thani haben wir noch einige Stunden vor uns.

Als wir dort ankommen, ist es tiefste Nacht. Wir warten in einer ruhigen Ecke, bis kurz vor Sonnenaufgang das Leben allmählich erwacht, gehen irgendwo frühstücken.

Auch hier sind die Leute eindeutig weniger angenehm als etwa in Bangkok. Zum durchwegs eher ablehnenden Verhalten gesellt sich nun auch wieder jene unangenehme Begleiterscheinung, die wir in Thailand bereits leichten Herzens vergessen zu können glaubten: das Bescheißen. Der Preis, den man uns fürs Frühstück nennt, ist unverhältnismäßig hoch, die Antwort kommt erst nach längerem Zögern und taxierenden Blicken. Trotzdem gehen wir rein; es ist die einzige Bude weit und breit, die schon geöffnet ist.

Später, als wir mit einem der überfüllten Sammeltaxis zurück zum einige Kilometer entfernt verlaufenden National Highway 41 fahren, versucht man, uns falsch herauszugeben. Als wir monieren, bekommen wir die fehlenden Münzen nebst einer verächtlichen Bemerkung buchstäblich hingeworfen. Auch das Trampen ist hier schwieriger; wir merken's recht deutlich an längeren Stehzeiten, die nichts mit mangelndem Verkehrsaufkommen zu tun haben. Nein, alles in allem ist uns dieser Teil des Landes, wenngleich landschaftlich äußerst reizvoll, nicht sonderlich angenehm. Hoffentlich ändert sich das wieder, wenigstens in Malaysia. Bis zur Grenze sind es noch etwa 450 Kilometer; wenn wir ein paar gute Lifts bekommen, könnten wir morgen früh drüben sein.

Mittags landen wir wegen eines sprachlichen Mißverständnisses in einem kleinen Dorf, etwas abseits des Highways. Ein struppiger Hund empfängt uns mit durchdringendem Kläffen, als wir vom Wagen steigen. Angelockt durch das anhaltende Gebell, kommen einige der Dörfler aus ihren Hütten und betrachten uns, nicht direkt unfreundlich, aber doch sehr zurückhaltend. Zwischen dem mondänweltstädtischen Anspruch Bangkoks und solchen Siedlungen auf dem platten Land liegen wahrhaftig ganze Welten. Hier verrichten Frauen und Kinder, von denen viele wohl nie eine Schule von innen gesehen haben, im Schatten der einfachen, aus Holz und Bambus erbauten Hütten ihre Hausarbeit mit den gleichen simplen Werkzeugen wie vor Hunderten von Jahren, gehen die Bauern mit ihren aus Reisstroh geflochtenen, breiten Hüten noch jahraus, jahrein hinter dem von zahmen Wasserbüffeln gezogenen, hölzernen Hakenpflug, der kaum imstande ist, die hartgebackene Scholle eine Handbreit tief aufzureißen.

Wir laufen zurück zum Highway, der kaum einen Kilometer entfernt ist und doch plötzlich sehr weit weg erscheint. Die Sonne hat jetzt fast ihren höchsten Punkt erreicht und sticht ordentlich vom

Himmel. Die Landschaft ist flach, weithin offen. Über einer leuchtendroten Erde wölben sich vereinzelte Inseln aus baumhoch aufgeschossenem Bambus, dessen zartes, ins Gelbliche changierendes Blattgrün einen scharfen Kontrast zum Feuer der Terra rossa bildet. Weit hinten im Dunst des Horizontes verschwimmen die Bambuswäldchen zu einer geschlossenen Wand; dort steigt das Land zur Küste hin an, sind die Berge bedeckt von dichtem, oft unzugänglichem Bambusdschungel, dessen dicht an dicht wachsende, bis zu vierzig Meter hoch aufragende Halme einer Vielzahl Getier Unterschlupf und Lebensraum bieten.

Wie zum Beweis für die Mannigfaltigkeit der Fauna liegt mitten auf der Straße eine plattgefahrene Bambusotter. Ratte dreht das deformierte, von der Sonne ausgedörrte Reptil mit der Schuhspitze auf den Rücken und lästert: „Jetzt können wir jedenfalls behaupten, wir hätten Giftschlangen in freier Wildbahn aus nächster Nähe gesehen!"

Tatsächlich haben wir in Thailand – es gilt als das schlangenreichste Gebiet der Erde – bisher nur ein einziges Mal eine im Freien gesehen; einen Krait, der sich aber bereits in respektvoller Entfernung eilig aus dem Staube gemacht hat.

Bei Sonnenuntergang haben wir's bis Sa Dao geschafft, einem kleinen Städtchen, noch dreizehn Kilometer von der malaysischen Grenze entfernt. Wir suchen eine billige Unterkunft und finden bald ein Zimmerchen in einer heruntergekommenen Bude, die irgendwie einen seltsamen Eindruck macht. Bei näherer Betrachtung stellt sich heraus, daß wir im Puff des Ortes gelandet sind; aber „Madame" ist's offenbar herzlich einerlei, ob die Hypotheken des Anwesens nun mit sündhaftem Treiben oder durch Übernachtungen getilgt werden, und uns kann's erst recht egal sein. Immerhin liegt ihr Zimmerpreis deutlich unter dem der moralisch höherstehenden Etablissements.

Wir verscheuchen einige Lipistiidae von der Bretterwand des uns zugeteilten Verschlages – diese großen Spinnen, die volkstümlich meist den Vogelspinnen zugerechnet werden, scheinen hier allenthalben ständige Hausgenossen zu sein –, stellen unsere Rucksäcke ab, schließen zu und laufen noch ein wenig durch die Gegend. Das Nest bietet wenig Spannendes, und so sind wir bald im Bett.

Malaysia

29. Dezember 1982

Wir sind müde von den Strapazen der letzten Tage, schlafen lange. Wieder an der Straße, stellen wir fest, daß der Verkehr zu dem kleinen Grenzkaff nicht gerade dicht zu nennen ist. Erst am frühen Nachmittag erreichen wir die schäbige Ansammlung wellblechgedeckter Buden mit Bazarcharakter. Eine durchgehende Straße gibt es an diesem Winzübergang – auf malaysischer Seite heißt er Padang Besar – nicht. Wir fragen uns durch das Gewirr der Bretterbuden bis zur Zollabfertigung durch. Der Übergang ist recht militärisch dekoriert. Stacheldraht und eine ganze Menge bewaffneter Posten auf beiden Seiten säumen die Schlange der Ein- und Ausreisenden vor der Zollbaracke. Wir stellen uns an. Als wir nahe genug sind, um den mehrsprachigen Text des neben der Baracke aufgestellten Schildes zu lesen, fährt es mir eiskalt den Buckel herunter: „Auf Drogen- sowie unerlaubten Waffenbesitz steht die Todesstrafe."

Der Pepe! Der schießende „Kugelschreiber" Kal. 6,35 mm, den wir in Pakistan gekauft haben – ich habe ihn und sechs Patronen immer noch im Gepäck! „Pepe", wie wir ihn nennen, ist unser internes Kürzel für *pen pistol,* die offizielle Bezeichnung. In den letzten Monaten ist er langsam in Vergessenheit geraten, ich habe überhaupt nicht mehr an ihn gedacht; und jetzt das. Was tun? Zurück können wir nicht mehr, der Mann am Schalter winkt uns gerade nach vorne, und die Posten beobachten uns ohnehin schon die ganze Zeit höchst interessiert; wir sind die einzigen Touristen in der Wartereihe.

„Papiere!"

Wir reichen die Pässe durch das Fensterchen. Der Mann in dem muffigen Verschlag mustert uns ausgiebig und – trotz neuer Hosen – keinen Deut freundlicher als sein Kollege in Bangkok.

„Wieviel Geld?"

Wir zählen ihm artig die verbliebenen Reiseschecks vor; das Ergebnis scheint ihn nicht zu begeistern: „Sonst nichts?"

Einem Geistesblitz folgend, ziehe ich das Bündel übriggebliebener Banknoten aus der Tasche, wertloses Andenken etlicher bereister Länder mit oft erstaunlich vielen Nullen. Gott sei Dank kann er mit der Mixtur aus Rial, Rupees, türkischen Lira und was sonst noch alles wenig anfangen.

„Wieviel ist das?" fragt er mißtrauisch.

„So um die fünfhundert Dollar", lüge ich möglichst bieder und verrechne mich dabei um zwei Nullen zu unseren Gunsten.

„Tickets!"

„Tickets? Aber wir ha ..."

„Eine Sekunde!" fahre ich Ratte in die Parade und fummle aus der Paßtasche die Flugscheine aus Dacca, die ich zufällig noch bei mir habe.

Er wirft einen kurzen Blick rein, steigt aber nicht so recht durch: „Flug – Bangkok?" erkundigt er sich etwas verunsichert.

„Ja genau, Bangkok!" schüre ich das günstige Mißverständnis.

Er klappt die bunten Heftchen zu, gönnt sich noch einen langen Blick auf uns. Ich versuche möglichst ruhig zu bleiben, eine Spur gelangweilt zu wirken; dabei habe ich das Gefühl, daß jemand in meinem Bauch Trampolinspringen übt. Nur nicht nervös werden jetzt, ruhig bleiben, Junge, ruhig bleiben! Hoffentlich kommt er nicht auf die Idee, uns zu filzen ...

Doch wir waren wohl überzeugend genug. Nach einer oberflächlichen Rucksackeinsicht knallt er uns die Stempel in die Pässe. Als sonderlich willkommen erachtet er uns nichtsdestotrotz noch immer nicht. Mit der abschließenden Bemerkung: „Vier Wochen, und keinen Tag länger!" schiebt er uns mürrisch die Ausweise wieder rüber und winkt uns durch.

Ich widerstehe dem Impuls, Pepe gleich hinter der Grenze wegzuwerfen. Es sind zuviel Leute um uns herum, darunter auch eine ganze Menge Soldaten in Tarnanzügen, die, Sturmgewehr in der Armbeuge, das Geschehen mit Argusaugen überwachen.

Wir laufen durch das kleine, leicht schmuddelig wirkende Nest, tauschen etwas Geld um und setzen uns dann vor eine Kneipe, um eine Cola zu trinken.

Ratte zündet sich mit immer noch leicht zittrigen Fingern eine Zigarette an: „Puhhh ..." Sie atmet tief durch. „Scheißspiel. Das

Schild hätten sie auch ruhig hundert Meter vorher aufstellen können!"

Zwanzig Minuten später latschen wir zur Landstraße, die an der Küste entlang nach Penang führt. Mit dem Trampen läuft's hier wieder recht gut, wir bekommen jeweils ziemlich schnell einige, wenn auch kurze Lifts. Am späten Nachmittag sind wir in Alor Setar, einer größeren Stadt, gut achtzig Kilometer hinter der Grenze.

Der erste grundlegende Unterschied zu Süd-Thailand, der uns auffällt, ist die angenehm entspannte Atmosphäre, die hier herrscht. Nach dem doch teilweise sehr aggressiven, ablehnenden Verhalten drüben erscheint uns Alor Setar locker und friedlich. Die Menschen sind wieder freundlich, behandeln uns völlig normal, ohne Mißtrauen oder abschätzende Blicke. Die ganze Situation ist so gelöst, daß wir es ohne eine Spur von Bedenken riskieren, Ratte mit dem Gepäck an einer Ecke allein zu lassen, während ich auf Hotelsuche gehe. Als ich ein Zimmer gefunden habe und zu ihr zurückkehre, ist denn auch nichts vorgefallen, was diesen Eindruck hätte ändern können; im Gegenteil. Einige Leute haben sie angesprochen, ob sie ihr helfen könnten, aber offenbar ohne jeden miesen Hintergedanken. Wir bringen unser Zeug ins Hotel, gehen etwas essen. Die ganze Stadt wirkt sehr ordentlich, sehr geregelt. Alles zeugt von einer gewissen Wohlhabenheit. Verglichen mit Ländern wie Indien, Nepal oder Bangladesh, aber auch mit dem Chaos Bangkoks herrscht hier ein wesentlich höherer Lebensstandard, getragen von, nach dem, was wir sehen, einer recht breiten, bürgerlichen Mittelschicht mit – für asiatische Verhältnisse – relativ hohem oder doch zumindest erträglichem Einkommen. Die krassen Gegensätze zwischen Elend und Überfluß fehlen hier oder sind jedenfalls bei weitem nicht so augenfällig. Ein reines „Entwicklungsland" ist Malaysia, zumal in den städtischen Bereichen, wohl nicht mehr.

30. Dezember 1982

Die Straße windet sich durch sumpfigen Dschungel etwas abseits der Küste entlang. In den Gräben neben der höhergelegten Fahrbahn blühen Lotos und Wasserhyazinthen. Von den ausladenden Ästen der Bäume hängen lappige Schmarotzer, verbergen das Leben und

Bei der Kokosnußernte

Treiben im Inneren des Waldes vor neugierigen Blicken aus dem Autofenster; wer hier was sehen will, muß schon zu Fuß durchlaufen. Ab und zu tritt der Urwald zurück, gibt die Sicht frei auf einen kleinen *kampong*, ein Dorf, dessen traditionelle Holzhäuschen auf hohen Pfosten ruhen, umgeben vom dunklen Grün der Mangobäume und den bunten Tupfen blühender Sträucher und Blumen. Meist befindet sich dann in der Nähe eine Kautschuk-Plantage; endlose Reihen der wertvollen Bäume, aus deren grauer, spiralförmig eingeritzter Rinde der milchweiße Latexsaft quillt. In kleinen hölzernen Schüsselchen, die unterhalb des schrägen Schnittes am Stamm befestigt sind, wird die begehrte Substanz aufgefangen, bis der Baum die Wunde geschlossen hat und nach einer Ruheperiode erneut angezapft werden kann. In großen, gewalkten Fladen hängt die gelbliche Rohkautschukmasse überall auf Holzgestellen zum Trocknen vor den Häusern in der Sonne.

Penang City – unter den Engländern hieß es Georgetown – ist nach Kuala Lumpur die zweitgrößte Stadt Malaysias und liegt auf einer der Küste vorgelagerten Insel. Mit ihren sattgrünen Hügeln und ausgedehnten Palmenstränden mit strahlend weißem, feinem Sand ist Pulao Penang – die „Insel der Arekapalmen" – der Inbegriff eines tropischen Paradieses. Vom Hafen der auf dem Festland gegenüberliegenden kleineren Stadt Butterworth aus pendelt beständig eine Fähre, mit der man die Insel in etwa zwanzig Minuten erreicht.

Wir wollen dem touristischen Trubel Penangs erst mal entgehen und suchen uns ein Zimmer im beschaulicheren, sehr chinesisch wirkenden Butterworth. Im *King Wah Hotel*, einer stark heruntergewirtschafteten Bude aus Kolonialtagen, finden wir das Passende. Während im Obergeschoß des leicht vergammelten Baus billige Zimmer vermietet werden, ist er unten nach zwei Seiten offen; hier betreibt der Besitzer des Hauses, ein massiger, vierschrötiger Chinese mit einem gutmütigen Kindergesicht, eine florierende Kneipe. Dort kann man nicht nur in gemütlichem Halbdunkel sitzen und Guinness schlürfen – Bier ist in Malaysia wieder sehr verbreitet und zu meiner besonderen Freude im Verhältnis auch bei weitem nicht mehr so teuer wie in den Ländern vorher –, sondern auch ausgiebig den Segnungen chinesischer Küche frönen. An verschiedenen Ständen bereiten flinke Köche vor den Augen der Gäste ihre jeweiligen

Spezialitäten zu. Langweilig wird's auch nicht, denn direkt vor dem Haus beginnt der Markt, auf dem von früh bis spät in die Nacht hinein buntes Leben brodelt.

Ich mag das *King Wah*, mag auch die Umgebung, genau das richtige, ein paar Tage auszuspannen, Silvester zu feiern und mal wieder unsere Klamotten zu waschen.

31. Dezember 1982

Wir verbringen ein unspektakuläres, fröhliches Jahresende. Der Besitzer des Ladens hat sich zu uns gesetzt, um sich ein wenig mit uns zu unterhalten. Auf unser Drängen läßt er sich endlich breitschlagen und bringt uns die letzten Feinheiten im Umgang mit Stäbchen bei. Draußen geht gerade ein heftiger, warmer Regenguß nieder. Um Mitternacht stoßen wir mit einem Täßchen Guinness an – das Zeug wird hier in handlichen Literflaschen ausgeschenkt –, und in der darauffolgenden, leicht besinnlichen Stunde kreisen unsere Gedanken um unsere Familien, um Freunde und Bekannte; wie's denen wohl geht? Ist schon eine ganze Weile her, seit wir das letzte Mal Post von ihnen bekommen haben. An diesem Abend ahnt keiner von uns beiden, wie bald und unter welchen Umständen wir sie wiedersehen sollen . . .

3. Januar 1983

In Penang zeigt sich deutlich, daß die Chinesen rund 35 % der malaysischen Gesamtpopulation stellen. Die ganze Stadt ist stark chinesisch geprägt. Auffällig ist der Drang der einzelnen Bevölkerungsgruppen, vor allem der Chinesen, sich sorgfältig voneinander abzugrenzen; das ist keine Mischung wie in Kathmandu, hier lebt jeder für sich.

Wir haben die ersten Tage des neuen Jahres zu ausgiebigen Streifzügen über die Insel genutzt, haben die Annehmlichkeiten einer interessanten Stadt mit dem Genuß einer hinreißenden tropischen Landschaft verbunden. Doch jetzt scheint der Punkt gekommen zu sein, wo es endgültig reicht. Wir haben uns in den letzten Monaten satt gesehen am dichten, üppigen Grün des Dschungels, an den filigranen Silhouetten im Wind schwankender Kokospalmen. Ein unterschwelliges Drängen stellt sich ein, macht sich von Tag zu Tag breiter, fordert einen Wechsel, eine grundlegende Veränderung von Landschaft und Kultur. Australien nimmt einen immer breiter werdenden Raum ein in unseren Gedanken. Sicher, in Malaysia gäbe es noch unendlich viel zu sehen: Der dichteste, artenreichste und in seiner Art weltweit einmalige Regenwald wächst hier, und herrliche Inseln liegen vor der Küste im kristallklaren Wasser. Aber das Überangebot der letzten Zeit dämpft unsere Begeisterungsfähigkeit, und die Aussicht, mit den Leuten nicht nur ganz normal reden, sondern uns auch wieder ohne allzu große Schwierigkeiten in ihre Denkweise hineinversetzen zu können, läßt das Land der Känguruhs und Schnabeltiere nur um so reizvoller erscheinen. Wir haben viel, sehr viel Neues erlebt in Asien, Schönes und weniger Schönes; haben in relativ kurzer Zeit eine Menge Länder bereist, die voneinander so verschieden sind wie Kuh und Schnecke, und die doch alle eine Gemeinsamkeit hatten: Sie waren uns fremd. So fremd, daß wir vieles nicht verstanden haben, anderes oft nur zu verstehen glaubten und manches nicht akzeptieren konnten. Wir waren überall zu lange, um nichts vom Herzschlag des Landes mitzubekommen, und nirgendwo lange genug, um dort zu Hause zu sein. Jetzt wird es Zeit, Asien hinter uns zu lassen, eine Distanz zu schaffen, die nötig ist, das Erlebte zu verarbeiten. Ich freue mich auf lange Fahrten im Vierzigtonner durch die endlose Wüste, auf Menschen, in deren Gesichtern ich wieder lesen kann, auf Neues, das nach so langer Zeit hier unten vielleicht im ersten Moment viel fremder sein wird als alles, was uns jetzt hier umgibt, und dennoch auch viel vertrauter. Sicher, Australien ist nicht der Schwarzwald; aber allein mit einer gemeinsamen – oder jedenfalls fast gemeinsamen – Sprache kann man viel zur Klärung von zunächst Unverständlichem beitragen ...

Wir sitzen an einem der klapprigen Tische im *King Wah* und machen Inventur. Nach langer Rechnerei vor und zurück steht die Bilanz: Wir waren sehr sparsam. Wenn wir diesen Schritt beibehalten können, kommen wir mit unserem Geld noch so an die fünf Monate über die Runden. Morgen werden wir losfahren, so schnell es geht, nach Singapore trampen und uns dort einen Frachter suchen.

„Hey, wir schaffen's!" Ratte reibt sich in einer Gefühlsaufwallung die Hände. „Du, wir schaffen's wirklich!"

Zur Feier des Tages bestellen wir noch ein Bier.

„Prost! Nächsten Monat sind wir am anderen Ende der Welt!"

Es ist kurz vor zwölf, in der Kneipe wird's langsam leerer. An zweien der Freßstände werden schon die Woks gescheuert; die Abendessenswelle ist vorbei. Nur eben ist noch eine Gruppe von acht oder zehn Chinesen hereingekommen, mehrere Familien anscheinend. Eine der Frauen hat ein kleines Kind auf dem Arm. Sie sitzen an den Tischen hinter uns und nehmen noch einen verspäteten Imbiß. Ratte geht kurz aufs Klo. Ich denke an Australien, fische mir gedankenverloren eine Zigarette aus dem Päckchen.

Als die Streichholzflamme den Tabak berührt, explodiert mein Schädel in einem grellgelben Blitz. Aus unendlich weiter Ferne dringt das Splittern von Glas in mein Bewußtsein. Was ist . . .? Ein zweiter Schlag trifft mich links oberhalb der Schläfe. Wieder Splittern, Klirren, die Erkenntnis: Flaschen. Zwei Flaschen sind auf meinem Kopf zu Bruch gegangen. Warum? Warum, zum Teufel?

Immer tiefer frißt sich die Frage in mein Hirn, überschattet die sich rasch auflösenden Konturen der Umgebung, während ich im Zeitlupentempo nach rechts von der Stuhlkante rutsche. Warum? hallt es mit hundertfachem Echo nach, als ich, Tisch und Stühle mitreißend, zwischen zwei Müllkübeln aufschlage, aus denen beim Umkippen ein Heer von verstörten Kakerlaken entweicht.

Auf dem linken Auge sehe ich nur Gelb, ein sattes, ockerfarbenes Gelb. Das Auge ist hin, fährt es mir durch den Kopf. Rechts erkenne ich unwirklich verschwommen die zu haßerfüllten Grimassen verzerrten Gesichter einiger Männer, die Stühle über ihre Köpfe gerissen haben. Mein Gott, die wollen dich totschlagen! Tritt ihnen die Stühle weg, um Himmels willen, tritt die Stühle weg! Ich trete. Nüchtern, gezielt. Auf die Beine zu kommen, hätte ich eh nicht die geringste Chance. Während ich verzweifelt versuche, mit den Füßen ihre mörderischen Hiebe zu parieren, fahren mir wirre Gedankenfetzen im Kopf herum: Ist der Schädel schon eingeschlagen? Muß ich hier zwischen den Mülltonnen krepieren? Wie lange schaffe ich es noch, drei Mann abzuwehren, die im Takt auf mich eindreschen, bis einer einen Treffer landet und mir den Kopf endgültig zermatscht?

Ich fühle, wie meine Kräfte erlahmen; warum hilft mir denn niemand? Bei dem einen sehe ich eine Blöße. Während er mit dem schon zertrümmerten Stuhl hoch über dem Kopf Wucht sammelt für den entscheidenden Schlag, reiße ich mit aller Gewalt die Stiefelspitze hoch, grabe sie ihm tief in die Hoden. Er läßt den Stuhl fallen, krümmt sich aufjaulend zusammen. Die beiden anderen verdoppeln ihre Anstrengungen. Zwei Schläge noch oder drei; dann haben sie mich. Dann ist es aus!

Eine kräftige Hand packt den einen von hinten an der Gurgel, reißt ihn hart zurück. Der zweite bekommt einen Stoß, der ihn durch den halben Raum schickt. Er läßt den Stuhl zu Boden poltern, verschwindet aus meinem begrenzten Gesichtskreis. Es ist der Wirt, der sich schützend dazwischenwirft. Es hat ein paar Sekunden gedauert, ehe er in seiner entfernten Ecke hinterm Tresen mitbekommen hat, was los ist, und mir zur Hilfe geeilt ist; ein paar Sekunden nur und doch eine scheinbare Ewigkeit. Ohne sein Eingreifen im letzten Moment wäre ich wahrscheinlich jetzt hinüber. Die Kneipe ist im Nu wie leergefegt. Niemand will in die Ereignisse verwickelt werden...

Ein Aufschrei aus Richtung Toilette läßt mich mühsam den Kopf wenden. Ratte ist wie erstarrt in dem Schlachtfeld aus umgestürzten Tischen, zerschlagenen Stühlen und Flaschen stehengeblieben. Dann stürzt sie auf mich zu, bettet meinen blutüberströmten Kopf auf ihre zusammengeknüllte Jacke. Ich fixiere den Blick auf ein angefaultes Salatblatt, das aus der umgekippten Mülltonne gefallen ist.

„O Gott! Was war denn los..., was ist denn..., warum?"

„Wenn ich das wüßte... Es war einer von denen, die hinter mir gesessen haben. Als du weg warst, hat er sich hinter mich geschlichen und mir die Flaschen über den Schädel gezogen; keine Ahnung, warum!"

„Bleib ruhig, ich hole einen Krankenwagen!"

Ich höre sie auf den Wirt einreden, höre, wie jemand das hinter mir an der Wand aufgehängte Telefon bearbeitet. Sehe, wie die Pfütze aus Blut, das von meiner Schläfe rinnt, unter mir langsam größer wird. Kämpfe gegen eine wohltuende Ohnmacht an: Nein, nicht nachgeben, du kommst hier raus, bleib wach, du mußt wach bleiben, sehen, wo sie dich hinbringen, was passiert!

Die Minuten verrinnen unendlich langsam. Ratte sitzt bei mir, streicht völlig verzweifelt über mein Haar, versucht die Blutung der klaffenden Wunde mit einer Mullbinde zu stillen.

„Wie sieht's aus?" frage ich sie gequält munter.

„Ziemlich schlimm." Sie ist völlig fahrig. „Die Wunde... bis auf den Knochen..."

Muß ich jetzt sterben? Nein. Nein, verdammt! Ich will nicht! Ich will hier einfach nicht verrecken!

Ein Schwall von Übelkeit relativiert den Wert meiner einsamen Entscheidung. Irgendwo zwischen Bewußtlosigkeit und Kotzen rüttelt mich jemand am Arm: Die Polizei ist vor dem Krankenwagen eingetroffen. Sie nehmen unsere Personalien auf, begutachten das Szenario und fragen mich, ob ich fixe. Dann gehen sie wieder. Etwas später trudelt die Ambulanz ein. Als mich die beiden schmächtigen Malaysier endlich mit vereinten Kräften auf die Trage gewuchtet haben und zum Ausgang bugsieren, ergreife ich den Arm des Wirtes, der sichtlich betroffen neben uns steht: „Warum?"

Er windet sich wie ein Aal, Schweißperlen auf der Stirn. Er kann meinem fragenden Blick nicht standhalten, schlägt die Augen nieder, stammelt achselzuckend unzusammenhängendes Zeug vor sich hin. Er weiß es, das ist sicher. Aber er sagt es nicht, warum auch immer. Wir haben bis heute nicht erfahren, was der Anlaß war.

Skurrile Duplizität der Ereignisse. Während die Sanis mich in den Krankenwagen verfrachten, denke ich zurück an Lang Suan. Da hat es mich nicht gewundert, habe ich nur das Aggressionspotential unterschätzt; aber hier hätte ich nicht mal im Traum an so was gedacht. Nein, Malaysia ist eigentlich nicht der Boden, wo so etwas an der Tagesordnung wäre. Noch dazu ein Familientreff mit Frauen und Kindern! Sie waren allerdings etwas angesoffen, da hinter uns. Vielleicht habe ich, ohne es zu wissen, etwas gemacht, was sie gereizt hat; vielleicht war es eine Verwechslung; vielleicht hatten sie auch nur gerade Krach mit einem Europäer, und ich durfte es, als sie sich Mut angetrunken hatten, zufällig ausbaden; weiß der Teufel.

Ich unterbreche meine eigenen, leicht wirren Gedankengänge, als ich feststelle, daß nichts geschieht. Die beiden Sanis stehen draußen vor dem Krankenwagen, einem kleinen Kistchen japanischer Bauart, und diskutieren angeregt.

„Was ist los? Warum fahren sie nicht?"

Ratte ist fast am Heulen: „Du bist zu groß. Sie kriegen die Tür nicht zu!" Patienten von eins neunzig an aufwärts sind im hiesigen Gesundheitswesen offenbar nicht eingeplant...

Nach längerem Palaver gelangen die beiden endlich zur Lösung des Problems: Sie schlagen mit Anlauf und vereinten Kräften die Türe so nachdrücklich ins Schloß, daß ich, zusammengefaltet wie eine Ziehharmonika, mit dem eh schon reichlich lädierten Schädel gegen die Trennwand knalle. Mein langgezogener Schmerzensschrei geht unter im Aufheulen der Sirenen; wir fahren los.

Im ersten Krankenhaus laufen wir kurz nach zwei Uhr ein; aber dort ist alles besetzt. Die Sanitäter nehmen die Fähre nach Penang. Es ist etwas windig heute. Während ich heftig kotze, zerren sie mich um drei Uhr ins nächste Hospital. Dort will man mich auch nicht. Ich kämpfe immer noch verbissen gegen die Ohnmacht an, als ich endlich um halb vier im General Hospital in einen Krankensaal gekarrt werde, dritter Klasse, für alle, die sich die höheren Etagen nicht leisten können oder dort nicht erwünscht sind. Irgendwo in einem Winkel zwischen den übrigen Betten – es sind 52, wie ich am nächsten Tag feststelle – werde ich wortlos deponiert.

Ratte macht sich auf die Suche nach einem Arzt. Gegen halb fünf wird sie fündig. Er erscheint ausgesprochen lustlos und in Zivil. Nach einer gründlichen Untersuchung – nein, nicht am Kopf, sondern auf mögliche Einstiche hin – fragt er trocken: „Soll das genäht werden?"

Ratte starrt ihn verständnislos an: „Ja, natürlich!"

„Kostet zwanzig Dollar." Er verschwindet wieder.

Eine Schwester erscheint auf der Bildfläche, in der Hand ein Tablett mit Desinfektionsmittel, Nadel, Faden und einer Spritze mit einem Anästhetikum. Sie schraubt eine verbeulte Leselampe mit einer Fünfzehn-Watt-Birne an das Kopfende meines Bettes – es ist ein altes, weißlackiertes, englisches Armee-Feldbett aus dem zweiten Weltkrieg, wie alle hier –, stellt einen zerschlissenen Paravent auf und zieht sich schweigend zurück. Der Arzt kommt wieder, setzt mir die Spritze, geht. Als er zurückkehrt und anfängt zu nähen, denke ich erst, er hätte die Frist bis zur vollen Wirkung der Spritze vielleicht etwas knapp bemessen: Es tut weh. Die folgenden Stiche belehren mich eines Besseren: Er hat die Frist eher etwas zu reichlich bemessen. Die letzten fünf erlebe ich, dicht neben meinem linken

Auge, bei vollem Bewußtsein. Es ist Viertel nach fünf.

Immerhin macht er mir Mut: „Sieht so aus, als wär's nicht weiter schlimm. Wenn Sie Geld haben, können wir's ja morgen mal röntgen. Das Auge scheint in Ordnung zu sein, ist wohl nur Blut reingelaufen." Er geht grußlos.

Zwei anscheinend mit ihren Privatproblemen voll ausgelastete Schwestern wälzen mich unsanft auf ein frisches zerlöchertes Laken, während sie angeregt schnattern. Braune Glassplitter rieseln aus meinen Haaren. Ich höre Ratte aufgebracht gegen die grobe Behandlung protestieren, pflichte ihr im stillen aus vollem Herzen bei und sacke weg.

Als ich am Morgen erwache, sitzt sie zusammengesunken neben mir auf einem Stuhl und döst. Auf dem rotgefliesten Fußboden des Saales hetzt eine Katze hinter den zahlreichen Ratten her, die die Halle bevölkern. Ich starre auf das Mosaik der Schimmelpilzblüten an den rissigen Wänden. Das Stöhnen in allen Tonlagen um mich herum will nicht abreißen; anscheinend ist hier alles zusammengepfercht worden zwischen Entbindung, Schlüsselbeinfraktur und Ableben. Ein Patient, vermutlich im Stadium fortgeschrittener Rekonvaleszenz, unterhält sich geräuschvoll in unmittelbarer Nähe meines Bettes mit den zahlreich ums Lager gruppierten Mitgliedern seines Clans, die ihm beim Kaffeekochen auf einem Gasbrenner assistieren. Das grelle Neonlicht, das die Szenerie die ganze Nacht über erhellt hat, wirkt sich auf meine Kopfschmerzen auch nicht gerade förderlich aus. Ich unterdrücke das Bedürfnis zu schreien, wälze mich auf die andere Seite. Ratte fährt von ihrem Stuhl hoch: „He! Wie geht's dir?"

„Geht."

Sie kümmert sich darum, daß endlich eine Röntgenaufnahme gemacht wird. Das Gerät ist uralt, auf der Aufnahme ist kaum mehr zu erkennen als die Umrisse meines Schädels. Nachmittags besprechen wir noch mal, wie's jetzt weitergehen soll.

„Du mußt zu einem vernünftigen Arzt", beschwört mich Ratte. „Ich weiß, daß du das nicht willst, aber sei vernünftig. Wir sollten zurückfliegen, auf dem schnellsten Weg. Auf dem Röntgenbild ist absolut nichts zu erkennen, und wenn du was am Schädel hast, klappst du hier irgendwann plötzlich zusammen und bist hin. Das war jetzt das zweite Mal in kurzer Zeit. Du, ich hab' Angst, daß so was noch mal passiert! Laß uns zurückfliegen! Australien läuft uns nicht weg!"

Ich brüte eine Weile vor mich hin. So hatte ich mir das Ende der Tour nicht vorgestellt. Aber wahrscheinlich hat sie recht ... Ich hole tief Luft: „Okay. Meinetwegen. Setz dich mit dem Konsul hier in Verbindung, wegen Tickets." Unser Geld würde nicht mal mehr für die halbe Strecke reichen ...

Ich bleibe noch diesen Tag im Krankenhaus. Anscheinend verwechselt man mich mit der Magenoperation von Bett 27, denn zu essen bekomme ich nichts; mein Protest verhallt unbeachtet. Ratte hat inzwischen mit dem hier ansässigen Honorarkonsul telefoniert, er wird die Tickets für uns arrangieren. Sie hat ein Zimmer in Penang gemietet und unsere Sachen aus dem *King Wah* abgeholt.

Als ich am nächsten Morgen bei der Frühstücksverteilung wieder übergangen werde, hab' ich die Schnauze endgültig voll von diesem eigenwilligen Institut; ich werde mich selbst entlassen. Als Ratte kommt, bin ich gerade dabei, unter heftigem Protestgezeter der ansonsten bislang höchst desinteressierten Schwestern etwas unbeholfen in meine Hosen zu steigen.

„Oh! Auf dem Wege der Besserung?" Ratte verfolgt etwas verständnislos meine Bemühungen, in die Stiefel zu kommen.

„Ach Quatsch, aber das Geld für den Laden hier können wir uns sparen. Kein Aas kümmert sich um mich, und zu essen krieg' ich auch nix. Da lieg' ich in jedem verdammten Hotel besser, billiger ...", ich versuche aufzustehen, es klappt noch nicht so ganz, „... und vor allem – ruhiger!" beende ich das Plädoyer mit einem Seitenblick auf die Frau nebenan, die ihre kurz unterbrochene Stöhn-Arie wieder aufgenommen hat. „Komm, hilf mir lieber auf!"

Mit Rattes Unterstützung schlurfe ich leicht schwankend auf den Ausgang zu, die drei Schwestern keifend im Schlepp.

„Sag mal, was machen die eigentlich alle hier drin? Das ganze Haus ist voll von ihnen!" fragt Ratte mich, als wir an der unbewegten Gestalt eines der uniformierten, bewaffneten Wächter vorbeilaufen, die sich hier überall auf den Fluren aufgebaut haben.

„Weiß ich's? Wahrscheinlich auf die Einhaltung der Besuchszeiten achten ..., aua!"

Ratte schenkt mir einen Blick unter halbgeschlossenen Lidern: „Wie schön! Dein goldener Humor kehrt zurück! Paß lieber auf, wo du langlatschst . . .“

Der Mann am Schalter, bei dem wir die Kosten für die fürstliche Behandlung zahlen, überhört geflissentlich meine aufmüpfige Frage, ob Essen hier extra berechnet werde.

Ratte packt mich in ein Taxi, wir fahren zum Hotel. Dort besorgt sie mir erst mal eine kräftige Suppe; den Rest des Tages schlafe ich fast ununterbrochen durch, wie auch den nächsten.

7. Januar 1983

Morgens geht es mir deutlich besser; die wüsten Kopfschmerzen haben etwas nachgelassen, und ich kann auch wieder alleine gehen. Eigentlich schon ein Wunder: In einer Woche habe ich einen schweren Klappstuhl und zwei Flaschen über die Birne gekriegt – jedesmal auf dieselbe Stelle –, und so, wie's im Moment aussieht, ist nicht mal allzuviel dabei passiert. Dabei hätte jeder einzelne der Schläge tödlich sein können . . .

Gestern haben wir unsere Tickets bekommen, die Maschine geht heute abend um 19.50 Uhr.

Ich wage mich vorsichtig in die kalte Dusche draußen auf dem Flur, ziehe ein frisches Hemd an. Meine neue Bangkok-Jeans wirkt mittlerweile so neu auch nicht mehr; sie hat unter den Kampfhandlungen stark gelitten. Was soll's – ist ja jetzt eh unwichtig . . .

Die Stimmung ist gedrückt, als wir am späten Nachmittag ins Taxi steigen; so hatte sich keiner von uns das Ende der Reise vorgestellt. Noch etwas anderes drückt mich, in der rechten Hosentasche. Ich greife hin: Verdammt! Es fährt mir heiß durchs Hirn – der Pepe!

Ich hatte am Morgen gerade die sechs Patronen im Hotelklo beerdigt und den Pepe rausgekramt, um ihn hinterherzuschmeißen, als der Hotelbesitzer angeklopft hat, um sich zu erkundigen, ob wir heute noch bleiben oder abreisen würden. Bei seinem Auftauchen habe ich das Ding rasch in der Hosentasche verschwinden lassen, zusammen mit der letzten Patrone; und da sind sie im Trubel des Aufbruchs dann auch geblieben. Irgendwas ist mit dem Ding; es scheint an mir zu kleben.

„Wirf ihn doch einfach aus dem Fenster!“ schlägt Ratte vor.

„Guck mal raus. Überall sind Leute. Und wer weiß, ob sich der Taximensch nicht auch dafür interessiert, was wir da auf dem Weg zum Flughafen noch schnell loswerden wollen. Ne, laß uns lieber warten, bis wir da sind. Dann schmeiß' ich ihn am Flughafen ins erste Klo, bevor wir zum Einchecken gehen!“

Zugegeben, das war keine sehr gute Idee. Was wir zu diesem Zeitpunkt noch nicht wissen, aber sehr schnell schmerzlich erfahren sollen, ist: Der gesamte Flughafen von Penang ist Sicherheitsbereich. Das Taxi steht noch nicht ganz, als uns zwei nette Herren in Zivil – von den dunklen Sonnenbrillen mal abgesehen – freundlich den Schlag aufreißen und ihre Blechmarken unter die Nase halten: „Sicherheitsdienst. Bitte mitkommen!“

Ich versuche umsonst, Zeit zu gewinnen, indem ich den Fahrer so umständlich wie möglich bezahle; sie lassen uns keine Sekunde aus den Augen. Die Flughafenhalle ist leider recht gut überschaubar. Nur wenige Leute sind zwischen den spärlichen Blumenkübeln zu sehen. Wir marschieren hinter den beiden her im Gänsemarsch auf das entfernte Ende der Halle zu, wie Kälber auf dem Weg zur Schlachtbank. Ratte dreht sich zu mir um und flüstert mir völlig entnervt zu: „Schmeiß das Ding weg, um Gottes willen, schmeiß es weg!“

Und dieses Mal, ein einziges Mal, lasse ich mich von ihrer Panik anstecken und höre auf sie – und das ist genau das Dümmste, was ich in diesem Moment überhaupt machen kann. Daß nicht alle der gelangweilt wirkenden Herren in der Halle die Absicht haben zu verreisen, müßte mir eigentlich klar sein. Ist es ja auch, genaugenommen; aber so geht's halt, wenn man nur Sekunden hat für eine Entscheidung, an der vielleicht der Hals hängt, und dann ein Kurzschluß dazwischenfunkt. Es ist jedenfalls eine bildschöne Fehlentscheidung. Hätte ich das Ding einfach in der Tasche gelassen, hätten sie es vielleicht gar nicht gefunden, denn sie suchen bei uns garantiert keine Waffen, sondern Rauschgift. Und wenn doch, hätte wenigstens immer noch die Möglichkeit bestanden, mich dumm zu stellen: Oh, davon hatte ich keine Ahnung! Das hätte die Sachlage zwar auch keineswegs bereinigt, aber doch zumindest etwas entschärft. Das Wegwerfen in diesem Moment aber kommt praktisch einem Schuldeingeständnis gleich.

Das alles wird mir schlagartig klar, als ich zunächst die Patrone im Vorbeigehen in einen der viereckigen Metallkübel gleiten lasse, die oben als Aschenbecher und unten als Mülleimer fungieren. Leider kommt die Erkenntnis den Bruchteil einer Sekunde zu spät. Ich habe mal wieder besonderes Glück; der Blecheimer ist wohl gerade erst geleert worden. Das Geräusch, mit dem die Patrone auf dem Boden des Kübels aufschlägt, klingt in der stillen Halle wie ein Gongschlag. In meinen Ohren dröhnt es wie Donner . . .

Illusorisch, zu glauben, daß niemand das bemerkt hat, und ich kann nur hoffen, daß nicht ausgerechnet der Zivilfahnder rübergeguckt hat. Die beiden vor uns haben dem Geräusch jedenfalls anscheinend keine Bedeutung beigemessen, sie laufen sturheil weiter. Wir erreichen die unauffällige Tür an der Rückwand, noch bevor sich irgendeine Gelegenheit bietet, auch die Waffe selbst loszuwerden. Zwei weitere Männer und eine Frau kommen hinzu, kaum daß wir den kahlen Raum betreten haben. Sie unterziehen uns einer oberflächlichen Leibesvisitation, wobei einer von ihnen auch prüfend über den Pepe tastet; doch das längliche Ding in meiner Hosentasche scheint ihm wohl keine nähere Untersuchung wert. Dann stürzen sie sich auf den Inhalt unserer Rucksäcke. Ich atme erleichtert auf; sollen sie nur suchen! Sieht so aus, als seien wir mit einem blauen Auge davongekommen . . .

„Gehört das Ihnen, Sir?“ Eine Hand tippt mir leicht auf die Schulter. Ein fünfter Mann ist unbemerkt hereingekommen, lächelt mich freundlich an: „Sir, Sie haben da eben etwas verloren!“

Sein Lächeln gefriert, als er mir die nur zu vertraute Patrone zwischen Daumen und Zeigefinger dicht vor die Nase hält: „Ich verhafte Sie wegen Verstoßes gegen das malaysische Waffengesetz. Sie befinden sich in unerlaubtem Besitz von scharfer Munition. Ich mache Sie darauf aufmerksam, daß dieser Verstoß mit der Todesstrafe geahndet werden kann. Sie sind nicht verpflichtet, eine Aussage zu machen. Als ausländischer Staatsangehöriger haben Sie das Recht, Ihren Konsul von der Verhaftung in Kenntnis zu setzen.“ Er wirkt zufrieden.

Ich empfinde einen Moment lang nichts außer der hämischen Freude, die er verbreitet. Unsere Klamotten werden noch einmal, diesmal gründlicher, gefilzt. Auch wir werden ein zweites Mal

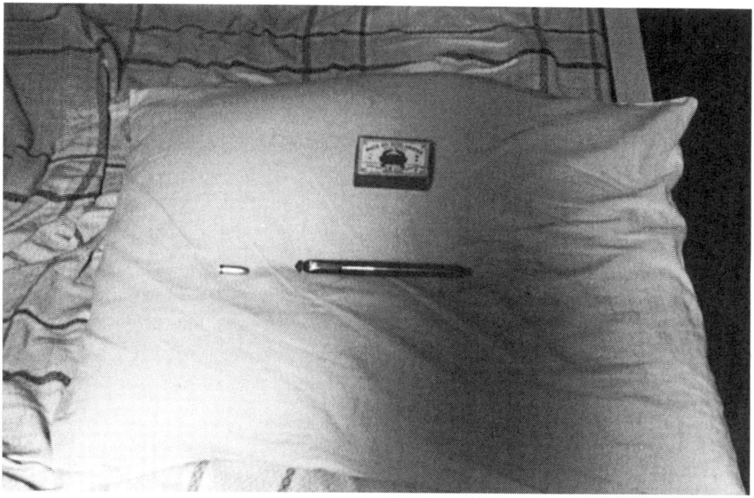

„Pepe“, die Ursache des ganzen Debakels

durchsucht. Wieder fühlt einer am Pepe herum, aber sie suchen eine Pistole, keinen schießenden Kuli. Er beachtet ihn nicht weiter. Dann schaffen sie mich runter in den Zellentrakt der Flughafenpolizei im Untergeschoß. Wenn ich da unten die Taschen leeren muß, werden sie das verdammte Ding endgültig finden; dann ist Sense. Bisher stützt sich die Verhaftung nur auf eine einzige Patrone. Ich habe hundert Meter Zeit, das vermaledeite Schießeisen loszuwerden und damit meine eigene Hinrichtung etwas weniger wahrscheinlich zu machen. Hundert Meter . . . !

Ratte, bei der sie ja nichts gefunden haben, steht nicht unter Arrest und kann sich frei bewegen. Auf dem Gang zu den Zellen schaffe ich es, flankiert von vier ausnehmend sympathischen Fahndern, ihr das Ding in die Tasche zu schieben.

Bei den Zellen angekommen, stellt sie ihren Rucksack ab und macht auf dem Absatz kehrt, „den Konsul anrufen“. Keine Sekunde zu früh, denn kaum ist sie verschwunden, taucht von irgendwoher der Chef der Truppe auf, der mich vorhin so artig über meine Rechte belehrt hat. Auch wenn ich kein Wort verstehe, seine Frage, als er Ratte nirgendwo sieht, ist eindeutig: Wo ist die andere? Einer der vier gibt kleinlaut etwas zurück. Er stößt einen Fluch aus, jagt den Mann hinter ihr her. Lauf, Mädchen, lauf, was du kannst, denke ich; sie hat höchstens eine halbe Minute Vorsprung, und sie weiß nicht mal, wo die verfluchten Klos hier sind!

Kurz darauf kommen beide wieder. Ratte gibt mir mit den Augen ein Zeichen: Er ist weg, auf Nimmerwiedersehen verschwunden in der Kanalisation von Penang.

„Das war buchstäblich in letzter Sekunde", raunt sie mir in einem unbeobachteten Moment zu. „Ich hatte kaum die Tür abgeschlossen, da polterte er schon dagegen. Gemerkt hat er wohl nix; ich hab' noch hübsch laut gepinkelt, damit's ja echt wirkt. Aber telefonieren durfte ich dann auf einmal nicht mehr."

Ein Zentnergewicht fällt von mir ab; ich verkneife mir einen langen Stoßseufzer. Wegen der Waffe selbst können sie mir zumindest nichts mehr anhängen . . .

Wir werden in einen Raum gebracht, schmoren eine Weile unter Aufsicht eines gelangweilten Fahnders, der in ein Comic-Heft vertieft ist, vor uns hin. Was wir uns jetzt zu sagen haben, braucht er nicht unbedingt mitzubekommen; für den Fall, daß er zufällig Deutsch verstehen sollte, reden wir sehr schnell und in Dialekt.

„Hör zu", sage ich, „damit wir uns nicht noch in Widersprüche verwickeln: Die Patrone ist aus Pakistan, die habe ich von 'nem Pathan, dem wir beim Probeschießen mit seiner neuen Krache zugeschaut haben. Ich wollte sie eigentlich als Andenken mitnehmen, hab' sie aber jetzt doch lieber weggeworfen, weil wir, anders als ursprünglich geplant, nun mit dem Flugzeug zurückwollten und so was an Bord ja verboten ist!"

Meine Ahnung war nicht verkehrt; kaum steht unsere Absprache, erscheinen auch schon zwei Verhörspezialisten und nehmen mich in die Mangel. Ratte wird in ein anderes Zimmer gebracht und dort noch mal zum gleichen Thema vernommen, ehe man sie endgültig laufen läßt.

Der größere der beiden Typen, die mich verhören, scheint wieder mal ein extremer Menschenfreund mit einer tief verwurzelten Abneigung gegen jede Form von Brutalität zu sein. Für den Fall, daß ich von meinem Recht, die Aussage zu verweigern, womöglich Gebrauch zu machen gedächte, hat er vorsichtshalber einen zusammengelegten, etwa zwei Meter langen Gummiriemen mitgebracht, mit dem er sich nachdenklich auf die Handfläche klatscht: „Hör zu, du Arsch. Du hast dich eines schlimmen Vergehens schuldig gemacht. Drogen und Waffen – dafür hängt man euch hier auf. Hart, aber gerecht! Der letzte . . ." – er formt spielerisch eine Schlinge aus dem Riemen – „. . . hat vor einem halben Jahr deswegen gebaumelt!"

Wie tröstlich! Nach dieser aufmunternden Einleitung darf ich siebenundvierzigmal die Geschichte der Patrone aufsagen, anschließend werden im Nebenraum die Fingerabdrücke genommen und Fotos gemacht, dann läßt man Ratte noch mal kurz zu mir. Inzwischen hat sie wirklich den Konsul angerufen. Er hat versprochen, sich des Falles anzunehmen. Es ist gleich halb acht; sie könnte die Maschine noch kriegen.

„Bist du wahnsinnnig? Ich laß dich doch nicht allein hier sitzen und flieg' zurück!"

Nur mit Mühe gelingt es mir, sie davon zu überzeugen, daß sie von Deutschland aus wesentlich mehr für mich tun kann; hier ist eh alles gelaufen, der Konsul informiert, mehr kann man im Augenblick nicht tun. Außerdem wäre ich heilfroh, wenn sie aus der Schußlinie wäre. Weiß der Kuckuck, ob die Jungs nicht auf die Idee kommen, sie doch noch hoppzunehmen. Widerwillig gibt sie schließlich nach. Sie drückt mich schniefend an sich. Wir liegen uns eine Weile in den Armen, bis der Oberfahnder der Ansicht ist, jetzt sei's genug mit der Gefühlsduselei. Einer der Polizisten bringt sie in letzter Minute zum Flugzeug; na ja, die Zollkontrolle dürfte sich ja wohl erübrigen . . . Ich muß mich ausziehen, werde in Unterhosen der regulären Flughafenpolizei überstellt; die Zivilfahnder verlassen den Ort ihres großen Triumphes.

Der alte Sergeant, der mich zur Zelle begleitet, wirkt nach den Zivilen ausgesprochen menschlich: „Kopf hoch, wird schon! Wenn du rauchen willst, sag mir Bescheid. Feuer und Zigaretten sind da drin nämlich verboten, weißt du; aber wenn du rufst, bring' ich dir eine!" Wenigstens etwas.

Dann klatscht die Eisentür hinter mir ins Schloß. Es hat etwas Endgültiges. Keine zweihundert Meter von mir entfernt gehen

Menschen vorbei auf dem Weg zu ihren Flugzeugen. Und ich bin denen hier unten ausgeliefert! Die Zelle ist ein etwa drei mal vier Meter großer Raum mit nichts drin außer einem selbstertränkungssicheren Klo und einer versifften Matratze auf dem Steinfußboden. An der Decke brennt ständig eine trübe Lampe, und ansonsten ist es so saukalt hier, daß ich in meinem luftigen Aufzug schon nach einer halben Stunde mit den Zähnen klappere. Ich trete zu dem vergitterten Fensterchen im oberen Teil der Tür, rufe nach dem Sergeant.

Er kommt angeschlurft. „Was ist – willst du rauchen?"

„Verdammt, nein; ich erfriere hier drinnen! Könnt ihr die Klimaanlage nicht mal 'n bißchen niedriger stellen?"

Er schüttelt bedauernd den Kopf: „Geht nicht. Die ist kaputt."

„Dann gebt mir wenigstens was zum Anziehen oder 'ne Decke!"

„Du hast doch da 'ne Decke!"

„Was denn – das?" Jetzt weiß ich wenigstens, wofür das wenig mehr als handtuchgroße Stück Sackleinen auf der Matratze gedacht ist ... „Sag mal, kann ich nicht meinen Schlafsack haben? Ich meine, sonst braucht ihr mich nicht mehr aufzuhängen; dann bin ich nämlich nach spätestens zwei Nächten an Unterkühlung abgekratzt!"

Er überlegt kurz: „Also gut, meinetwegen. Aber wenn der Chef kommt, mußt du das Ding ganz schnell rausgeben; der darf das nämlich nicht wissen!"

Ich nehme dankbar meine alte Poftüte und eine Zigarette in Empfang, rauche sie hektisch und mache dann das Sinnvollste, was man in so einer Situation tun kann: Ich wickle mich bis an die Nasenspitze in den Schlafsack und versuche zu schlafen.

8. Januar 1983

Der Tag vergeht quälend langsam. Hauptattraktion des Tagesgeschehens in diesem Kühlkäfig sind die Essenspausen; die Spannung bezüglich des Speiseplans legt sich allerdings schnell. Es gibt kalten Reis mit Fisch – immer. Um mögliche blindwütige Attacken auf Wärter oder Mobiliar mittels Teller auszuschließen, bekomme ich ihn auf einer alten Zeitung serviert. Mein Ersuchen, doch wenigstens ein englischsprachiges Blatt zu verwenden, wird abgelehnt; in der Kneipe hätten sie keines.

Mein Kopf schmerzt immer noch scheußlich, und die überreichlich gebotene Möglichkeit, mir in der beschaulichen Stille meines Kühlschranks den Tod in seiner widerwärtigsten Erscheinungsform auszumalen, trägt auch nicht eben zu meiner Aufheiterung bei. Anders ausgedrückt: Ich fühle mich so beschissen wie noch nie. Irgendwann fange ich aus vollem Halse an zu singen. Die Akustik hier ist jedenfalls hervorragend. Als ich bei „Me and Bobby McGee" angekommen bin, taucht plötzlich der Kopf eines der Polizisten hinter dem Gitter auf. Entgegen meiner ersten Annahme, daß er mich endlich zum Schweigen bringen will, lauscht er begeistert: „Hey, das kenn' ich, das singt der Sowieso auch!"

„Wer ist Sowieso?" frage ich irritiert.

„Na, der philippinische Sänger!" Er stimmt frohgemut in die zweite Strophe mit ein, allerdings auf Tagala. Wie Musik doch Brücken schlagen kann; Völkerverständigung im Knast! Ich breche irgendwann mit leicht irrem Gelächter ab. Jetzt bekommt das Ganze also auch noch eine komische Note . . .

Später werde ich noch mal verhört. Ich merke, daß sie irgendwas mit der Patrone haben. Als mich dann einer vorsichtig durch die Blume fragt, ob sie schon mal in der Waffe gewesen sei, damals, fällt bei mir endlich der Groschen. Die Patrone hat lange im Kuli gesteckt, und der Schlagbolzen der recht primitiven Waffe hat im Laufe der Zeit einen kleinen Abdruck im Zündhütchen hinterlassen; ähnlich dem – wenn auch nicht so ausgeprägt –, der beim Abfeuern der Waffe entstehen würde. Also, ein Versager, vermuten sie! Das könnte meine Chance sein; wenn sie den Versager schlucken, gilt die Patrone nicht mehr als scharf, und das würde vielleicht alles ändern . . . Langsam, aber sicher arbeite ich darauf hin. Es darf nicht zu deutlich sein; sie müssen den Eindruck haben, sie seien ganz von selbst darauf gekommen; außerdem habe ich ihnen ja klargemacht, daß ich von solchen Dingen nicht die geringste Ahnung hätte.

Es scheint zu klappen! Die Dinge nehmen eine für mich günstige Wende. Als das Abendessen kommt, erzählt mir der lange Inspektor, der für mein leibliches Wohl zuständig ist, sie hätten den Verdacht, daß die Patrone nicht mehr scharf sei. Morgen soll sie von den Ballistikern genauer untersucht werden; anschließend wird dann der Staatsanwalt entscheiden, ob es zu einem Verfahren kommt.

9. Januar 1983

Die Handschellen klirren leise aneinander, als ich durch die graugestrichene Eisentür ins grelle Sonnenlicht trete. Nach der Eiseskälte meiner Zelle trifft mich die Hitze draußen wie ein Hammerschlag. Mit zusammengekniffenen Augen stolpere ich zwischen den beiden Aufsehern in ihren durchgeschwitzten Uniformen auf den offenen Landrover zu, der vor dem flachen Gebäude geparkt ist. Während der eine, ein dicker Sergeant, sich ächzend hinters Steuer hievt, bedeutet mir der andere wortlos, auf die Ladefläche zu klettern. Ich lasse mich auf eine der beiden schmalen Holzpritschen fallen, die an den Längsseiten angebracht sind. Mein Bewacher kettet mich mit routiniertem Griff an einen Wagenholm, klopft kurz gegen die Trennscheibe zum Führerhaus; der Sergeant würgt den Gang rein und gibt Gas. Wir biegen schon bald von der Hauptstraße ab auf eine schmale, dschungelumsäumte Nebenstrecke, die, in zahllosen Serpentinen ansteigend, von der Küste weg ins bergige Innere der Insel führt. Viel Verkehr herrscht nicht.

„*Smoke?*" fragt mein Gegenüber. Ich nicke. Er schiebt mir eine Zigarette zwischen die Lippen, zündet sie an.

„Wo geht's denn eigentlich hin?" erkundige ich mich zwischen zwei Zügen.

„Vorführung beim Gouverneur."

Ich rauche schweigend. Mit dem Ellenbogen rücke ich vorsichtig den schmuddeligen Verband über meiner linken Schläfe wieder gerade. Die Wunde schmerzt immer noch.

Die sattgrüne Tropenlandschaft der Insel zieht an uns vorbei. Ich rieche den Duft der Bäume, der unzähligen Blumen, die aus dem Unterholz leuchten. Penang ist wirklich ein herrliches Fleckchen Erde; aber der Gedanke, hier vielleicht gehenkt zu werden . . .

Nach etwa einer halben Stunde halten wir vor der Villa des Gouverneurs. Die weite Rasenfläche vor dem Haus ist übersät mit den großen, weißen Blüten der beiden alten Frangipani-Bäume, die das Anwesen einrahmen. Ich sehe sie mir genau an, während der Sergeant zum Haus hinübergeht, um unsere Ankunft zu melden; es sind vielleicht die letzten, die ich je sehen werde . . .

Die Vorführung verläuft recht knapp. Der Gouverneur streckt kurz den Kopf aus der Tür, streift mich aus zwanzig Metern Entfernung mit einem Blick, nickt und verschwindet wieder.

Die beiden karren mich den halben Tag lang kreuz und quer über die Insel. Nacheinander werde ich dem Untersuchungsrichter, dem Staatsanwalt und weiß Gott wem sonst noch vorgeführt, auf dem Polizeipräsidium in der Stadt noch mal ausgiebig vernommen und unterschreibe schließlich ein rundes Dutzend Statements und Erklärungen. Der Konsul, der inzwischen alle Hebel in Bewegung gesetzt hat, erkundigt sich zwischenzeitlich noch mal telefonisch nach Einzelheiten; alles hängt jetzt davon ab, wie sich der Staatsanwalt morgen entscheiden wird . . .

10. Januar 1983

Als das Klappern der Schlüssel meinen kalten Reis mit Fisch ankündigt, bin ich sofort hellwach: „Wie sieht's aus?" frage ich den langen Inspektor nervös.

„Nicht schlecht. Die Ballistiker glauben, daß die Patrone ein Versager ist. Wenn du Glück hast, läßt der Staatsanwalt die Sache sausen." Ich beglückwünsche mich im stillen zu ihren unfähigen Ballistikern.

Zwei Stunden später kommen sie mich dann wieder holen. Wir fahren zu irgendeinem Gebäude, in dem die öffentliche Anhörung stattfinden soll, in Gegenwart von Konsul, Staatsanwalt und den an der Verhaftung beteiligten Polizisten.

Die Zeremonie ist kurz: Nachdem die Zeugen ihre Erklärungen abgegeben haben, erwarte ich, flankiert von zwei Uniformierten, die Entscheidung des Staatsanwaltes. Kommt es zum Verfahren, bedeutet das im Falle eines Schuldspruches mit hoher Wahrscheinlichkeit die Todesstrafe. Eine einzige Patrone würde da vollkommen ausreichen. Und die Malaysier verhängen nicht nur, sie vollstrecken auch sehr konsequent . . .

Nach einigen bangen Minuten, in denen mir nicht nur die Hitze den Schweiß auf die Stirn treibt, verliest ein Mann mit steinernem Gesicht das Ergebnis der Voruntersuchung: Die Anklage wird fallengelassen. Der Polizist nimmt mir die Armbänder ab. Ich bin frei.

Epilog

Frankfurt, 12. Januar 1983

Ich stehe frierend an einem Fenster im Terminal des Flughafens, in der Hand einen Plastikbecher mit einer dünnen Brühe, die der Automat mir als „Kaffee" verkauft hat. Draußen sind es fünf Grad über Null; nicht ganz die richtige Temperatur für mein dünnes T-Shirt. Der Himmel ist grau und diesig, ein kalter Wind treibt Schneeregen vor die Scheiben. In einer Stunde geht meine Maschine nach Düsseldorf. Leicht verstört blicke ich auf die hektischen Menschenmassen. Gesprächsfetzen prasseln auf mich nieder. Es ist verwirrend, daß ich auf einmal wieder alles verstehe, was um mich herum gesprochen wird. Seltsam – es sind nur Banalitäten. Dabei ist das Leben so kurz, so voll wichtiger Dinge – wirklich wichtiger Dinge, nicht verspäteter Abflüge und solchem Zeug . . .

Was will ich eigentlich hier zwischen all diesen Leuten mit den verkniffenen Gesichtern, die mich abfällig mustern? Ich fühle mich fremd, deplaziert, und das nicht nur wegen der zerfetzten Hosen und dem verdreckten, durchgebluteten Kopfverband.

Eine Gruppe Afrikaner in bunten Klamotten schiebt sich an mir vorbei, aufgeregt schwatzend und lachend. Mein Gott, ja, die können richtig lachen! Ich schaue ihnen hinterher, fühle mich ihnen in diesem Moment näher als meinen Landsleuten. Wo die wohl hinfliegen? Afrika . . .

So viele Länder, in denen ich noch nicht war. Bilder steigen in mir auf, von sonnendurchglühten Wüsten und vereisten Bergmassiven, von zerklüfteten Felsschründen und reißenden Strömen, brodelnden Vulkanen und endlosen, windgepeitschten Hochebenen . . .

Gedankenverloren zernülle ich den Plastikbecher in der Hand, starre auf das Schneetreiben draußen, das die Rollbahn allmählich mit einem bräunlichen Matsch bedeckt. Eine 747 quält sich über die Startbahn, wird schneller und schneller, hebt ab und verschwindet im Grau der Wolken.

Eigentlich könnte ich gleich schon wieder losfahren . . .

Reisetips

(Stand: Juni 1988)

Die Länder

Nepal

Fläche: 140 797 Quadratkilometer; *Einwohner:* ca. 16 Mill.; *Hauptstadt:* Kathmandu; *Währung:* Nepalesische Rupie (NR), unterteilt in 100 Paisa.

Geographie: Das kleine Hindukönigreich Nepal erstreckt sich über eine Länge von rund 800 km bei einer Breite von nur etwa 200 km entlang der Südhälfte des Himalaya. Das Land ist zu etwa gleichen Teilen in drei geographische Bereiche gegliedert: Im Süden, zur Gangesebene hin, verläuft ein ungefähr 30 km breiter, sumpfiger Tieflandstreifen, das Terai. Ihm folgt eine bis auf etwa 3500 m ansteigende Landschaft mit Mittelgebirgscharakter, an die sich die Himalayaregion anschließt. Hier, auf dem „Dach der Welt", vereinigen sich neben dem höchsten Berg der Erde, dem Mt. Everest (8848 m), zahllose weitere Sieben- und Achttausender zu einer einmaligen Hochgebirgskulisse. Im Norden stößt Nepal an das von China annektierte Tibet; ansonsten ist es allseits von indischen Bundesstaaten bzw. Mandatsgebieten umschlossen.

Klima: Im tropischen Süden und der subtropischen Landesmitte ist das Klima stark vom Monsun geprägt, der vor allem in der Zeit von Juni bis August hohe Mengen an Niederschlägen mit sich bringt. Im Terai können diese über 2000 mm im Jahresdurchschnitt erreichen; hier führen die heftigen Regenfälle in den Sommermonaten dann oft zu großflächigen Überschwemmungen. In den südlichen, flachen Landesteilen, besonders im Terai, wird es zwischen April und Juni schwül-heiß mit Temperaturen über 40°C, während die Täler der Mittelgebirgsregionen mit einem moderateren, subtropischen Klima aufwarten. (Kathmandu, ca. 1340 m ü. NN, Durchschnittstemperatur im Januar: 10°C, im Juli: 24°C). Dagegen sind in den höheren Lagen des Himalaya ganzjährig Ohrenschützer angesagt; hier kann die Temperatur auch im Sommer mal unter die Frostgrenze sinken, während sie im Winter ins Bodenlose abrutscht.

★

Flora und Fauna: Im sumpfigen Süden herrscht tropischer Regenwald vor, der ab etwa 1500 m Höhe allmählich von Mischwald abgelöst wird. Je höher man kommt, desto größer wird der Anteil an Koniferen; über 3000 m bestimmen Kiefern, Tannen und Fichten das Bild. In Lagen zwischen 2500 m und 4000 m stößt man auf eine endemische Besonderheit: Hier gibt es ganze Wälder aus knorrigen, bis 30 m hoch wuchernden Rhododendren. Auf die Nadelwälder folgen alpine Matten und schließlich, in Höhen ab 5000 m, karstige, fast vegetationslose Hochflächen, denen sich die vereisten Gipfel anschließen.

Viele Arten der ursprünglich reichen Tierwelt Nepals wurden in den letzten hundert Jahren durch Bejagung oder Urbarmachung ihrer Lebensräume ausgerottet oder sind in ihrem Bestand unmittelbar bedroht. Der im Terai einst häufige asiatische Leopard ist heute ebenso selten wie Wolf und Braunbär. Auch die verschiedenen Hirscharten nehmen ständig ab, da ihr Lebensraum immer mehr der menschlichen Besiedelung zum Opfer fällt; und seit modebewußte Stutzer entdeckt haben, daß Pangolinleder ein reizvoll genarbtes Material zur Herstellung fescher Cowboystiefelchen ist, geht es auch diesen urtümlichen Tieren an den Kragen. Die letzten bengalischen Tiger Nepals leben, streng geschützt, in einigen Reservaten im Süden, ebenso einige kleine Herden des indischen Panzernashorns und Gaur, die größten Wildrinder der Erde. In unzugänglichen Gebieten des Hochhimalaya haben sich vereinzelte Exemplare des sehr scheuen Schneeleoparden erhalten. Dort trifft man auch noch den geweihlosen Moschushirsch, den sibirischen Steinbock, wilde Yaks sowie Thar- und Markhorziegen. Auch die Vogelwelt ist vielfältig; im Süden findet man Saruskraniche und Reiher, der Bengalgeier ist weit verbreitet, und im Himalaya gibt es neben Adlern und Falken allein vier verschiedene Geierarten und den bunten Himalayafasan, den nepalesischen Wappenvogel.

Geschichte: Die exakt nachvollziehbare Geschichte Nepals beginnt mit der Besiedelung des Kathmandu-Tales um 1000 v. Chr., doch Teile des Gangestieflandes wurden schon wesentlich früher kultiviert. Dort im Terai, in Lumbini, wurde 563 v. Chr. Prinz Siddhartha geboren, der spätere Religionsstifter Buddha. Von hier aus begann der Buddhismus sich allmählich auszubreiten; aber auch der Hinduismus kam über diesen Weg von Indien nach Nepal.

Unter den hinduistischen Licchavi-Königen erlebte das Land zwischen 350 und 750 n. Chr. seine erste kulturelle Blüte. Mehrere Kriege ließen das Reich langsam zerfallen, und um 1200 n. Chr. übernahm die aus Indien eingewanderte Dynastie der Malla die Regierung. Die Mallas galten als besondere Förderer der Künste; unter ihrer Herrschaft gelangte das Land erneut zu wirtschaftlicher und kultureller Bedeutung. Als Folge von Uneinigkeiten zwischen den Thronfolgern wurde das ehemals mächtige Reich jedoch 1482 in die Königreiche Kathmandu, Patan und Bhaktapur geteilt. Die indischen Rajputenfürsten nützten diese geschwächte Position flugs aus und drangen in der Folge immer weiter nach Nepal ein. 1559 eroberten sie einen Großteil des Landes (Gurkha wurde zur neuen Hauptstadt) und 1769 schließlich auch den Rest des Landes, wobei die Newar, die Bewohner des Kathmandu-Tals, unterworfen wurden. 1816 schloß Nepal mit Großbritannien ein Schutzabkommen, das dem Land die Autonomie sicherte. Erbfolgequerelen untergruben die Position der Gurkha-Könige. Die Adelsfamilie der Rana nutzte die Intrigen geschickt für ihre Zwecke und riß 1846 die Macht im Staat an sich. Erst 1950 gelang dem von den Ranas gefangengehaltenen, legitimen Thronfolger Tribhuvana Bir Bikram die Flucht nach Indien; 1951 setzte er die Ranas ab. 1972 führte sein Nachfolger, der jetzige König Birendra, eine neue Verfassung ein und erklärte Nepal zu einer konstitutionellen Monarchie.

Bevölkerung: In Nepal herrscht ein buntes Durcheinander zahlreicher Stämme und Gruppierungen unterschiedlicher ethnologischer Abstammung. Im Süden findet man überwiegend indischstämmige Volksgruppen; die zahlreichen Stämme der Mittelgebirge wie Gurung, Rai oder Magar werden oft zusammenfassend als Gurkhas bezeichnet. Im Norden gelangt der tibetisch-mongolische Einfluß stärker zur Geltung, wie etwa bei den tibetischstämmigen Sherpa. Im Kathmandu-Tal stellen die Newar die bedeutendste Volksgruppe; sie sind mongolid-indischen Ursprungs. Daneben gibt es noch etwa 10 000 tibetische Flüchtlinge. Entsprechend groß ist die Anzahl der indoarischen und tibetischen Sprachen und Dialekte, die in Nepal gesprochen werden: Es sollen 48 sein!

Essen/Schlafen: Die nepalesische Küche ist in aller Regel schlicht bis karg. Das liegt aber in erster Linie an der chronischen Nahrungsmittelknappheit, besonders in abgeschiedenen, ländlichen Gegenden. Dort, wo es genügend gibt, sind die Nepali erfinderische Köche. In Kathmandu gibt's reichlich; hier kann man neben Lokalem auch tibetische Spezialitäten probieren, und wer's lieber international hat, kommt bei Steak, Schnitzel und Pizza auch auf seine Kosten. An vielen Buden gibt es Vollkornbrot und diverse Käsesorten, und zum Nachtisch lohnt sich ein Abstecher in einen der vielen *Pie Shops,* die z. T. ausgezeichneten Kuchen anbieten.
Wer bei Übernachtungen keine großen Ansprüche stellt, wird wenig Probleme haben. In den größeren Orten finden sich immer billige Hotels und Lodges, oft allerdings mit sechsbeinigem Zimmerservice. Auch entlang der Trekkingrouten gibt es in Abständen einfache Unterkünfte. Auf den Dörfern

hat man häufig eine *dharmasala*, eine „Rasthütte" mit Gemeinschaftschlafplatz. Aber auch, wenn es im Dorf so etwas nicht gibt, findet sich in aller Regel ein trockenes Plätzchen in irgendeiner Hütte, wo man gegen ein geringes Entgelt seinen Schlafsack ausrollen kann – sofern man nicht sogar eingeladen wird. Für solche Einladungen von Leuten, deren ganze Habe zumeist weniger wert ist als das, was man selbst im Rucksack mit sich rumschleppt, sollte man sich aber auf jeden Fall irgendwie revanchieren!

Reisen im Land stößt in Nepal gelegentlich auf leichte Schwierigkeiten ... Das *Straßennetz* ist sehr dünn, es gibt lediglich einige hundert Kilometer asphaltierter Straßen. Wo diese vorhanden sind, verkehren *Reisebusse*. Sie sind meist sehr billig, sehr eng und museumsreif. Innerhalb Kathmandus gibt es *Taxis*, dreirädrige Sammeltaxen auf festgelegten Strecken (z. B. nach Patan) und *Rickshaws*. Preise aushandeln! Mit *Trampen* wird man in Nepal kaum Kilometerrekorde aufstellen können; die Lkws, die auf den stärker frequentierten Strecken verkehren, nehmen allerdings oft mit. *Selbstfahrer* sollten dran denken, genug Sprit zu bunkern; außerhalb des Kathmandu-Tals sind *Tankstellen* äußerst dünn gesät! *Superbenzin* ist in Nepal nicht zu bekommen. Defensive Fahrweise ist sehr wichtig – unbedingt immer damit rechnen, daß hinter einer Kurve mal ein Baumstamm auf der Piste liegt oder zwei Fußgänger gerade in der Fahrbahnmitte einen Plausch halten! In Nepal herrscht *Linksverkehr*.

Viele Orte sind nur *zu Fuß* oder mit dem *Flugzeug* zu erreichen. Wo Flugplätze bzw. Landepisten vorhanden sind, betreibt die *Royal Nepalese Airlines* einen planmäßigen und außerplanmäßigen Flugdienst mit *Twin Otter* und *STOL*-Maschinen; viele Flüge sind abhängig vom Wetter.

Einreise: Für Deutsche, Österreicher und Schweizer besteht *Visumpflicht*. Anfragen an die

Königlich Nepalesische Botschaft
Im Hag 15, 5300 Bonn 2, (02 28) 34 30 97

Inhaber eines noch mindestens 3 Monate gültigen Reisepasses bekommen im Bedarfsfall auch ein auf 7 Tage beschränktes Visum bei der Einreise auf dem Luftweg am Flughafen Kathmandu (10 US $, 1 Paßbild). Touristenvisa werden auf 30 Tage ausgestellt und können in Kathmandu um insgesamt 2 weitere Monate verlängert werden, auch wochenweise. Alle Visa gelten nur für das Kathmandu-Tal, Pokhara, Chitwan und Orte, die an befestigten Straßen liegen. Wer *Bergsteigen* oder *Trekken* möchte, braucht zusätzlich noch ein *Trekking-Permit* (erhältlich beim Central Immigration Office, Maiti Devi, Kathmandu. Kostenpflichtig!). Für *Fahrzeuge* (Einreise nur über Indien) ist ein *Carnet de Passages* erforderlich.

Gelbfieberimpfung ist vorgeschrieben für Reisende, die innerhalb der letzten sechs Tage vor Ankunft in Gelbfiebergebieten waren. *Malariaschutz* ist im südlichen Tiefland ganzjährig ratsam. Angeblich bestehen Resistenzen gegenüber Chloroquin-Präparaten!

Devisen: Noten und Münzen in Landeswährung dürfen nicht ein- oder ausgeführt werden. Die Einfuhr von *Fremdwährung* ist unbegrenzt; am Zoll deklarieren, da die Ausfuhr nur in Höhe des bei der Einreise angegebenen Betrages abzüglich der eingetauschten Summe möglich ist (Bankbescheinigung!). Der Eintausch von *Reiseschecks* ist außerhalb Kathmandus oft schwierig; bei Touren in ländliche Gefilde rechtzeitig wechseln.

Sonstiges

Stromspannung: 220 V Wechselstrom; gelegentliche heftige Schwankungen erhöhen den Reiz der morgendlichen Rasur.

Wöchentlicher Ruhetag ist der Samstag.

Für die *Ausfuhr* von Antiquitäten ist in jedem Fall eine Ausfuhrbescheinigung vom Zoll nötig!

Staatsreligion ist der Hinduismus.

Amtssprache ist Nepali, das aber nur von knapp der Hälfte der Bevölkerung verstanden wird. In den Städten und längs der stärker belatschten Trekkingrouten wird viel Englisch gesprochen. Auf den Dörfern sollte man wenigstens die wichtigsten Begriffe der jeweils gebräuchlichen Sprache beherrschen, sonst wird's manchmal etwas schwierig.

... *Und noch etwas:* Nepal ist ein Land starker Kontraste auf engstem Raum. Daraus ergibt sich ohnehin ein gerüttelt Maß an hausgemachten Problemen. In den letzten Jahren kommen, bedingt durch die immer größer werdende Zahl von Touristen, noch weitere, z. T. erstaunlich leicht vermeidbare hinzu.

So hat z. B. die radikale Abholzung der Baumbestände an den Hängen des Himalaya beängstigende Ausmaße angenommen. Abrutschende Bergflanken und rapide Verkarstung sind die für Natur und Bewohner gleichermaßen bedrohlichen Folgen. Der weitaus größte Teil des so „gewonnenen" Brennstoffs geht auf das Konto der naturbegeisterten Trekkerscharen, deren Holzverbrauch den Bedarf der Einheimischen um das Zigfache übersteigt. Ich persönlich stehe etwas verständnislos vor der Frage, warum es unmöglich scheint, auf das romantikversprühende Lagerfeuer zu verzichten, obwohl die katastrophalen Auswirkungen des sinnlosen Raubbaus inzwischen auch für den Ungeübtesten beim besten Willen nicht mehr zu übersehen sind. Dabei wäre es leicht, auf Alternativen auszuweichen: Selbst im entlegensten Dorf wird mittlerweile Kerosin angeboten, und den dazu passenden Kocher kann man, falls man selbst keinen dabeihat, in den Trekking-Shops von Kathmandu kaufen oder für ein paar Mark mieten.

Auch das Phänomen der offenbar mit zunehmender Reisedauer ständig schrumpfenden Rucksäcke versetzt in Staunen: Während auf dem Hinweg offensichtlich keinerlei Probleme bestehen, Konserven, Tüten und Plastikflaschen auf den Berg zu schleppen, scheint der Rücktransport der leeren Dosen und Verpackungen unmöglich zu sein. Die von den Naturfreaks rechts und links der Wege aufgetürmten Müllhalden formieren sich zwar allmählich zu neuen Gipfeln, doch ob der Ausblick auf diese dann eine echte Alternative zum ursprünglichen Gesicht der Landschaft darstellt, bleibt wohl mehr als fraglich . . .

Ein weiteres trauriges Kapitel in der Geschichte des Nepal-Tourismus ist die in den letzten Jahren drastisch gestiegene Zahl der Kunstdiebstähle. Plünderungen von Heiligtümern durch organisierte Banden, teils sogar auf Bestellung, sind inzwischen an der Tagesordnung. Enthauptete Statuen und ausgeräumte Tempelnischen zeugen von der regen Tätigkeit der Diebe und ihrer kunstsinnigen Hintermänner. Schätzungen besagen, daß in knapp einem Jahrzehnt nahezu fünfzig Prozent aller Kunstschätze des Kathmandu-Tals geklaut und ins Ausland verschoben wurden. Wer solche Antiquitäten außer Landes schmuggelt, sollte sich darüber klar sein, daß er dazu beiträgt, den Ausverkauf unwiederbringlichen Kulturgutes zu forcieren!

Nepal ist sicherlich eines der interessantesten Reiseziele dieser Erde. Ob kommende Generationen das auch noch so sehen werden, bleibt dahingestellt; ein ausgeplündertes Kathmandu-Tal, ein zur Riesenmüllkippe verkommener Himalaya und eine zu Recht darüber verbitterte Bevölkerung würden mich jedenfalls nicht sonderlich reizen.

Bangladesh

Fläche: 143 998 Quadratkilometer; *Einwohner* ca. 100 Mill.; *Hauptstadt:* Dacca; *Währung:* Taka (Tk), unterteilt in 100 Poisha.

Geographie: Bangladesh liegt im Gebiet des Zusammenflusses von Ganges und Brahmaputra. Das gewaltige Delta der beiden Ströme nimmt den größten Teil des Landes ein und bestimmt seine flache, meist sumpfige Oberflächenstruktur. Bedingt durch große Massen an Schwemmstoffen, die die Flüsse während der jährlichen Hochwasserperiode mit sich führen, schiebt sich das Festland immer weiter in den Golf von Bengalen vor. Diese Schwemmböden sind äußerst fruchtbar, aber auch sehr labil; bei extremem Hochwasser, unter dem das Land immer wieder zu leiden hat, wird oft ein großer Teil des Bodens fortgeschwemmt und die Ernte vernichtet, was im stark überbevölkerten Bangladesh zu regelmäßigen Hungerkatastrophen führt. Nur im äußersten Südosten, in der Gegend um Chittagong, steigt das Land stärker an: Hier erheben sich die Ausläufer des aus Burma herüberreichenden Arakan-Gebirges bis auf etwas über 1000 m.

Klima: Bangladesh liegt im Tropengürtel; das Klima ist auch hier stark vom Monsun geprägt. Die Temperaturschwankungen sind gering, es ist fast das ganze Jahr über schwül-heiß. Selbst im Januar, dem kältesten Monat, liegt die Durchschnittstemperatur noch um 20°C; in der heißesten Zeit (April/Mai) klettert das Thermometer locker mal auf 45°C. Wer Regen mag, liegt hier richtig: Die trockensten Landesteile warten immer noch mit jährlichen Niederschlagshöhen von stolzen 1300 mm und darüber auf, in den Sunderbans und den Bergen im Südosten sind es oft mehr als 3500 mm. Hauptregenzeit ist von Juni bis August.

Flora und Fauna: Die Sunderbans, die schwer zugängliche Küstenregion, ist von dichten Mangrovendschungeln bedeckt. Dort trifft man gelegentlich noch Bengaltiger, außerdem größere Herden Karabaus (wilde Wasserbüffel). Die sumpfigen Flußarme werden von Gavialen und Leistenkrokodilen bevölkert. Dem Dschungel folgen Sundriwälder – dieser Baum hat den Sunderbans einst ihren Namen verschafft –, doch werden die zusammenhängenden Flächen immer kleiner: Sundriholz ist ein begehrtes Baumaterial. Der weitaus größte Teil des dichtbesiedelten Landesinneren ist Kulturland; entsprechend dürftig ist dort die Tier- und Pflanzenwelt. Häufigster Blickfang sind Bengalgeier und Rhesusaffen.

Geschichte: Die Geschichte Bangladeshs, ehemals ein Teil des indischen Ostbengalen, ist bis in jüngere Zeit im wesentlichen fast identisch mit jener des östlichen Indien. Im 13. Jahrhundert begann sich der islamische Einfluß auf die Region auszuweiten; im 16. Jahrhundert wurde es dann dem mächtigen moslemischen Mogulreich einverleibt. 1858 entstand die „Kronkolonie Britisch-Indien", zu der auch Bangladesh gehörte. In der Folgezeit kam es immer häufiger zu Auseinandersetzungen zwischen Hindus und Moslems; letztere forderten die Gründung eines islamischen Teilstaates in Indien. 1937 entschied sich bei einer Volksabstimmung eine große Mehrheit für einen solchen Staat. Nach der Unabhängigkeit Indiens 1947 war es schließlich soweit: Das Land wurde geteilt in die überwiegend hinduistische indische Union und das islamische Pakistan, das zunächst aus zwei – über 1500 km voneinander entfernten – Landesteilen bestand. Kultur, Geschichte und Mentalität aber waren bald stärker als die gemeinsame Religion, die einzige Verbindung der beiden Teilstaaten. 1968 führten die langjährigen

Autonomiebestrebungen der Bengalen zu ersten Revolten. 1971 löste Ostpakistan sich nach kurzem Bürgerkrieg vom Westteil und proklamierte die Volksrepublik Bangladesh. Bereits 1975 setzte Präsident Mujibur Rahman die Verfassung wieder außer Kraft und glänzte kurzfristig in der Rolle des Diktators. Dieser Akt fand offenbar nicht ungeteilten Beifall: Kurz darauf wurde er ermordet. Sein Nachfolger wurde 1977 General Zia ur-Rahman, den 1981 das gleiche Schicksal ereilte wie seinen Vorgänger. Auch seinem Stellvertreter, der nun die Regierungsgeschäfte übernahm, blieb nicht viel Zeit: Er wurde knapp ein Jahr später in einem Militärputsch gestürzt. Seitdem untersteht Bangladesh einer Militärregierung.

Bevölkerung: Die Bevölkerung des dichtestbesiedelten Flächenstaates der Erde besteht zu 98 % aus Bengalen; dazu kommen etwa 350 000 islamische Exil-Bihari, die aus Indien eingewandert sind, und eine halbe Million Angehöriger verschiedener Naturvölker, die zumeist im Hinterland von Chittagong entlang der burmesischen Grenze verstreut leben.

Essen/Schlafen: Fisch ist im wasserreichen Bangladesh sozusagen „das Fleisch Nr. 1", und da Gräten die Bengalen herzlich wenig zu stören scheinen, wird auf sie bei der Zubereitung wenig Rücksicht genommen. Ansonsten läuft die bengalische Küche nicht zu lukullischen Höchstleistungen auf; wo Nahrungsmittel so knapp sind, kann sich hehre Kochkunst halt nur selten entfalten. Grundnahrungsmittel ist in erster Linie Reis, oft kalt und immer sehr pappig; Kababs aus mariniertem Ziegen- oder Hühnerfleisch sind schmackhaft, aber nur in größeren Orten zu bekommen.

Billige und billigste Hotels verschiedener Güteklassen gibt es in allen größeren Orten; Komfort darf man dann allerdings nicht erwarten. „Dusche" bedeutet meist, daß einem ein Eimer plus Napf zum Schöpfen zur Verfügung stehen. Auf dem Land gibt es noch sogenannte PWD-Resthouses oder DAK-Bungalows; das sind Relikte aus Kolonialtagen, ehemalige Übernachtungsmöglichkeiten für reisende Provinzbeamte. Sie sind meist wesentlich billiger als Hotels und Lodges, die Zimmer aber dafür größer, schöner und erheblich sauberer.

Reisen im Land erfordert viel Geduld und ausdauerndes Sitzfleisch. Das *Straßennetz* ist dünn, viele Straßen sind noch dazu während der Regenzeit unpassierbar. Der Verkehr ist äußerst mager, *trampen* praktisch unmöglich. *Busse* sind rar und verkehren ohne ersichtlichen Fahrplan. *Tankstellen* sind seltene Juwele. Sofern Verkehr herrscht, wird *links gefahren* – meistens.

In den größeren Städten gibt es *Taxis* und *Scooter;* Preis ist Verhandlungssache. *Fahrradrickshaws* sind überall das populärste Nahverkehrsmittel; die geforderten Preise liegen meist das Fünffache über dem Normaltarif. Unbedingt aushandeln.

Auch das Schienennetz ist dürftig. *Züge* fahren aufreizend langsam, es gibt kaum durchgehende Verbindungen über weitere Strecken. Anschlüsse dauern fast immer Stunden, manchmal auch Tage.

Gelegentlich finden sich *Flußboote,* die auch Passagiere befördern; die Kommunikation ist äußerst schwierig in solchen Fällen, da außerhalb der Großstädte kaum jemand zu finden ist, der Englisch spricht.

Wem diese Art zu reisen nicht liegt: *Bangladesh Biman* fliegt mehrere Ziele innerhalb des Landes von Dacca aus mit nicht mehr ganz taufrischen *Fokker F 27* und *F 28* direkt an.

Einreise: Deutsche, Schweizer und Österreicher benötigen ein *Visum;* z. Zt. werden diese nur für einen Aufenthalt von bis zu einem Monat ausgestellt, können aber in Dacca verlängert werden. Anfragen an die

Botschaft der Volksrepublik Bangladesh
Bonner Str. 48, 5300 Bonn 2, (02 28) 35 25 25

Gelbfieberimpfung ist vorgeschrieben für Reisende, die innerhalb der letzten sechs Tage vor Ankunft in Infektionsgebieten waren. *Hinweis:* Bangladesh betrachtet auch eine ganze Reihe von Ländern als Infektionsgebiete, die üblicherweise nicht darunter gerechnet werden! *Malariaschutz* ist im gesamten Land mit Ausnahme des Stadtgebiets von Dacca ganzjährig ratsam. Gegenüber Chloroquin-Präparaten soll Resistenz bestehen.

Devisen: Landeswährung darf bis zu einer Höhe von 100 Tk ein- und ausgeführt werden. Die Einfuhr von *Fremdwährung* ist nicht begrenzt; Ausfuhr entsprechend des bei der Einreise deklarierten Betrages abzüglich der eingewechselten Summe. Einfuhrdeklaration ist ratsam; Reiseschecks und /oder Bargeld am besten in kleinen Stückelungen, möglichst US $.

Sonstiges

Stromspannung: 220 V Wechselstrom, Spannung stark schwankend, häufig Stromausfälle. Englische Rundstecker.

Wöchentlicher *Ruhetag* ist der Freitag.

Staatsreligion ist der Islam.

Staatssprache ist Bengali, daneben wird vereinzelt Englisch gesprochen.

Thailand

Fläche: 513 115 Quadratkilometer; *Einwohner:* ca. 50,5 Mill.; *Hauptstadt:* Bangkok; *Währung:* Baht (฿), unterteilt in 100 Stangs.

Geographie: Thailand, das ehemalige Siam, liegt in Südostasien und somit im tropischen Gürtel. Das Zentrum des Landes wird gebildet vom Tiefland des Chao Phraya; ihm schließen sich im Norden, Westen und Osten Gebirgszüge an. Im ausgedehnten Delta des Chao Phraya, der etwas südlich der Hauptstadt Bangkok in den Golf von Siam mündet, bilden die vom Fluß mitgeführten Schwemmstoffe fruchtbare Böden. Im Süden schiebt sich Thailand bis weit auf die Malaiische Halbinsel vor, deren schmalste Stelle – am Isthmus von Kra – noch gerade ganze 40 km breit ist.

Klima: Entsprechend der Landeslage ein tropisches Monsunklima. Vor allem im Norden und in der Landesmitte größere Temperaturschwankungen zwischen Tag und Nacht. Hohe Niederschläge besonders an den Westhängen der Gebirgszüge. Thailand hat drei unterschiedliche Klimazeiten: etwa von November bis Februar ist „Winter", mit Durchschnittstemperaturen von 25–30 °C, geringen Niederschlägen und mäßiger Luftfeuchtigkeit; von März bis Mai steigen die Temperaturen auf 30–40 °C an, dafür sinkt die Luftfeuchtigkeit; in dieser Zeit fallen die wenigsten Niederschläge. Von Juni bis Oktober schließlich ist Regenzeit; die Temperaturen bleiben, doch die Luftfeuchtigkeit steigt stark an, es wird oft unerträglich schwül.

Flora und Fauna: Über ein Drittel des Landes ist von dichtem, tropischem Regenwald bedeckt. Vor allem im Norden gibt es laubwerfende Wälder, deren Holz vielfach wirtschaftlich genutzt wird (z. B. Teakholz). In den nordthailändischen Becken liegen ausgedehnte Feucht- und Trockensavannen. Neben exotischen Pflanzenarten wie Orchideen und einer Unzahl oft herrlich blühender Epiphyten ist noch der Bambus besonders erwähnenswert; er stellt in diesem Teil der Welt mit 40 Metern Wuchshöhe, die der einzelne Halm (Bambus ist eine Grasart!) innerhalb eines Jahres erreicht, manchen Baum in den Schatten. Stellenweise bildet er dichte, zusammenhängende Wälder.

Vor allem die Säugetierwelt Tailands ist artenmäßig sehr zahlreich. Auf den Bäumen der Bergwälder leben Makaken und Gibbons. Schleichkatzen und Malaienbären hausen versteckt in der Zurückgezogenheit des Dschungels, Goldschakal und Rothund durchstreifen die Savannen. Im Norden gibt es noch einzelne Herden asiatischer Elefanten und Panzernashörner; auch

Tapir, Wildschwein und mehrere Wildrindarten sind hier noch heimisch, darunter Arni und Gaur. Thailand und die angrenzenden Gebiete gelten als schlangenreichste Zone der Erde. Unter ihnen befinden sich etliche Arten, die mit Vorsicht zu genießen sind, wie Kobra, Bambusotter und Kettenviper. Reichhaltig ist auch das Angebot an kleinerem Krabbelgetier; wer an Spinnen- oder Insektenphobie leidet, findet hier ein breites Feld zur Selbsttherapie durch ständige Annäherung.

Geschichte: 1933 wechselte das Königreich seinen Namen von Siam in Thailand („Land der Freien") um. Dieser Begriff spiegelt den nationalen Stolz über die Tatsache wider, daß Thailand als einziges Land in Südostasien nie kolonisiert worden ist. Seit dem 4. Jahrtausend v. Chr. wanderten aus dem südchinesischen Raum zuerst Mon-Khmer-Völker, später Thai-Lao-Völker ein und siedelten im Becken des Chao Phraya. Etwa seit dem zweiten Jahrhundert v. Chr. breitete sich der von Einwanderern aus dem indischen Raum mitgebrachte Buddhismus immer weiter aus. Um 600 n. Chr. gründeten die Mon-Khmer-Völker zwei Staaten im Gebiet des heutigen Thailand. Der größte Teil der Thai-Lao-Völker siedelte zu diesem Zeitpunkt noch im Süden des heutigen China, wo sie 1253 schließlich von mongolischen Eroberern vertrieben wurden. Sie zogen daraufhin nach Süden – also nach Thailand –, verdrängten ihrerseits die Mon-Khmer-Völker und gründeten zunächst einige unabhängige Fürstentümer. Ab der Mitte des 14. Jahrhunderts entwickelte sich dann das Königreich Siam allmählich zu einer beherrschenden Macht in Südostasien. Mit der Eroberung und Zerstörung der Hauptstadt Ayutthaya durch burmesische Truppen im Jahre 1767 wurde diese erste Blütezeit des Landes jäh unterbrochen. Doch schon 1782 wurde unter General Chakri ein neues Reich mit der Hauptstadt Bangkok errichtet. Im 19. Jahrhundert öffnete sich das Land im Zuge erweiterter Handelsbeziehungen mit Europa dem Westen. König Rama IV. sicherte dem Land durch weitsichtige Vertragspolitik die Autonomie. Zu Beginn des 20. Jahrhunderts führten soziale Mißstände zu Unzufriedenheit in weiten Bereichen der Bevölkerung. Diese gipfelten in einem Staatsstreich der Militärs im Jahre 1932. Siam erhielt eine neue Verfassung und wurde konstitutionelle Monarchie; seit 1946 wird das Land von König Bhumibol Adulyadej regiert.

Bevölkerung: Rund 85 % der Bevölkerung sind Thai-Völker wie Siamesen, Shan oder Lao. Sie sind mongolider Abstammung und stehen in Herkunft und Sprache den Chinesen nahe. Die größte der ethnischen Minderheiten Thailands sind die ca. 4 Millionen Chinesen. Daneben gibt es noch rund zwanzig verschiedene Bergstämme unterschiedlicher Abstammung im Norden und Westen, deren insgesamt etwa 300 000 Angehörige aber nur knapp

1 % der Gesamtbevölkerung ausmachen, sowie im Süden ca. 2,5 % Malaien.

Essen/Schlafen: Von der Vielfalt und Köstlichkeit thailändischen Gaumenkitzels ausführlich zu schwärmen hieße, ein ganzes Buch zu füllen. Beeindruckend auf diesem Sektor sind vor allem die zahllosen Garküchen in den Städten, wo man sich buchstäblich tagelang durchfuttern kann, ohne daß es je langweilig würde; aber auch auf dem Land ist in den meisten Fällen fürs leibliche Wohl bestens gesorgt.

Preiswerte bis billige Unterkünfte gibt es fast überall; in den meisten kann man handeln.

Reisen im Land: Thai Airways fliegt von Bangkok und Chiang Mai aus zahlreiche Städte im Linienverkehr an, z. T. sogar mehrmals täglich.

Die *thailändische Staatsbahn* verfügt über ein gut ausgebautes Schienennetz von fast 4500 km. Die Züge haben in der ersten Klasse oft Klimaanlagen, für weite Strecken gibt es Schlafwagen. Die Fahrpreise sind sehr niedrig. Das *Straßennetz* umfaßt beinahe 20 000 km; rund 9000 davon sind ganzjährig befahrbar. Die Hauptstraßen sind oft sehr gut ausgebaut und bestens in Schuß. *Überlandbusse* fahren regelmäßig und häufig alle größeren Orte an; verglichen mit den üblichen Uralt-Vehikeln der vorher beschriebenen Länder sind sie ausgesprochen luxuriös. Gut ausgebaute Straßen und Fahrzeuge, die bei 40 km/h noch nicht auseinanderbrechen, ermöglichen in Thailand auch wieder das *Trampen* im europäpischen Sinne. Die Mitnahmefreudigkeit der Thais ist in den einzelnen Regionen stark unterschiedlich, doch in der Regel geht's ganz gut.

In den Städten gibt es überall *Stadtbusverkehr,* der sich meist durch hohes Stauvolumen auszeichnet. Bei *Taxifahrten* unbedingt hartnäckig handeln (vor Fahrtantritt!); neben richtigen Taxis gibt es oft noch *Scooter* („Tuk-Tuks"). Die sind billiger, wendiger und unbequemer. Auch hier handeln.

Für *Selbstfahrer:* unbedingt zweisprachige Karte mitnehmen – Straßenschilder sind nur in Thai abgefaßt! In Thailand herrscht *Linksverkehr.*

Einreise: Deutsche Touristen mit gültigem Reisepaß bekommen bei der Einreise am Flughafen einen Einreisestempel, der sie zu einem Aufenthalt von vierzehn Tagen berechtigt; nicht verlängerbar. Für längeren Aufenthalt brauchen Deutsche, Schweizer und Österreicher ein *Touristenvisum.* Anfragen an die

Botschaft des Königreichs Thailand
Ubierstr. 65, 5300 Bonn 2, (02 28) 35 50 65/68

Reisende müssen bei der Ankunft nachweisen können, daß sie im Besitz von mindetens 5 000 B oder 250 US $ sind (bei Transitreise/visumfreiem Aufenthalt bis vierzehn Tage) bzw. von 10 000 B oder 500 US $ (bei Einreise mit Touristenvisum). *Achtung:* Die Thai-Behörden können Personen, deren Aufmachung ihnen nicht paßt (abgerissene Kleidung, Zottelhaare etc.), die Einreise verweigern! Möglichst lochfreie Socken rauskramen!

Ein- und Ausreise mit dem *eigenen Fahrzeug* ist äußerst schwierig und nicht sonderlich empfehlenswert; Einreise ist nur von Malaysia aus möglich oder über Bangkok/Hafen. *Carnet de Passages* wird nicht anerkannt; stattdessen muß bei Ankunft eine (sehr hohe!) Zollgarantie in bar hinterlegt werden, die aber bei der Ausreise oft nur unter beachtlichen Schwierigkeiten wiederzubekommen ist ...

Gelbfieberimpfung ist vorgeschrieben für Reisende, die sich innerhalb der letzten zehn Tage vor Ankunft in Infektionsgebieten aufgehalten haben. *Choleraimpfung* gilt als sinnvoll. *Malariaschutz* ist in ländlichen Gebieten ganzjährig empfehlenswert, besonders in bewaldeten Regionen. Gegenüber Chloroquin-Präparaten soll Resistenz bestehen.

Devisen: Landeswährung darf bei Einreise bis zu einem Betrag von 2000 B eingeführt werden, *Fremdwährung* bis zu einer Höhe von 10 000 US $; darüber hinaus ist eine Deklaration erforderlich. Ausfuhr bis 10 000 US $ frei; darüber hinaus nur mit Deklarationsbescheinigung. *Reiseschecks* in US $ werden in den Städten problemlos eingelöst.

Sonstiges

Stromspannung: 220 V Wechselstrom, Rundstecker, selten noch Flachstecker.

Staatssprache ist Thai; Englisch wird – zumindest in den Städten – relativ viel gesprochen.

Staatsreligion: Buddhismus.

In Thailand gibt es keine festen Ladenschlußzeiten und *keinen wöchentlichen Ruhetag;* Banken und Büros haben aber meist am Samstag oder Sonntag geschlossen.

Auf *Rauschgiftbesitz* stehen drastische Strafen; bei Mengen ab etwa 100 Gramm droht die Todesstrafe!

Für Buddha-Figuren, antike wie auch neue, und für die alten Töpferwaren aus Bang Chiang besteht *Ausfuhrverbot.*

Malaysia

Fläche: 329 749 Quadratkilometer; *Einwohner:* ca. 15 Mill.; *Hauptstadt:* Kuala Lumpur; *Währung:* Ringgit oder Malay-Dollar (M$), unterteilt in 100 Sen.

Geographie: Malaysia ist gegliedert in zwei voneinander getrennte Teilbereiche. Das Kerngebiet, in dem auch alle größeren Städte liegen, umfaßt den südlichen Teil der Malaiischen Halbinsel. Ostmalaysia, bestehend aus den Landesteilen Sabah und Sarawak, liegt im Nordwesten der Insel Borneo. Die Malaiische Halbinsel wird in Nord-Süd-Richtung von einer Gebirgskette durchzogen, deren höchste Erhebung der Gunong Tahan (2190 m) bildet. Nach Westen und Osten hin sinkt das Land zur Küste hin allmählich ab. Auch Ostmalaysia ist stark gebirgig; in Sabah befindet sich mit dem 4101 m hohen Mt. Kinabalu die höchste Erhebung in Südostasien.

Klima: Malaysia liegt unmittelbar am Äquator; es herrscht folglich ein gleichmäßiges, ganzjährig feucht-heißes Tropenklima mit nur äußerst geringen täglichen und jahreszeitlichen Temperaturschwankungen (durchschnittliche Höchsttemperatur in Penang: während der „heißen" Zeit ca. 37° C, während der „kalten" nur 35° C). Die einzigen nennenswerten Unterschiede im Klima werden durch die jeweilige Höhe der Niederschlagsmengen verursacht; man könnte die Jahreszeiten hier in eine „sehr feuchte" und eine „extrem feuchte" gliedern. Die auch für innertropische Verhältnisse ungewöhnlich hohen Niederschlagsmengen – in den Gebirgen bis zu 6000 mm p. a. – werden vom Nordostpassat verursacht. Sie machen Malaysia zu einem der regenreichsten Gebiete der Erde.

Flora und Fauna: Gut drei Viertel Malaysias sind bedeckt von immergrünem tropischem Regenwald. In den tiefer gelegenen Regionen geht er in Tieflandregenwald über, an den Küsten findet man teilweise ausgedehnte Mangrovensümpfe. Der malaysische Regenwald, besonders auf Borneo, ist die lebendige Verkörperung eines „Bilderbuch-Dschungels"; mit seinen allein über 2500 Baumarten bildet er die artenreichste Pflanzengemeinschaft unseres Planeten.

Entsprechend vielfältig ist auch die Tierwelt. Einer der interessantesten Vertreter der Säugetiere ist sicherlich der auf Borneo vorkommende, scheue und seltene „Waldmensch" Orang-Utan. Öfter begegnet man anderen Affen wie Makaken und Gibbons. Wilde Karabaus und Elefanten bilden noch größere Herden. Auch der Malaienbär ist noch relativ häufig; der Tiger gilt jedoch bereits als ausgerottet. In den sumpfigen Dschungelflüssen leben verschiedene Krokodilarten; überhaupt sind die Reptilien, ähnlich wie in Thailand, sehr zahlreich vertreten, unter ihnen auch viele Giftschlangen. Dagegen sind die bis etwa 17 cm großen, braunschwarzen Skorpione der Gattung *Heterometrus* recht harmlos. Das Insektenleben präsentiert sich tropisch vielfältig. Auffälligster Vertreter der Vögel ist der große Nashornvogel, dessen eigenartiger Schnabelaufbau ihn unverwechselbar macht.

Geschichte: Die malaiische Halbinsel liegt seit jeher im Schnittpunkt verschiedener Kulturen; Inder, Malaien, Chinesen und andere haben hier ihre Spuren hinterlassen. Die Siedlungsgeschichte beginnt bereits in der Steinzeit; vor über 3000 Jahren kamen dann die Malaien in einer Einwanderungswelle aus dem südchinesischen Raum. Durch Handelsbeziehungen gelangte der Buddhismus nach Westmalaysia, wo er für Jahrhunderte die vorherrschende Religion bildete. Vom 5. bis 14. Jh. entstanden auf Malaysia nacheinander mehrere Reiche, z. T. unter indonesischer Herrschaft. Um 1400 gründete die Dynastie Malacca dann einen eigenen Malaienstaat, dessen Zentrum die gleichnamige Hauptstadt wurde. Mit dem Übertritt des Königs von Malacca zum Islam wuchs die Bedeutung dieser Religion. Geschicktes Paktieren mit China bewahrte den Staat vor den Expansionsbestrebungen Siams; Malacca entwickelte sich zum größten Handelszentrum in Südostasien. Diese wirtschaftliche Blütezeit wurde mit der Eroberung durch die Portugiesen 1511 jäh beendet; in der Folge wurde Malacca zum Stützpunkt europäischer Kolonialmächte. Portugiesen, Holländer und Briten lösten einander ab; 1941 folgten schließlich noch die Japaner.

1946 kam es zur Gründung der malaiischen Union, die dann 1957 endlich von Großbritannien in die Unabhängigkeit entlassen wurde. 1963 wurde mit der „Föderation Malaysia" das Staatsgebilde in seiner jetzigen Form aus dreizehn Teilstaaten geschaffen; Staatsoberhaupt ist ein König, der aus den Reihen der Sultane jeweils für fünf Jahre gewählt wird.

Bevölkerung: Rund 50 % der Einwohner Malaysias sind Malaien. Die beiden anderen großen Gruppen im Land sind mit ca. 35 % die Chinesen und mit etwa 10 % die Inder. Daneben gibt es auf Sarawak und Sabah noch einige Stämme verschiedener Naturvölker. Die Malaien beherrschen vor allem Polizei, Armee und Verwaltung, während die auf Eigenständigkeit bedachten Chinesen die wirtschaftliche Macht im Lande darstellen. Sie und die Inder haben nicht in allen Dingen die gleichen Rechte wie die Malaien; so sind beiden Gruppen z. B. verschiedene Berufe verwehrt.

★

Essen/Schlafen: Auch Malaysia ist kein Land zum Darben; indische, chinesische und malaiische Kneipen und Garküchen sorgen dafür, daß man nicht vom Fleische fällt.

Billige Unterkünfte findet man ebenfalls zumindest in allen größeren Orten; allerdings liegen die Preise in beiden Fällen deutlich über dem, was man für Vergleichbares etwa in Thailand zahlt. In den meisten Hotels kann – und sollte – man handeln.

Reisen im Land: Malaysian Airline System (MAS) unterhält ein gut ausgebautes *Linienflugnetz,* das alle wichtigen Punkte innerhalb des Landes direkt anfliegt. Auch das *Bus- und Eisenbahnnetz* ist gut ausgebaut; Fernzüge z. T. mit Schlafwagen.

Dagegen sind die *Straßen* von unterschiedlicher Qualität; entlang der Westküste, von Thailand bis Singapore, sind sie meist ausgezeichnet. Die Straßen im östlichen Teil sind allgemein schlechter und oft nicht ganzjährig befahrbar. In Sabah und Sarawak sind außerhalb der wenigen Hauptverbindungsstraßen *Allradfahrzeuge* nötig. *Trampen* klappt auf den vielbefahrenen Hauptstrecken erstaunlich gut; in abgelegenen Gebieten wird's allerdings schwierig. In Malaysia herrscht *Linksverkehr. Taxis* fahren überwiegend mit Taxameter. In allen größeren Städten gibt es *Busse* (sehr billig!) und *Trishaws* (Rikschas); Preis um 3 M$ pro Meile.

Einreise: Für einen Aufenthalt bis zu drei Monaten wird von Deutschen, Österreichern und Schweizern lediglich ein *gültiger Reisepaß* verlangt. Genauere Auskünfte durch die

Botschaft von Malaysia
Mittelstraße 43, 5300 Bonn 2 (02 28) 37 68 03/06

Ähnlich wie in Thailand können die malaysischen Behörden Personen, die einen „unordentlichen" Eindruck machen, die Einreise verweigern!

Gelbfieberimpfung ist zwingend vorgeschrieben für Reisende, die innerhalb der letzten sechs Tage vor Ankunft in Infektionsgebieten waren. *Malariaschutz* ist ganzjährig ratsam für Sabah und alle ländlichen Gebiete im Landesinneren. Gegenüber Chloroquin-Präparaten soll *Resistenz* bestehen.

Fahrzeuge dürfen unter bestimmten Voraussetzungen bis zu 90 Tagen zollfrei eingeführt werden.

Devisen: Fremd- und Landeswährung können bei Ein- und Ausreise *unbegrenzt* mitgeführt werden; Deklaration erforderlich.

★

Sonstiges

Stromspannung: 220 V Wechselstrom (schwankt).

Staatssprache: Malaiisch, weitere wichtige Landessprachen sind Chinesisch und Tamil; Englisch ist recht weit verbreitet.

Staatsreligion ist der Islam. Wöchentlicher Ruhetag ist in den Staaten Johore, Kedah, Kelantan und Trengganu der Freitag; in allen übrigen Staaten der Sonntag.

Auf illegalen *Waffenbesitz* und den Besitz von *Drogen* steht Todesstrafe!

ALLGEMEINES

Verhalten

Wer fremde Länder bereist, wird oft mit Sitten und Verhaltensweisen konfrontiert, die aus der Sicht unseres eigenen Kulturkreises heraus zunächst nur schwer oder gar nicht verständlich sind. Um ein Land nicht nur zu durchfahren, sondern im doppelten Sinne des Wortes zu „erfahren", muß man willens und in der Lage sein, auf die Belange der Bewohner, auf ihre jeweilige Denkweise Rücksicht zu nehmen. Dabei geht es viel weniger darum, sich nach landesüblichen Maßstäben in jeder Situation perfekt benehmen zu können, als vielmehr darum, guten Willen zu zeigen, zu demonstrieren, daß man die Menschen und ihre Gebräuche respektiert. Wer solcherart, für Fremdes aufgeschlossen, versucht, sich behutsam an das Land und seine Bewohner heranzutasten, dem wird in aller Regel auch ein Tritt ins berühmte Fettnäpfchen schnell verziehen werden.

Anders bei den großmütigen Spendern kleiner Beträge („Ach, was soll's ..., kost ja alles nix da!") oder den ambitionierten Menschenjägern mit der Kamera, die privatsphärenignorierend ihre ungebetenen Gruppenarrangements in fremden Hütten machen („Den Kleinen da hinten noch 'n bißchen mehr nach rechts ... ja, so is' gut!"). Solche Leute werden überall am liebsten von hinten gesehen und bestenfalls stillschweigend geduldet, aus Höflichkeit oder einfach, weil sie Geld bringen.

Aber auch bei denjenigen, die Reisen nicht als eine Art globalen Zoobesuch betrachten, wird falsches Verhalten gelegentlich zu Mißverständnissen führen, die allerdings meist vermeidbar wären, wenn man sich vor Reiseantritt mit den örtlichen Gepflogenheiten auseinandersetzen würde. Zwei Beispiele: Weiß ist in vielen asiatischen Ländern die Farbe der Trauer, folglich auch der Trauerkleidung. Ein Tourist, der vom Tennishütchen bis zu den Turnschuhen in strahlendes Sommerweiß gewandet unübersehbar Lebensfreude versprüht, darf sich nicht wundern, wenn er schief angesehen wird; schließlich ist das ja auch ein seltsames Verhalten für jemanden, der Trauer trägt ...

In Thailand ist es ein unverzeihlicher Fehltritt, die Stäbchen beim Essen senkrecht zu halten. In dieser Stellung wirken sie nämlich gewissermaßen als Blitzableiter mit falschen Vorzeichen; sie dienen bestimmten Dämonen dazu, durch sie ins Haus zu fahren und dort Unheil zu verbreiten. Verständlich, daß nur die wenigsten Gastgeber von dieser Perspektive begeistert sein dürften!

Abgesehen von solchen sehr spezifischen Punkten gibt es aber noch eine Reihe von Grundregeln, die praktisch überall Gültigkeit haben:

Kleidung: sollte immer möglichst dezent sein. Kurze Hosen sind – auch für Männer – vielerorts ein Tabu. In islamischen Ländern sollten besonders Frauen darauf achten, daß Arme und Beine bedeckt sind. Selbst Nutten laufen dort oft züchtig hochgeschlossen herum.

Besonders schwierig ist die Situation in islamischen Gegenden für *alleinreisende Frauen.* Ehering tragen – möglichst groß, auffällig links! Im Zusammenhang mit einigen – fiktiven – Fotos von Kindern und Mann (der leider gerade arbeiten muß) hilft das in der Regel, den Werbungsdrang allzu feuriger Verehrer zu dämpfen. Schon Blickkontakte können eine ungewollte Aufforderung darstellen, ebenso das Händeschütteln, das in den meisten mohammedanischen Ländern zwischen Männern und Frauen nicht üblich ist.

Gegessen wird in den meisten islamischen Ländern nur mit den drei ersten Fingern der rechten Hand. Die Linke wird aufgrund ihrer Funktion als Klopapier-Ersatz als unrein betrachtet und nicht benutzt.

Schuhe werden in vielen asiatischen Ländern beim Betreten eines Hauses ausgezogen; das gilt natürlich erst recht beim Betreten eines Gotteshauses, sprich: *Moschee* bzw. *Tempel.* Diese sollte man nur außerhalb der Gebetszeiten besuchen. Fotografieren sollte man nur mit Genehmigung und sich ansonsten genauso still und unauffällig verhalten wie in der heimatlichen Kirche. Letzteres müßte eigentlich selbstverständlich sein, ist es aber leider nicht. Überhaupt beim Fotografieren: Nehmt Rücksicht auf die Intimsphäre des anderen!

Ausrüstung

Generell gilt: Sie sollte so leicht, kompakt und handlich sein wie eben möglich. Im Zweifel lieber mal etwas zu Hause lassen; das meiste kann man ohnehin (oft sogar billiger) im Reiseland kaufen. Die 25 kg, die ich auf dieser Tour teilweise mit mir herumgeschleppt habe, waren mir jedenfalls eine Lehre. Nie wieder!

Der *Rucksack* ist das A und O jeder Ausrüstung. Von ihm hängt es maßgeblich ab, ob man die Schlepperei als Dauertortur empfindet oder allmählich mit diesem Gerät „zusammenwächst". Ich hatte damals fast anderhalb Jahre Zeit, mich über meine sperrige, unbequeme Kraxe (Rucksack mit außenliegendem Tragegestell) zu ärgern. Als ich zurück war, habe ich sie sofort eingemottet und mir einen Innengestellrucksack besorgt.

Kraxen haben ohnehin nur noch eine Daseinsberechtigung als Begleiter auf Expeditionen o. ä., wenn es gilt, sehr sperrige Ausrüstungsteile zu transportieren, oder wenn man mit extrem schweren Lasten von 30 kg und darüber, unterwegs ist – und wer ist das schon? Gute *Innengestellrucksäcke* sind allerdings leider ziemlich teuer. Das Tragesystem sollte verstellbar sein, um es optimal auf den Körperbau des Trägers einjustieren zu können. Breite Schultergurte, ein breiter, versteifter Hüftgurt und eine allseitige, dicke Polsterung sind wichtig. 30 mm Schaumstoff sind bei 15 kg Gewicht kein Luxus mehr! Rucksack möglichst mit verstellbarem Volumen wählen, dann kann man bei Bedarf kurzfristig auch mal etwas mehr transportieren. Wer seinem Rucksack viel zumuten will oder lange unterwegs ist, sollte einen aus Cordura oder ähnlichem Material nehmen; es ist schier unverwüstlich und nicht wesentlich schwerer als normales Rucksacknylon.

Von einem *Zelt* würde ich, außer auf reinen Wildnistouren, abraten. Es nimmt relativ viel Platz ein, ist schwer und in Städten und Dörfern von geringem Nutzen. Außerdem ist ein Zelt neben der Landstraße sehr auffällig und lockt viele Leute an – nicht immer nur solche, die artig „guten Morgen" wünschen wollen . . .

Wichtig ist dagegen in Asien ein *Schlafsack.* Abgesehen von Außenübernachtungen gibt es dort auch in Billighotels oft kein Bettzeug. Die Art des Schlafsacks hängt von der Gegend ab, in die man fahren will, und der jeweiligen Jahreszeit. *Daunenschlafsäcke* bieten optimalen Schlafkomfort bei Trockenheit; bei Feuchtigkeit (das muß nicht Regen sein – starker Tau oder hohe Luftfeuchtigkeit reichen da schon) klumpen sie schnell zusammen und wärmen dann nicht mehr. Für solche Gegenden sind *Kunstfaserschlafsäcke* besser geeignet; sie behalten auch in sehr feuchtem Zustand noch einen Großteil ihres Isoliervermögens. Außerdem sind sie strapazierfähiger und unempfindlicher als Daunenschlafsäcke – und erheblich billiger, allerdings auch etwas schwerer und voluminöser. Gute Kunstfaserschlafsäcke haben eine Füllung aus modernen Polyester(hohl)fasern wie Hollofil, Quallofil, 3-D-Faser o. ä. Es gibt sie je nach Qualität ab 200 DM, Daunen ab 300 DM. Interessant für Leute, die – vor allem in kühleren Gegenden, etwa im Gebirge – viel im Freien übernachten wollen, sind die beiden *„Wilderness"*-Modelle der österreichischen Firma Gold-Eck (3-D-Faser). Sie bieten verschiedene funktionelle Details wie voll abgedeckte, verschließbare Durchgriffe für die Arme.

Kleidung: Naturfasern wie Wolle und Baumwolle sind – vor allem in heißen Gegenden – hautfreundlicher und angenehmer zu tragen als Synthetiks. Drei dünne Pullover – im Bedarfsfall in Zwiebeltechnik übereinander angezogen – sind wärmer und universeller einsetzbar als ein dicker. Wer vorhat, viel zu laufen (und wer trampt, läuft gezwungenermaßen viel), sollte für festes *Schuhwerk* sorgen. Praktisch bei Regen sind dünne, leichte, wasserdicht beschichtete *Regenponchos*, die man im Bedarfsfall mit ein paar Handgriffen auch zum „Notzelt" umfunktionieren kann. Es gibt auch solche, die man über dem Rucksack trägt.

Die lokalen *Mückenmittel* sind meist wirksamer gegen die einheimischen Arten als hiesige Produkte. Bei Außenübernachtungen in heißen Gebieten ist ein *Moskitonetz* sinnvoll (Malaria!); es gibt sie gebraucht aus Armeebeständen in einschlägigen Ländern für ein paar Mark.

Unerläßlich – speziell für Tramper – sind gute *Straßenkarten.* Unbedingt vor Reiseantritt besorgen! Die örtlichen Produkte sind, wenn überhaupt zu bekommen, meist sehr oberflächlich und ungenau, und öde Nebenstrecken sind oft genauso eingezeichnet wie stark befahrene Hauptstraßen.

Eine gute *Feldflasche* ist in jedem Fall nützlich, in abgelegenen Gegenden ein Muß.

Wer in die Wildnis gehen möchte, sollte auf jeden Fall drei Dinge dabeihaben: *Kocher, Kompaß* und *Messer.*

An *Kochern* gibt es eine Unzahl verschiedener Modelle in allen Preisklassen, sie werden mit Gas, Benzin, Petroleum oder Spiritus betrieben. Am universellsten, aber auch am empfindlichsten sind Benzinkocher. Sehr zweckmäßig für Auto- und Motorradfahrer; sie haben den Brennstoff sowieso immer dabei. Benzin hat einen hohen Heizwert, ist billig und fast überall zu kriegen. Neuerdings gibt es auch Modelle, bei denen man durch Austauschen des Generators wahlweise Benzin oder Diesel/Petroleum „verfeuern" kann. Am einfachsten und zuverlässigsten sind Spirituskocher wie der legendäre *Trangia;* sie haben aber, bedingt durch den geringeren Heizwert, längere Kochzeiten bei kürzerer Brenndauer. Bei Gaskochern bestehen meistens Schwierigkeiten, die passenden Kartuschen zu bekommen. (Siehe dazu auch S. 201.)

Ein *Messer* ist nicht nur im Notfall eine wirksame Waffe, sondern in erster Linie ein Werkzeug, und zwar ein elementares. Ich ziehe auf Reisen Klappmesser den stehenden vor, weil sie unauffälliger sind (auch beim Tragen) und es mit stehenden Messern oft Ärger beim Zoll gibt. Ein universell einsetzbares Klappmesser sollte folgendermaßen beschaffen sein: Klingenlänge etwa zwischen 7 und 10 cm, Klingenstärke mindestens 2,5 mm. Die Klinge sollte feststellbar sein, um Verletzungen durch ungewolltes Zuklappen zu verhindern. Es sollte solide gebaut sein (Klinge darf in aufgeklapptem Zustand kein Spiel haben!) und sauber verarbeitet. Die Klinge sollte aus einem hochwertigen Messerstahl sein (bei sehr guten Messern geben die Firmen in der Regel die verwendete Stahlsorte an), das Heft (Griffstück) sicher in der Hand liegen. Fingermulden verhindern ein Abrutschen der Hand in die Klinge. Messer, die all diese Anforderungen erfüllen, sind z. B. die beiden *Kershaw*-Modelle 1040 und 1050. Wichtig ist auch ein Werkzeug zum Nachschärfen, entweder ein feinporiger Abziehstein oder ein kleiner Taschen-Abziehstahl.

Gesundheit

Wasser sollte immer abgekocht (mindestens 20 Minuten) oder mit Wasserentkeimungsmitteln behandelt werden (Micropur, eine Stunde warten!). Taschenfilter sind eine gute Alternative, aber relativ schwer (ab ca. 650 g) und leider ziemlich teuer.

Frisches *Obst* und *Gemüse* entweder schälen oder (mit abgekochtem Wasser) gründlich waschen.

Kommt dann der erste *Reisedurchfall* – nicht gleich die chemische Keule schwingen! Antibiotika sind keine Zuckerdrops; und wenn es sich nur um eine harmlose Infektion handelt, bekommt man sie auch mit einfachen Hausmittelchen ziemlich schnell wieder weg. *Kohletabletten* wirken oft Wunder, Bananen stopfen hervorragend. Auch ein geriebener Apfel soll helfen. Ansonsten wenig essen und viel ungesüßten schwarzen Tee trinken.

Langanhaltender Wasserdurchfall oder abwechselnd Durchfall und Verstopfung über einen längeren Zeitraum können ein Hinweis auf *Amöben* sein. Möglichst Arzt aufsuchen und Stuhluntersuchung machen lassen. Gute Ärzte und Zahnärzte sind oft rar; am besten über Botschaften bzw. ortsansässige Niederlassungen europäischer Firmen erfragen – die wissen schon, wen sie zum Vertragsarzt machen!

Eine *Gammaglobulin-Impfung* vor der Reise ist zwar kein hundertprozentiger Schutz vor *Hepatitis*, doch reduziert sie die Ansteckungsgefahr und wirkt allgemein stärkend auf das Abwehrsystem.

Starkes Schwitzen führt auf Dauer zu beträchtlichem *Salzverlust* – Speisen kräftig salzen!

Gerade in heißen Ländern können selbst kleinste Verletzungen sehr schnell zu schlimmen *Infektionen* führen; immer ein gutes Desinfektionsmittel dabeihaben (z. B. *Merfen*, das nach eigenen Erfahrungen nicht nur die Infektionsgefahr bannt, sondern auch noch die Heilung forciert).

Die Furcht vor *Schlangenbissen* und *Skorpionstichen* ist oft übertrieben und unbegründet. Schlangen und Skorpione weichen dem Menschen nach Möglichkeit aus und greifen nur an, wenn sie sich unmittelbar bedroht fühlen. Passiert's trotzdem mal: Ruhe behalten, nicht hysterisch werden! Versuchen, das Tier zu fangen. Schlangen- und Skorpionsera sind artspezifisch – daher ist zur Behandlung meist die genaue Bestimmung des Tiers notwendig! *Giftschlangen* hinterlassen beim Biß normalerweise nur zwei deutliche, je nach Größe des Tieres näher oder weiter auseinanderliegende Einstiche. Finden sich an der Bißstelle Abdrücke von Zahnreihen, war's mit hoher Wahrscheinlichkeit eine ungiftige Schlange. Bei *Skorpionen* ist die Unterscheidung zwischen hochgiftigen und weniger giftigen Arten nicht so einfach, doch werden von den rund 700 weltweit vorkommenden Arten nur etwa 30 als lebensgefährlich eingestuft. Nach einem Biß/Stich auf keinen Fall Alkohol trinken, nicht die Wunde aufschneiden, aussaugen o. ä.! Wenn möglich, das betroffene Glied etwa zwei Handbreit über der Wunde locker abbinden und sofort zum Arzt gehen.

Die Chemo-Prophylaxe zur *Malaria-Verhütung* ist ein schwieriges Kapitel. Zahlreiche Erregerstämme bilden Resistenzen gegen bestimmte Mittel. Aber in den letzten Jahren zeigten sich bei einigen Präparaten auch Unverträglichkeiten und z. T. sogar lebensgefährliche Wechselwirkungen. So wird heute z. B. *Fansidar*, mit dem ich vor einigen Jahren mal böse Erfahrungen gemacht habe, kaum noch über einen längeren Zeitraum „pur" verordnet. Vor der Reise also unbedingt einen Tropenarzt aufsuchen und sich gezielte Informationen holen! Neben der chemischen ist die mechanische Prophylaxe aber mindestens ebenso wichtig (Moskitonetz, Repellents, langärmlige Kleidung).

Vorsicht beim *Baden* in Süßwasser und beim *Barfußlaufen* in heißen Gegenden! Unangenehme (Sandfloh) bis lebensgefährliche Parasiten (Hakenwürmer, Schistosomen) könnten die Folge sein.

Sonstiges

Post kann man sich an die Hauptpostämter aller größeren Städte nachschikken lassen (mit Vermerk *poste restante;* Nachnamen möglichst in Großbuchstaben schreiben und unterstreichen). Im Zweifel auch unter dem Anfangsbuchstaben des Vornamens nachsehen; wird oft falsch einsortiert. Sicherer sind die Botschaften bzw. Konsulate (bei denen ist die Freude über das Briefchen aus der Heimat meist etwas geringer als beim Empfänger!) und die Niederlassungen von *American Express* (ist für Kunden umsonst, für Nichtkunden kostet's eine kleine Gebühr). Post wird zwischen einem und drei Monaten aufgehoben und dann zurückgeschickt (manchmal . . .). Keine *Banknoten* in Briefe stecken! Diese Unsitte bildet immer noch eine erkleckliche Nebenverdienstquelle auf manchem asiatischen Postamt!

Reisedokumente mehrfach fotokopieren; eine Kopie für alle Fälle zu Hause lassen, die anderen getrennt von den Originalen aufbewahren. Die vielgerühmten *Brustbeutel* zur Aufbewahrung derselben sind meiner Ansicht nach denkbar ungeeignet. Jeder Taschendieb auf dem Globus kennt (und schätzt) die Dinger inzwischen, weil sie sich so schön vom Hals abschneiden lassen, ohne daß der Besitzer es im Gedränge merkt. Besser sind da *Geldgürtel,* innen in die Kleidung *eingenähte Taschen* oder stabile *Paßtaschen* am Gürtel; da weiß zwar jeder, was drin ist, kommt aber bei entsprechenden Verschlüssen nicht dran.

Mit verschiedenen *Reiseschecks* von weniger bekannten Ausstellern kann es Schwierigkeiten beim Einlösen geben. Am problemlosesten sind die von *American Express;* die bekommt man überall los (und kann dann als Am-Ex-Kunde auch den Postservice kostenlos in Anspruch nehmen).

Noch ein Tip: Die Einreiseformalitäten, Preise u. ä. der einzelnen Länder ändern sich ständig. Wer aktuelle Informationen braucht, sollte sich nicht nur bei den Botschaften informieren. Deren Auskünfte sind – erstaunlicherweise – oft ungenau oder unvollkommen. Die *Industrie- und Handelskammer Mittlerer Neckar, Stuttgart,* gibt ein laufend ergänztes und aktualisiertes Werk heraus, das so ziemlich allen Reisebüros bestens bekannt ist. Es enthält nicht nur die aktuellen Einreiseformalitäten aller Länder, sondern darüber hinaus eine Fülle wichtiger Informationen der verschiedensten Bereiche.

Wissenswertes für *Autofahrer* vermitteln die Geschäftsstellen des *ADAC;* dort bekommt man auch das *Carnet de Passages.* Wer irgendwelche speziellen Fragen hat, kann sich auch gerne direkt an mich wenden:
Ulrich Look, Weinheimer Str. 24, 4000 Düsseldorf, (02 11) 2 29 23 88.

ALLE TITEL DER REIHE
REISEN · MENSCHEN · ABENTEUER

Aubert · Müller Panamericana
Biedermann Im Land der aufgehenden Sonne
Cerny Von Senegal nach Kenia
Colombel Der siegreiche Berg
Crane Kilimandscharo per Rad
Cropp Alaska-Fieber
Cropp Schwarze Trommeln
Cropp Im Herzen des Regenwaldes
Dodwell Im Land der Paradiesvögel
Dodwell Globetrotter-Handbuch
Dodwell Wo China noch unentdeckt ist
Franceschi Vier Männer gegen den Dschungel
Gallei · Hermsdorf Blockhaus-Leben
Harrison Piranhas zum Frühstück
Hermann Von Thailand nach Tahiti
Hermann Heiße Tour Afrika
Höppner Cowboys der Wüste
Jeier Am Ende der Welt
Jenkins Das andere Amerika
Jones Sturzfahrt vom Everest
Keiner Quer durch den roten Kontinent
Kreutzkamp Mit dem Kanu durch Kanada
Kühnel Motorrad-Odyssee
Kühnel Rätselhaftes Indien
Look Auf Tramptour bis Pakistan

Look Wo der Mond auf dem Rücken liegt
Möbius · Ster Dschunke, Jeep und Bambusfloß
Möbius · Ster Inselträume in Indonesien
Pilkington Am Fuß des Himalaja
Ricciardi Auf Sindbads Spuren
Rohrbach Inseln aus Feuer und Meer
Roos Segeln in der Arktis
Stejskal Ich lebte bei den Wayapi-Indianern
Stejskal Malediven – Das Mädchen Robinson
Swale Zu Pferd durch Chile
Tasker Eishölle am Everest
Thoma Gute Tage unter dem Halbmond
Thorer Endstation Dschungel
Tin · Rasmussen Motorradtour Singapur–Australien
Tin · Rasmussen Traumfahrt Südamerika
Troßmann Wüstenfahrer
Veszelits Brasilien, Land der Gegensätze
Walls · Martin Drei Jahre in einem Kampong in Malaysia
Zierl Highway-Melodie

WEITERER TITEL VON ULRICH LOOK

Auf Tramptour bis Pakistan

Per Daumen durch die Weiten Asiens

320 Seiten, 48 s/w Fotos, 2 Karten, Reisetips, DM 17,80

ISBN 3-89405-024-1

Trampen ist für Ulrich Look „nicht nur die billigste Art, relativ schnell sehr weit zu fahren“, sondern es bietet ihm auch die Möglichkeit, am intensivsten mit der Bevölkerung der jeweiligen Länder in Kontakt zu kommen. Fast anderthalb Jahre reiste er zusammen mit seiner Freundin per Daumen durch Asien. In diesem Band erzählt er vom ersten Teil der Tour, der sie durch die Türkei, Syrien, Iran und Pakistan bis zur indischen Grenze führt. Von offener Ablehnung Fremden gegenüber, die sie in Iran in gefährliche Situationen bringt, bis zu extremer Gastfreundschaft wie etwa in Syrien oder bei den gefürchteten Pathan am Khyber-Paß, reichen ihre Erfahrungen während der langen Fahrt.

REISEN · MENSCHEN · ABENTEUER

WEITERE TITEL ZUM THEMA ASIEN

Stefan Biedermann
Im Land der aufgehenden Sonne
Meine Zeit in Japan
224 Seiten, 33 s/w Fotos, 1 Karte, Reisetips, DM 15,80
ISBN 3-89405-003-9

Christine de Colombel
Der siegreiche Berg
Eine Zweier-Mannschaft kämpft um den Berggiganten Masherbrum im Himalaja
256 Seiten, 58 s/w Fotos, 2 Karten, Reisetips, DM 15,80
ISBN 3-89405-005-5

Christina Dodwell
Wo China noch unentdeckt ist
Erlebnisbericht einer ungewöhnlichen Frau
224 Seiten, 38 s/w Fotos, 1 Karte, Reisetips, DM 15,80
ISBN 3-89405-012-8

Mike Jones
Sturzfahrt vom Everest
Mit dem Kajak durch Wildwasser und ewiges Eis
224 Seiten, 48 s/w Fotos, 1 Karte, Reisetips, DM 15,80
ISBN 3-89405-020-9

Dieter Kühnel
Rätselhaftes Indien
Mit dem Motorrad durch das Land der Bettler und Maharadschas
220 Seiten, 66 s/w Fotos, 2 Karten, Reisetips, DM 15,80
ISBN 3-89405-022-5

John Pilkington
Am Fuß des Himalaja
Nepal-Trekking im Alleingang
256 Seiten, 31 s/w Fotos, 9 Karten, Reisetips, DM 15,80
ISBN 3-89405-026-8

Lorenzo Ricciardi
Auf Sindbads Spuren
Dhau-Fahrt durch arabische Gewässer
192 Seiten, 35 s/w Fotos, 1 Karte, DM 15,80
ISBN 3-89405-044-6

Elfie Stejskal
Malediven – Das Mädchen Robinson
Ich wählte die Ursprünglichkeit
288 Seiten, 45 s/w Fotos, 2 Karten, Reisetips, DM 17,80
ISBN 3-89405-029-2

Joe Tasker
Eishölle am Everest
Durch Winterstürme zum Gipfel der Welt
256 Seiten, 52 s/w Fotos, 2 Karten, Reisetips, DM 15,80
ISBN 3-89405-031-4

Christoph Thoma
Gute Tage unter dem Halbmond
Durch die Türkei bis zum Bibel-Berg Ararat
224 Seiten, 39 s/w Fotos, 1 Karte, Reisetips, DM 15,80
ISBN 3-89405-034-9

WEITERE TITEL ZUM THEMA NORDAMERIKA

Hans-J. Aubert/Ulf-E. Müller
Panamericana
Zwei Jahre auf der Traumstraße der Welt
224 Seiten, 85 s/w Fotos, 4 Karten, Reisetips, DM 15,80
ISBN 3-89405-002-0

Wolf-Ulrich Cropp
Alaska-Fieber
287 Seiten, 78 s/w Fotos, 3 Karten, 2 Skizzen, Reisetips, DM 15,80
ISBN 3-89405-007-1

Konrad Gallei/Gabi Hermsdorf
Blockhaus-Leben
Ein Jahr in der Wildnis von Kanada
224 Seiten, 32 s/w Fotos, 2 Karten, Reisetips, DM 15,80
ISBN 3-89405-014-4

Thomas Jeier
Am Ende der Welt
Bei den Eskimos am Polarkreis
224 Seiten, 44 s/w Fotos, 2 Karten, Reisetips, DM 15,80
ISBN 3-89405-018-7

Peter Jenkins
Das andere Amerika
Zu Fuß durch die Vereinigten Staaten
288 Seiten, 58 s/w Fotos, 3 Karten, Reisetips, DM 15,80
ISBN 3-89405-019-5

Dieter Kreutzkamp
Mit dem Kanu durch Kanada
Auf den Spuren der Pelzhändler
ca. 224 Seiten, 35 s/w Fotos, 1 Karte, Reisetips, DM 15,80
ISBN 3-89405-045-4

Oluf Zierl
Highway-Melodie
Mit dem Motorrad 20000 km querdurch die USA
256 Seiten, 78 s/w Fotos, 4 Karten, Reisetips, DM 15,80
ISBN 3-89405-037-3

REISEN · MENSCHEN · ABENTEUER